世界名车标

 GM 通用(美)	 CADILLAC 通用·凯迪拉克(美)	 BUICK 通用·别克(美)	 CHEVROLET 通用·雪佛兰(美)	 CORVETTE 雪佛兰·克尔维特(美)	 PONTIAC 通用·旁蒂克(美)	 AURORA 奥兹·曙光(美)
 TOYOTA 丰田(日)	 LEXUS 雷克萨斯(日)	CROWN 皇冠(日)	 HONDA 本田(日)	 NISSAN 日产(日)	 SUZUKI 铃木(日)	 MAZDA 马自达(日)
 FORD 福特(美)	 LINCOLN 福特·林肯(美)	 MUSTANG 福特·野马(美)	 COBRA 野马·眼镜蛇(美)	 MERCURY 福特·水星(美)	DODGE 克莱斯勒·道奇(美)	DODGE 克莱斯勒·公羊(美)
 BENZ 奔驰(德)	 BMW 宝马(德)	 VOLKSWAGEN 大众(德)	 PORSCHE 保时捷(德)	 AUDI 奥迪(德)	 OPEL 欧宝(德)	 SKODA 斯柯达(捷)
 PEUGEOT 标致(法)	 CITROEN 雪铁龙(法)	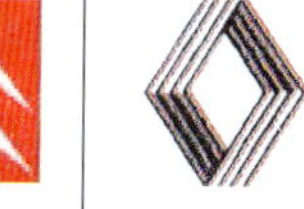 RENAULT 雷诺(法)	 PRESIDENT 总统(日)	 HYUNDAI 现代(韩)	 KIA 起亚(韩)	DAEWOO 大宇(韩)
 ROLLS-ROYCE 劳斯莱斯(英)	 ROLLS-ROYCE 劳斯莱斯(英)	 BENTLEY 本特利(英)	 JAGUAR 美洲虎(英)	 ROVER 路虎(英)	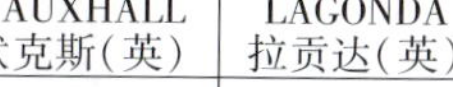 VAUXHALL 伏克斯(英)	 LAGONDA 拉贡达(英)
 FERRARI 法拉利(意)	 FIAT 菲亚特(意)	 ALFAROMEO 阿尔法(意)	 MASERATI 玛莎拉蒂(意)	 ISORIVOLTA 伊索(意)	 Lamborghini 兰博基尼(意)	 Bugatti 布加迪(意)
 Mini 迷你(英)	 SAAB 萨博(瑞典)	 EAGLE 克莱斯勒·鹰(美)	 MITSUBISHI 三菱(日)	 LADA 拉达(俄罗斯)	 BMC 英国公司(英)	

中国汽车标志

上汽荣威	上汽通用	上汽双龙	上汽通用五菱	上海华普	上汽依维柯红岩
一汽集团	一汽红旗	一汽解放	一汽夏利	一汽马自达	一汽佳宝
东风集团	神龙汽车	东风标致	东风裕隆	吉利(新商标)	沃尔沃(吉利)
长安集团	重庆长安	哈飞集团	江铃汽车	中国重汽	东南汽车
北汽集团	北汽公司	北京吉普	北京现代	北汽福田	北京轻型汽车
广汽集团	广州本田	广州丰田	广州五十铃	骏威客车	广东粤海
奇瑞汽车	南京跃进	长城汽车	比亚迪	昌河汽车	中兴汽车
华晨金杯	华晨中华	华晨宝马	宇通客车	江淮汽车	成都王牌

历 史 名 车

1886 年，世界第一辆三轮汽车

1908 年，福特 T 型车

（德国大众）甲壳虫车

（德国大众）第五代高尔夫

（德国）宝马 7 系列

赛车（法拉利 360）

劳斯莱斯银刺Ⅲ

图 6-12　白色汽车

图 6-13　黑色汽车

图 6-14　红色汽车

图 6-15　蓝色汽车

图 6-16　黄色汽车

图 6-17　绿色汽车

面向21世纪课程教材

汽车类教学改革规划教材

汽车概论

第2版

主　　编　蔡兴旺
副 主 编　王　斌　余志兵
参　　编　杨建新　付晓光
课件制作　蔡兴旺　刘　群　杨建新

机 械 工 业 出 版 社

本书共9章，主要内容有：汽车的发明与发展，国内、外主要汽车工业集团，汽车基本构造，新型汽车技术，汽车选购与上牌，汽车驾驶与考证，汽车维护，汽车文化等。本书内容丰富，知识面广，实用性强，图文并茂，通俗易懂。

本书配有电子课件，提供了大量的文本、彩图、动画和视频资料，形象、生动地展示了历史名车的风采和现代汽车的基本构造、工作原理以及驾驶维护，方便了教师授课和学生课外学习。

本书可以作为普通高等院校及高职高专院校学生的选修课教材及汽车专业的新生教材，还可以作为汽车培训及中专技校的参考教材、广大汽车爱好者的阅读材料。

凡使用本书作为教材的教师可登录机械工业出版社教材服务网 www.cmpedu.com 下载电子课件。咨询邮箱：cmpgaozhi@sina.com。咨询电话：010-88379375。

图书在版编目(CIP)数据

汽车概论/蔡兴旺主编. —2版. —北京：机械工业出版社，2010(2017.7重印)

面向21世纪课程教材. 汽车类教学改革规划教材

ISBN 978-7-111-32613-7

Ⅰ.①汽… Ⅱ.①蔡… Ⅲ.①汽车—高等学校—教材 Ⅳ.①U46

中国版本图书馆CIP数据核字(2010)第236327号

机械工业出版社(北京市百万庄大街22号 邮政编码100037)
策划编辑：葛晓慧 责任编辑：葛晓慧 张双国
版式设计：霍永明 责任校对：刘秀芝
封面设计：赵颖喆 责任印制：李 飞
北京铭成印刷有限公司印刷
2017年7月第2版第11次印刷
169mm×239mm ·15印张·2插页·289千字
35001—38000册
标准书号：ISBN 978-7-111-32613-7
定价：33.00元

凡购本书，如有缺页、倒页、脱页，由本社发行部调换

电话服务
服务咨询热线：010-88379833
读者购书热线：010-88379649

网络服务
机 工 官 网：www.cmpbook.com
机 工 官 博：weibo.com/cmp1952
教育服务网：www.cmpedu.com
金 书 网：www.golden-book.com

第2版前言

《汽车概论》自2005年出版至今，已进行了10次重新印刷，受到广大读者的欢迎。根据近几年国内外汽车工业和汽车技术的发展和广大读者的期望，我们进行了第2版修改。

汽车具有高速、机动、舒适、使用便捷等优点，极大地方便了人们的工作和生活，因此备受人们青睐。在美国，汽车普及率已经达到780辆/千人。我国2009年汽车产量已经跃居世界第1位。

作为当代大学生，了解汽车的基本知识，掌握汽车的驾驶与维护，已经成为时代要求，成为大学生的必修课程。许多普通高校、高职高专，乃至中专、职校的非汽车专业，都已经开设“汽车概论”选修课程，它对于提高学生的综合素质，对于学生的就业分配和参加工作，都有极大的帮助。对于汽车专业的学生，在一年级就开始学习汽车概论课程，可以有效激励学生的学习热情，关心汽车产业的发展动态，也能促进其他课程的学习。这已经为我们多年的教学改革实践所证明。

本书是在作者经过多年的教学改革实践并广泛征求学生意见的基础上编写而成的，它全面地介绍了汽车的发明与发展，国内、外主要汽车工业集团公司情况，汽车基本构造，新型汽车技术汽车选购与上牌，汽车驾驶与考证，汽车维护，还介绍了汽车文化，内容丰富，知识面广，实用性强，图文并茂，通俗易懂，是当代大学生和汽车爱好者的一本好教材。

本书配有电子课件，提供了大量的文本、彩图、动画和视频资料，形象、生动地展示了历史名车的风采，现代汽车的基本构造、工作原理与驾驶维护，方便了教师授课和学生课外学习。

本书由蔡兴旺教授主编，编写分工为：蔡兴旺(第1、2、4章)，杨建新(第6、7章)，余志兵(第5章)，王斌(第8、9章)，付晓光(第3章)。课件制作有蔡兴旺、刘群、杨建新等。

本书编写及光盘制作过程中，得到广东省教育厅、机械工业出版社、韶关学院、广州珠江职业技术学院、番禺职业技术学院等单位的大力支持与帮助，在此深表感谢。

由于本书知识面广、编者水平所限，书中误漏之处难免，诚恳期望得到同行专家和广大读者批评指正。

编　者

第1版前言

汽车具有高速、机动、舒适、使用便捷等优点，极大地方便了人们的工作和生活，因此备受青睐。在美国，汽车普及率已经达到780辆/千人，我国2004年汽车产量也已经跃居世界第四位。

作为当代大学生，了解汽车的基本知识，掌握汽车的驾驶与维护，已经成为时代要求，成为大学生的必修课程。许多普通高校、高职高专，乃至中专、职校的非汽车专业，都已经开设“汽车概论”选修课程，它有利于提高学生的综合素质，有利于学生的就业分配和参加工作。对于汽车专业的学生，在一年级就开始学习汽车概论课程，可以有效激励学生的学习热情，关心汽车产业的发展动态，也能促进其他课程的学习，这已为我们多年的教学改革实践所证明。

本书是作者经过多年的教学改革实践并广泛征求学生意见基础上编写而成。它系统地介绍了汽车的分类、基本构造、基本原理、汽车选购、汽车驾驶考试、汽车养护与调整，还介绍了汽车的发明、发展和汽车文化，内容丰富，知识面广，实用性强，图文并茂，通俗易懂，是当代大学生和汽车爱好者的一本好教材。

本书附带光盘，提供了大量的文本、彩图、动画和视频资料，形象、生动地展示了历史名车的风采，现代汽车的基本构造、工作原理与驾驶维护，方便了教师授课和学生课外学习。

本书由韶关学院汽车系蔡兴旺教授主编，编写分工为：蔡兴旺(第1~5章，第11章)，韶关学院杨建新(第7、8章)、余志兵(第6章)、王斌(第10章)，顺德职业技术学院付晓光(第9章)。光盘制作有蔡兴旺、刘群、杨建新、余志兵等。

本书编写及光盘制作过程中，得到广东省教育厅、机械工业出版社、顺德职业技术学院等单位和韶关学院的有关领导、同事的大力支持与帮助，在此深表感谢。

由于水平所限，书中误漏之处难免，诚恳期望得到同行专家和广大读者的批评指正。

编　者

汽车常用英文缩略语

ABS——防抱死制动系统
A/C——空调
A/F——空燃比
APV——多用途车辆
ASR——驱动防滑系统
AT——自动变速器
BAT——蓄电池
CAN——汽车多路传输系统
CCS——电子巡航系统
CKD——全散件组装
CNGV——压缩天然气汽车
CPU——中央处理器
CVT——无级变速器
DFE——除雾器
DIFF——差速器
DIS——无分电器点火系统
DOHC——双顶置凸轮轴
ECD——电控柴油机
ECT——电控(自动)变速器
ECU——电控单元
EDS——电子差速锁
EFI——电控燃油喷射
EGR——废气再循环
ENG——发动机
EI——电子点火
ESP——车辆稳定性控制系统
ETS——电子驱动力调节系统
EV——蓄电池电动汽车
FCEV——燃料电池汽车
GDI——汽油机缸内直接喷射
GPS——全球卫星定位系统
HC——碳氢化合物
HEV——混合动力电动汽车
ISC——怠速控制
KS——爆燃传感器
LPGV——液化石油气汽车
LSD——防滑差速器锁止控制
MPI——多点汽油喷射系统
MPV——多用途箱式汽车
MT——手动变速器
NO_x——氮氧化合物
OBD——车载自诊断系统
OBD-Ⅱ——第二代车载自诊断系统
O/D——超速挡
P、R、N、D、L——(自动变速器)的驻车挡、倒挡、空挡、前进挡、低速挡
PS——动力转向
PSC——动力转向控制
RV——休闲车
SKD——半散件组装
SOHC——单顶置凸轮轴
SPI——单点汽油喷射系统
SPV——专用汽车
SRS——安全气囊
SSS——速度感应式转向系统
SUV——运动型多用途车
TCS——驱动力控制系统
T/M——变速器
TOHC——顶置双凸轮轴
TRC、TRAC——牵引力控制系统
TRK——载货汽车
TWC——三元催化转化器
VIN——车辆识别代码
VTEC——可变正时和气门升程电控装置
4WD——4 轮驱动
4WS——4 轮转向

目 录

第1章 汽车的发明与发展

教学目标与要求

1）知道蒸汽汽车的发展历程。

2）掌握内燃机(汽油机、柴油机)的发明人和发明时间。

3）掌握第一辆汽车的发明人和发明时间。

4）理解世界汽车工业的发展和现状。

5）理解中国汽车工业的发展和现状。

从1886年德国人卡尔·奔茨发明世界上第一辆汽车到现在100多年间，汽车得到了迅速的普及与发展。2009年世界汽车保有量已达9.6亿辆，平均每百人汽车拥有量为14.8辆。

汽车的出现为人类的发展、文明和进步作出了不可磨灭的贡献。但其发明和发展，却经历了无数人的艰苦努力和漫长的历史时期。从近代汽车发展看，主要经历了蒸汽汽车和内燃机汽车两大历史阶段。

1.1 蒸汽汽车

1.1.1 蒸汽汽车的发明

1765年，瓦特发明了蒸汽机，为蒸汽汽车的发明奠定了动力基础。

1769年，法国人卡格诺(N·J·Gugnot)研制出第一辆蒸汽汽车(见图1-1)，用来牵引大炮。该车安装了1个直径为1.34m的蒸汽锅炉，其后面有2个50L的气缸，锅炉产生的蒸汽推动气缸内的活塞上下运动，再通过曲柄驱动前轮，时速4km/h，牵引能力4~5t，木制的车辆和车架。由于前轮负载过大，转向不灵活，试车时只连续行走了15min就撞到墙上，成为世界上第一起机动车事故。

在第一辆蒸汽汽车的激励下，经过各国工程技术人员的不断试验改进，蒸汽汽车性能不断得到完善后投入了实际使用。

图 1-1 第一辆蒸汽汽车

1.1.2 蒸汽公共汽车

1825 年，英国的嘉内公爵制造的蒸汽公共汽车(见图 1-2)，是世界最早的营业性公共汽车，这辆公共汽车有 6 个车轮，自重 3t，可以乘坐 18 名乘客，时速 19km/h。1931 年，这辆车运行在英格兰的格洛斯特和切尔藤纳姆两城之间，生意很好，仅 4 个月时间就运载了 3000 多人次。

1833 年 4 月，英国人汉考克(Walter Hancock)成立了世界上最早的公共汽车运输公司——苏格兰蒸汽汽车公司，进行固定线路收费的公共汽车运输服务。该车可承载 14 名乘客，时速可达 32km。

图 1-2 蒸汽公共汽车

由于蒸汽汽车速度慢，体积大，热效率低，起动时间长，空气污染严重，随着内燃机汽车的出现，逐步退出了历史舞台。

1.2 内燃机汽车

1.2.1 内燃机发明

蒸汽汽车使用的蒸汽机属于外燃机，热效率低，仅 10% 左右；内燃机是将燃料在气缸内部燃烧产生的热能直接转化为机械能的动力机械，它具有体积小、质量轻、操作简单，便于移动和起动性能好等优点，热效率可以达 40% 左右。

17 世纪 80 年代，荷兰物理学家、天文学家、数学家惠更斯(Christiaan Huygens)(见图 1-3)设计出一台火药机(见图 1-4)。这台火药机靠少量的火药在气缸里燃烧来提升活塞；当气体冷却时，大气压力便将活塞向下推，靠此来提起重物做功，被认为是内燃机的鼻祖。由于火药危险性大，火药机没有成功，但为后来的内燃机的问世打下了基础。

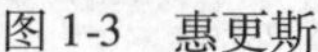

图 1-3　惠更斯

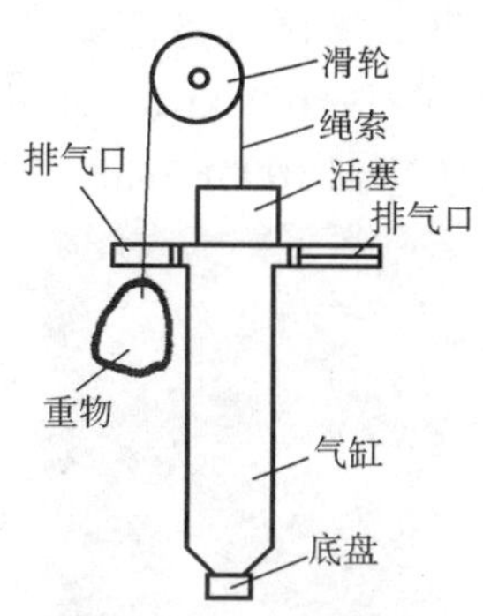

图 1-4　火药机

1860 年，法国发明家雷诺尔(E. Lenoir)研制了用电火花点燃煤气和空气混合物的煤气机(见图 1-5)。这台煤气机由水平放置的一个气缸和双侧做功的活塞组成，用滑阀开闭控制进气和排气，没有压缩，热效率只有 3%。

1861 年，法国工程师罗彻斯(Alphonse Beaude Rochas)发表了等容燃烧的四冲程发动机理论，首次提出进气、压缩、做功、排气四冲程循环原理。并强调压缩混合气是提高热效率的重要措施，这是一次认识上的飞跃，直至今天的汽车内燃机，都是采用四冲程原理。

图 1-5　煤气机

1876 年，德国发明家尼古拉斯 · 奥托(Nicolais August Otto)(见图 1-6)研制出第一台实用的往复式四冲程内燃机(见图 1-7)，并申请了专利。该内燃机压缩比为 2.66，单缸，卧式，以煤气为燃料，功率 3.2kW，采用活塞曲柄连杆机构，转速度达 200r/min，热效率达 14%。为纪念奥托对内燃机的贡献，人们称这种循环的汽油机为 Otto 机。

图 1-6　尼古拉斯 · 奥托

图 1-7　奥托内燃机

1883 年，德国人哥德里普·戴姆勒(Gottlieb Daimler)(见图 1-8)与威廉姆·迈巴赫(Wilhelm·Maybach)(见图 1-9)合作，成功制造出第一台四冲程往复式汽油机，转速达到 1000r/min。

图 1-8 哥德里普·戴姆勒

图 1-9 威廉姆·迈巴赫

1885 年，戴姆勒与迈巴赫研制出世界第一台风冷立式单缸二冲程汽油机，之后又把它装在两轮自行车上，制成世界上第一台摩托车(见图 1-10)，并于 1885 年 8 月 25 日获得德国专利，最高车速可达 11.2km/h。

1890 年，德国工程师鲁道夫·狄塞尔(Rudolf Diesel)(见图 1-11)第一个提出了不用点火、采用压缩的方法使喷入气缸的柴油着火的压燃式内燃机原理，并于 1892 年获得专利。1898 年，实用四冲程柴油机投入商业性生产，热效率达 26%。后人为了纪念狄塞尔，称柴油机为狄塞尔内燃机。狄塞尔为此获得了“人类最伟大的发明”金银纪念币奖(见图 1-12)。

图 1-10 戴姆勒摩托车

图 1-11 鲁道夫·狄塞尔

图 1-12 “人类最伟大的发明”金银纪念币

内燃机的发明与完善为内燃机汽车的发明提供了动力来源。

1.2.2 内燃机汽车的发明

1886 年，德国人卡尔·费里特立奇·本茨(Karl Friedrich Benz)(见图 1-13)

将自己在 1885 年设计制造的汽油机安装在一辆三轮汽车上(见书前彩页 3)。时速 15km/h，具备了现代汽车的一些基本特点，如火花点火、水冷循环、钢管车架、前轮转向、后轮驱动、带制动手柄，是世界上最早装备差动齿轮装置的汽车。该车于 1886 年 1 月 29 日获得世界上第一项汽车发明专利证书，所以被公认为汽车诞生日，本茨也被称为“汽车之父”。

图 1-13　卡尔·费里特立奇·本茨

同一年，戴姆勒(Gottlieb Daimler)也制成了世界上第一辆四轮汽车，时速 18km/h。后人将戴姆勒与本茨并称为“汽车之父”。

1.2.3　汽车工业快速发展阶段

19 世纪末至 20 世纪 30 年代，继奔驰和戴姆勒公司之后，福特、通用等 20 余家汽车公司相继成立(表 1-1)。

汽车生产组织形式也由家庭作坊式过渡到大规模、标准化和流水线生产，出现了美国福特和通用等大汽车公司。1913 年，福特公司首次采用流水线生产 T 型汽车，到 1920 年，实现了每分钟生产 1 辆汽车的速度。

由于 T 型车(见书前彩页 3)经济实用，深受当时人们欢迎，生产量达 1546 万辆，创下当时汽车单产世界纪录。从 1908 年～1920 年，全世界汽车保有量的 50% 是 T 型车，为“装在汽车轮子上的美国”立下了“不朽功勋”。通用汽车公司则采用合作兼并等方法，先后兼并了凯迪拉克、别克、雪佛兰、旁蒂克等 30 多个汽车公司，进行集团化生产，分工协作，到 1927 年成为世界上最大的汽车公司。1984 年公司从业人员达 81.3 万人。这个时期，美国工业发展迅速，人民收入提高，加上政府的政策，使美国的汽车工业得以快速发展，处于世界领先地位。

表 1-1　早期世界主要汽车公司创建时间

公司简称	国家	创建时间	公司简称	国家	创建时间
奔驰	德国	1883 年	雪佛兰	美国	1911 年
戴姆勒	德国	1890 年	雪铁龙	法国	1915 年
标致	法国	1890 年	宝马	德国	1917 年
雷诺	法国	1898 年	本特利	英国	1919 年
菲亚特	意大利	1899 年	马自达	日本	1920 年
欧宝	德国	1899 年	沃尔沃	瑞典	1924 年
凯迪拉克	美国	1902 年	克莱斯勒	美国	1925 年
别克	美国	1903 年	戴姆勒-奔驰	德国	1926 年
福特	美国	1903 年	法拉利	意大利	1929 年
劳斯莱斯	英国	1906 年	日产	日本	1933 年
通用	美国	1908 年	大众	德国	1938 年
奥迪	德国	1910 年	丰田	日本	1937 年

在汽车产量发展的同时，汽车技术也有很大进步，高速汽油机、柴油机、艾克曼式的转向机构、等速万向节、弧锥齿轮和双曲面齿轮传动、带同步器的变速器、四轮制动、液压减振器、充气轮胎和发电机-蓄电池-起动电动机系统都是这个时期发明的。

1.2.4 汽车发展的全盛时期

20世纪30年代至70年代初，尤其是第二次世界大战结束后，欧洲著名汽车公司德国大众、戴姆勒-奔驰、宝马、保时捷等公司，法国标致、雪铁龙、雷诺等公司，意大利菲亚特、法拉利、阿尔法-罗米欧、兰博基尼等公司，英国劳斯莱斯、摩根、莲花、罗孚等公司，瑞典沃尔沃公司等都在战争的废墟上大力重建汽车工业，发展汽车产业。西欧汽车产量由战前的80万辆猛增到750多万辆，增长了近10倍。德国大众的甲壳虫牌汽车(见书前彩页3)，流线型设计，减少风阻和车尾气体涡流，风靡全球，从1939年~1973年共生产2150万辆，创下了单产世界纪录。其高尔夫牌轿车(见书前彩页3)，款式新颖齐全，外壳镀锌板12年不锈，深受欢迎，已经生产2000多万辆，欧洲几乎每个家庭都有1辆。1973年，欧洲汽车产量1500万辆，世界汽车产业中心转回欧洲。

日本也迅速崛起，在引进、消化基础上，创造出新车型，产量从1963年的100多万辆迅速增加到1970年的400余万辆，其中出口汽车100多万辆，1985年出口汽车达675万辆。1980年~1993年期间年产量超过美国，跃居世界第一。

这个时期的汽车技术主要是向高速、方便、舒适方面发展，20世纪50年代轿车功率已经达到280kW，最高车速达200km/h，流线形车身、前轮独立悬架、液压自动变速器、动力转向、动力制动、全轮驱动、低压轮胎、子午线轮胎都相继出现。

1.2.5 汽车企业兼并改组，汽车产量相对稳定时期

20世纪70年代以后，世界汽车年产量稳定在4000万~5000万辆左右。由于发达国家汽车保有量趋于饱和，汽车生产过剩，市场竞争激烈，日美连续发生5次贸易战，欧美、欧日贸易摩擦不断。各大公司通过参股、控股、转让、兼并，加速了汽车工业国际化和高度垄断。1998年5月7日，德国最大的汽车工业集团戴姆勒·奔驰公司与美国第三大汽车公司克莱斯勒公司合并，给汽车工业带来了极大震撼。而亚洲的韩国，却在激烈竞争中崛起，汽车工业从20世纪60年代起步，沿着CKD装配到零部件国产化到自主开发的发展道路，成功地实现技术跨越，至1997年，汽车总产量、出口量均居全球排名第5位，产品覆盖了北美、西欧等40多个国家和地区，成为世界汽车产业一个重要的生产基地。

这个时期汽车技术的主要发展方向是提高汽车的安全性和降低排气污染。各种保障安全、减少排气污染的新技术、新车型应运而生，如各种防抱死制动系统、电子控制喷油、电子控制点火、三元催化转化系统、电动汽车等。

1.3　世界汽车生产现状及发展趋势

2009 年，世界汽车年产量达 5700 万辆，产量前 8 名的国家见表 1-2。

表 1-2　2009 年世界汽车产量排名

名　次	国　家	年产量/万辆	名　次	国　家	年产量/万辆
1	中国	1379.1	5	韩国	351.3
2	日本	793.5	6	巴西	318.3
3	美国	569.7	7	印度	262.8
4	德国	520.6	8	西班牙	217

2009 年世界汽车制造商汽车产量排名见表 1-3。

表 1-3　2009 年世界汽车制造商汽车销量排名

名　次	汽车制造商	年产量/万辆	与 2008 年相比/%
1	日本丰田汽车公司	356.4	-26
2	美国通用汽车公司	355.3	-22
3	德国大众汽车公司	326.5	-5
4	中国上海汽车工业(集团)总公司	270.55	57
5	韩国现代起亚汽车公司	215.3	-2
6	美国福特汽车公司	214.5	-33
7	中国一汽汽车集团公司	194.46	27
8	中国东风汽车集团公司	189.77	44
9	中国长安汽车集团公司	186.98	56
10	法国标致-雪铁龙汽车公司	158.7	-14
11	日本本田汽车公司	158.6	-22
12	日本日产汽车公司	154.6	-23

数据分析表明，在 2009 年，受国际金融危机影响，世界汽车工业整体表现低迷，共生产 5700 万辆汽车，同比 2008 年下降 19.2%。其中尤以美、欧等国下降明显；而中国车市逆市上升，产销分别比 2008 年增长 48% 和 46%，已成为世界汽车市场中不可或缺的重要组成部分。

各大汽车公司通过转让、兼并、参股、控股、破产保护等途径，加剧了汽车市场竞争。吉利汽车公司从福特汽车公司手中收购沃尔沃汽车公司，大众汽车公司收购保时捷汽车公司 49.9% 股份，上海汽车工业(集团)总公司联手通用汽车公司进军印度市场，广汽汽车公司联手菲亚特汽车公司，北汽汽车公司宣布收购部分萨博汽车公司资产，京西重工汽车公司收购德尔福公司部分汽车业务。美国通用汽车公司、克莱斯勒汽车公司申请破产保护，美国政府注资通用汽车公司重建，克莱斯勒汽车公司和菲亚特汽车公司缔结全球战略联盟。

汽车市场竞争的重点在亚洲。由于我国汽车市场潜力巨大，目前全球最大的11家跨国汽车公司都已进入中国，全球最大的50家汽车零部件企业的大部分在中国投资设厂；同时，这些公司、企业在中国周边国家，如印度、俄罗斯、越南、泰国等中寻找新的投资地点。

从汽车技术发展看，围绕轿车的安全、环保、节能和防盗等重要问题，汽车电子控制、智能化日益深化和扩大。在20世纪80年代初，电子设备只占汽车成本的2%，而目前已经达到15%~20%。电控燃油喷射(EFI)、无分电器电子点火(DLI)、防抱死制动系统(ABS)、电子驱动力调节系统(ETS)、电子差速锁(EDS)、驱动防滑装置(ASR)、电控自动变速器(AT)、安全气囊(SRS)、电子巡航系统(CCS)、智能悬架、速度感应式转向系统(SSS)、三元催化转化系统、故障自诊断系统和各种报警装置几乎都成为现代汽车常见装置。卫星导航系统(GPS)、车载蓝牙技术和多路传输系统(CAN)等新技术也被一些汽车采用。同时，汽车新结构[可变配气正时和气门升程电子控制装置(VTEC)、可变压缩比(SVC)、可变几何形状增压器和双级式涡轮增压器、自动/手动变速器、陶瓷制动盘等]、新材料(工程塑料、玻璃钢及新型高强度钢材、铝镁合金复合轻量化材料等)、新工艺(精密锻造、粉末冶金、无屑加工、一次成型等)和新型汽车[燃料电池电动汽车(见图1-14)、复合动力汽车(HEV)、可变压缩比发动机(VCR)、火花点火直喷(SIDI)汽油发动机、发动机断缸控制技术、新一代共轨柴油发动机等]不断涌现。汽车的设计和制造也广泛采用计算机辅助设计(CAD)、计算机辅助工程分析(CAE)、计算机辅助试验(CAT)、计算机辅助造型(CAS)、计算机辅助制造(CAM)、计算机辅助集成制造系统(CIMS)和计算机虚拟现实系统(VR)等先进技术。

图1-14 宝马H2R燃料电池电动汽车

根据发达国家的研究结果，未来世界汽车的技术发展将主要集中在：汽车设计技术和控制手段电子化、汽车驱动形式多样化、汽车生产制造柔性化、汽车材料轻量化、汽车生产组织全球化，开发更安全、舒适、无污染和节能型、智能化汽车。

1.4　中国汽车工业的发展与现状

中国在新中国成立前没有自己的汽车工业。新中国成立后从无到有，发展到 2009 年汽车产量 1379 万辆，居世界第 1。中国历年汽车产量如图 1-15 所示。我国汽车发展总体经历如下 3 个阶段。

1.4.1　汽车工业创建成长阶段(1953 年 ~ 1981 年)

在计划经济指导下，国家集中资金，创建了第一和第二汽车制造厂，奠定了中国的汽车工业基础。

第一汽车厂于 1953 年 7 月在长春破土动工，1956 年 7 月生产出第一辆解放牌载货汽车(见图 1-16)，结束了中国不能生产汽车的历史。1958 年 5 月，第一汽车厂生产出第一辆东风牌轿车(见图 1-17)。

第二汽车厂于 1967 年 4 月动工兴建，1975 年 7 月投产，主要生产东风牌载货汽车(见图 1-18)。

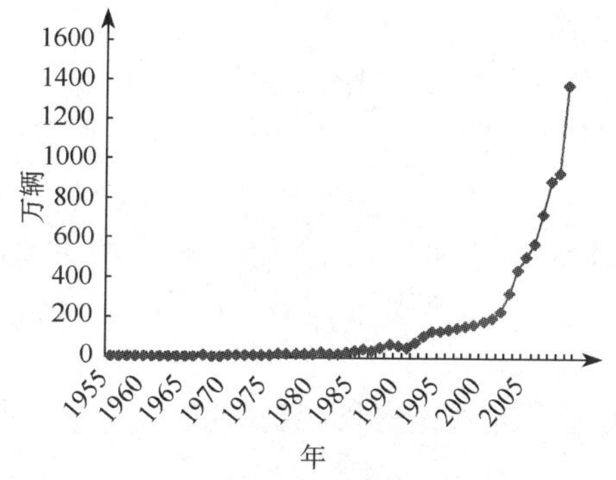

图 1-15　中国历年汽车产量

图 1-16　第一辆解放牌载货汽车

图 1-17　第一辆东风牌轿车

图 1-18　东风牌载货汽车

在这个历史时期，全国汽车企业达 2000 余家，除部分基础较好的汽车厂(南汽、上汽、北汽、济汽、川汽、陕汽等)外，大多数是产品重复、“小而全”、质量差。

产品类型主要是中型货车，出现“缺重少轻，轿车基本空白”的局面。至1981年，我国汽车年产量才达17.6万辆。

1.4.2 汽车工业改革开放阶段(1982年~1993年)

1982年，中国汽车工业公司再次成立。1985年，中央在“七五”规划中，把汽车工业列为国家支柱产业。1987年，我国政府确定了重点发展轿车工业的战略决策。在国家一系列正确方针的指引下，汽车工业一方面进行内部结构调整，产品改型换代；另一方面积极进行改革开放。1984年，我国汽车行业第一个合资企业——北京吉普汽车有限公司成立(与美国克莱斯勒公司合资)。其后长安机器厂与日本铃木汽车公司、南京汽车公司与法国依维柯汽车公司、上海汽车集团与德国大众汽车公司、广州汽车厂与法国标致汽车公司、天津汽车公司与日本大发汽车公司、一汽与德国大众汽车公司、二汽与法国雪铁龙汽车公司等纷纷进行合作和合资。先后引进先进技术100多项，其中整车项目10多项，取得了显著成效。至1993年底，我国汽车年产量达129.7万辆，跃居世界第12位。

1.4.3 汽车工业快速增长期(1994年~2009年)

1994年，国务院颁布《汽车工业产业政策》，提出“增强企业开发能力，提高产品质量和技术装备水平，促进产业组织的合理化，实现规模经济，到2010年成为国民经济的支柱产业”的奋斗目标。

全球著名汽车集团公司，如通用、福特、克莱斯勒、大众、戴姆勒-奔驰、宝马、标致-雪铁龙、菲亚特、日产、丰田、本田、现代等汽车公司均进入我国，与国内著名汽车集团公司进行合资，生产品牌汽车。

我国的汽车产量从2001年~2009年实现了跨越式增长(见图1-19)，平均每年增加100多万辆，年均增长率高达25%。

这个时期，我国汽车企业进一步改组兼并。一汽组建的第一汽车集团公司，已拥有成员企业270家；二汽组建的东风汽车集团公司，形成了十堰、襄樊、武汉、广州四大汽车开发生产基地；上海汽车集团公司建立了57家合资企业。

从2009年我国汽车销售量(见图1-20)看，初步形成了“3+7”格局，即上汽、一汽、东风三大汽车集团，加上长安、北汽、广汽、奇瑞、比亚迪、华晨、吉利七个骨干汽车企业。十大企业的汽车销售量占全国汽车销售总量的87%，其中上汽、一汽、东风、长安4大汽车集团的汽车产量就占全国产量的71%，初步形成了汽车产业的组织结构优化调整。

我国汽车产量虽然跃居世界第一，但与国外大汽车公司相比，还相差甚远，汽车的品牌大部分都来自国外，自主开发能力较弱，急待改进，使我国从一个汽车大国变为汽车强国。

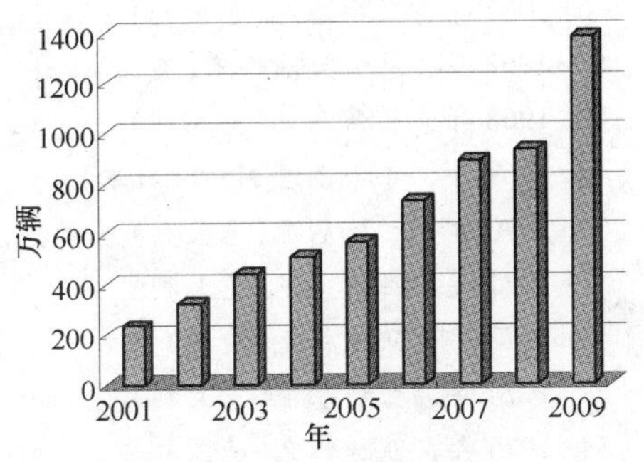

图 1-19　汽车产量跨越式增长

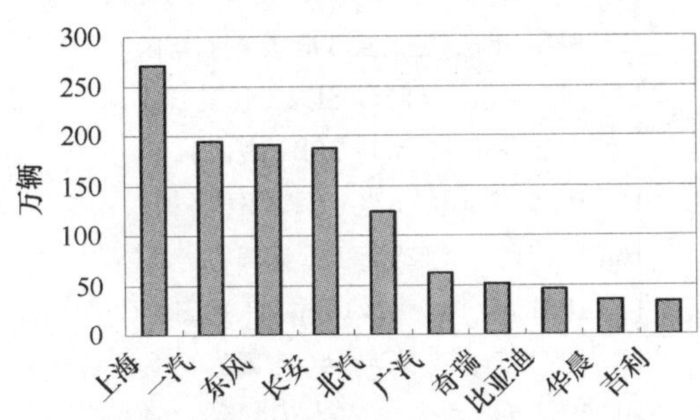

图 1-20　2009 年中国十大汽车企业集团汽车销售量

本章小结

1）汽车发明主要经历了蒸汽汽车和内燃机汽车两大历史阶段。

2）奥托(Otto)研制出第一台实用的往复式四冲程内燃机，狄塞尔(Diesel)研制出第一台实用的柴油机，为现代汽车的发明与发展作出突出贡献。

3）1886 年 1 月 29 日，德国工程师本茨成功地为自己发明的三轮汽车申请了专利，这一天被后人称为现代汽车诞生日。同年，德国人戴姆勒制成第一辆四轮汽车，与本茨被同称为“汽车之父”。

4）世界汽车工业经历汽车发明、快速发展、全盛时期和兼并改组、稳定发展几个历史阶段。

5）中国汽车工业发展经历艰苦创业、改革开放、快速增长三个主要历史阶段。2009 年，我国汽车产量达 1379 万辆，居世界第 1 位。

【习题与思考题】

1. 现代汽车诞生日是什么时间？被称为“汽车之父”的是谁？
2. 从汽车的发明史可以得到什么启示？
3. 检索世界汽车工业发展史，有什么值得我国借鉴的东西？
4. 分析我国汽车工业发展史，有什么经验和教训？

补充阅读材料 1　历史名车

1. 1886 年，世界上第一辆三轮汽车(德国)
2. 1886 年，世界上第一辆四轮汽车(德国)
3. 1894 年，奔驰碧罗(德国)
4. 1899 年，杜迪奥布彤 13(法国)
5. 1902 年，奥兹莫比尔(美国)
6. 1905 年，凯迪拉克 Osceola(美国)
7. 1909 年，托马斯 L(美国)
8. 1911 年，福特 T 型(美国)
9. 1912 年，奔驰 14(德国)
10. 1913 年，雷诺 DJ(法国)

11. 1918 年，凯迪拉克 57Victoria(美国)
12. 1918 年，雪佛兰 490 系列(美国)
13. 1924 年，奥斯汀 SEVEN(英国)
14. 1925 年，布加特 35B(法国)
15. 1925 年，雪铁龙 5CV-C3(法国)
16. 1927 年，凯迪拉克(美国)
17. 1931 年，辉腾 V16Sport(美国)
18. 1993 年，克莱斯勒(美国)
19. 1934 年，雪佛兰 MasterDA 系列(美国)
20. 1935 年，凯迪拉克 Fleetwood(美国)
21. 1936 年，菲亚特 500A(意大利)
22. 1936 年，丰田 AA 型(日本)
23. 1936 年，劳斯莱斯幻影Ⅲ(英国)
24. 1936 年，跑车 ASUTORA(意大利)
25. 1937 年，SS 杰戈娃(英国)
26. 1938 年，大众 38(德国)
27. 1938 年，凯迪拉克 60 系列(美国)
28. 1939 年，多啦纠 D8-120(法国)
29. 1939 年，福特林肯(罗斯福总统座驾)(美国)
30. 1941 年，凯迪拉克 60(美国)
31. 1950 年，福特林肯(艾森豪威尔总统座驾)(美国)
32. 1953 年，克莱斯勒(艾森豪威尔总统座驾)(美国)
33. 1955 年，丰田皇冠 RS 型(日本)
34. 1955 年，凯迪拉克 LaSalle Ⅱ(美国)
35. 1959 年，凯迪拉克 DeVille(美国)
36. 1959 年，凯迪拉克(美国)
37. 1960 年，日产 Austin A50 型(日本)
38. 1961 年，林肯大陆(美国)
39. 1963 年，兰博基尼 350 GTV(意大利)
40. 1964 年，本田 S500AS280 型(日本)
41. 1964 年，凯迪拉克(美国)
42. 1965 年，丰田 800UP15(日本)
43. 1965 年，丰田皇冠 SMS41-S(日本)
44. 1966 年，兰博基尼 400 GT(意大利)
45. 1967 年，丰田世纪 VG20 型(日本)
46. 1967 年，兰博基尼(意大利)
47. 1967 年，林肯大陆轿车(美国)
48. 1968 年，兰博基尼(意大利)
49. 1969 年，丰田皇冠 MS51(日本)
50. 1970 年，兰博基尼(意大利)
51. 1971 年，兰博基尼(意大利)
52. 1972 年，凯迪拉克(美国)
53. 1974 年，兰博基尼(意大利)
54. 1975 年，凯迪拉克(美国)
55. 1976 年，红旗轿车(中国)
56. 1976 年，兰博基尼(意大利)
57. 1978 年，兰博基尼(意大利)
58. 1982 年，兰博基尼(意大利)
59. 1983 年，凯迪拉克(美国)
60. 1985 年，红旗轿车(中国)
61. 1986 年，凯迪拉克(美国)
62. 1987 年，兰博基尼(意大利)
63. 1989 年，兰博基尼(意大利)
64. 1990 年，兰博基尼(意大利)
65. 1992 年，宝马 7 系(德国)
66. 1993 年，奔驰 Mercedes(德国)
67. 1993 年，凯迪拉克(美国)
68. 1995 年，兰博基尼(意大利)
69. 1999 年，红旗轿车(中国)
70. 1999 年，兰博基尼(意大利)
71. 2000 年，兰博基尼(意大利)
72. 2001 年，宝马 3(德国)
73. 2001 年，保时捷(德国)
74. 2001 年，奔驰(德国)
75. 2001 年，本田(日本)
76. 2001 年，兰博基尼(意大利)
77. 2001 年，莲花(英国)
78. 2001 年，凌志(日本)
79. 2002 年，兰博基尼(意大利)
80. 2003 年，ARIA(意大利)
81. 2003 年，奔驰 E55AMG(德国)
82. 2003 年，本田 Accord LX V6(日本)
83. 2003 年，法拉利 360Modena(意大利)

84. 2003 年，兰博基尼跑车(意大利)
85. 2003 年，劳斯莱斯幻影(英国)
86. 2003 年，三菱(日本)
87. 2004 年，铃木硬顶敞篷车(日本)
88. 2004 年，阿尔法·罗密欧 166(意大利)
89. 2004 年，宝马 Z4 敞篷车(德国)
90. 2004 年，奔驰 SLK 硬顶敞篷车(德国)
91. 2004 年，标致 206CC(法国)
92. 2004 年，本特利欧陆 GT(英国)
93. 2004 年，兰博基尼(意大利)
94. 2004 年，第 12 代皇冠(日本)
95. 2004 年，凯迪拉克 XLR(美国)
96. 2004 年，克莱斯勒敞篷车(美国)
97. 2004 年，劳斯莱斯 100EX(英国)
98. 2004 年，雷诺·梅甘娜 1.6(法国)
99. 2004 年，雷诺 Megane CC(法国)
100. 2004 年，莲花 Elise(英国)
101. 2004 年，林肯 MarkX(美国)
102. 2004 年，铃木雨燕 SWIFT(日本)
103. 2004 年，马自达 3Sport1.6(日本)
104. 2004 年，欧宝 TigraTwinTop(德国)
105. 2004 年，三菱格蓝迪(日本)
106. 2004 年，双龙主席 CM600L(韩国)
107. 2004 年，雪铁龙 C5(法国)
108. 2005 年，宝马氢动力概念车(德国)
109. 2005 年，保时捷 CarreraGT(德国)
110. 2005 年，奔驰概念车 Vision R(德国)
111. 2005 年，本田新款思域概念车(日本)
112. 2005 年，别克 Lucerne(美国)
113. 2005 年，法拉利 F430 敞篷车(意大利)
114. 2005 年，丰田锐志(日本)
115. 2005 年，丰田先驱混合动力轿车(日本)
116. 2005 年，福特概念车(美国)
117. 2005 年，红旗轿车(中国)
118. 2005 年，日产 Altima(日本)
119. 2005 年，美国总统布什座驾(美国)
120. 2005 年，红旗 B 级车(中国)
121. 2007 年，法拉利 F2007
122. 2007 年，大众辉腾汽车
123. 2007 年，欧陆 GT Speed
124. 2008 年，凯迪拉克 CTS
125. 2008 年，凯美瑞轿车
126. 2008 年，第八代本田雅阁

第2章　国外主要汽车工业集团

教学目标与要求

1）学会辨认通用、丰田、福特、大众、雷诺-日产联盟、现代、本田、标致-雪铁龙、克莱斯勒、宝马、戴姆勒-奔驰、菲亚特等汽车集团公司的商标。

2）学会辨认上述集团公司的品牌汽车。

3）了解上述集团公司的组成。

4）了解上述集团公司的发展和现状。

2.1　美国三大汽车集团

美国汽车工业发展初期，曾出现几百家汽车企业，规模大都很小。通过竞争，大多数企业被兼并或淘汰，形成了通用、福特和克莱斯勒三大汽车集团。

2.1.1　通用汽车有限公司(Geneval Motors Corporation)

1. 公司简介

通用汽车公司创立于1908年，创始人是威廉·杜兰特(William C. Durant)(见图2-1)，总部在美国汽车城底特律。1984年通用汽车公司从业人员达81.3万人，1993年公司在世界500强排第1名(销售额)，被誉为“世界汽车巨人”，2009年的汽车产量为355.3万辆，居世界第2。受全球金融危机影响，2009年6月通用汽车公司申请破产保护，7月10日更名为通用汽车有限公司，结束破产保护。

图2-1　威廉·杜兰特

图2-2　通用汽车公司商标

通用汽车公司商标 GM(见图 2-2)是公司英文名称 General Motor Corporation 的前两个单词的第一个大写字母组成，蓝底白字，简洁明快。

通用汽车公司目前的主要子公司(分部)见表 2-1。

表 2-1　通用汽车公司子公司(分部)

子公司(分部)	商　标	子公司(分部)	商　标	子公司(分部)	商　标
凯迪拉克 (Cadillac)		奥兹莫比尔 (Oldsmobile)		悍马 (Hummer)	
别克 (Buick)		土星 (Saturn)		吉姆西 (GMC)	
雪佛兰 (Chevrolet)		欧宝 (Opel)		大宇 (Daewoo)	
旁蒂克 (Pontiac)		沃克斯豪尔 (Vauxhall)			

2. 子公司(分部)及汽车品牌简介

(1) 凯迪拉克(Cadillac)公司

1) 公司创始人：美国人亨利·利兰德(Henry Leland)(见图 2-3)。

2) 公司创建时间：创建于 1902 年，1909 年被通用公司并购，成为其一个分部。

图 2-3　亨利·利兰德

3) 公司商标：百余年来变化达 30 多次。早期公司商标由“冠”和“盾”组成(见图 2-4)。其中，“冠”上有 7 颗明珠，象征凯迪拉克的皇家贵族尊贵血统，隐喻汽车高贵、豪华、气派、风度。“盾”象征凯迪拉克团队是一支英勇善战、无坚不摧的英武之师，隐喻其生产的汽车拥有巨大的市场竞争能力。盾上三只没有腿的鸟，表示神圣、智慧、富有和聪敏。“盾”中的红色表示勇猛和赤胆，银色表示婚姻、纯洁、博爱和美德，黄色表示丰收和富有，蓝色表示创新和探险，黑色表示土地。21 世纪初，凯迪拉克再次对徽标进行了一系列令人耳目一新的革新(见图 2-5)，新徽标色彩明快、轮廓鲜明，突出了凯迪拉克品牌的经典、尊贵和突破精神。

图2-4 凯迪拉克商标1

图2-5 凯迪拉克商标2

4）汽车品牌：主要有赛威(Seville)、帝威(Deville)、凯帝(Catera)等，部分历史名车见图2-6～图2-10。

图2-6 1905年凯迪拉克Osceola（4缸发动机，5座，木质车身，铝皮包裹）

图2-7 1914年装有V8发动机的凯迪拉克

图2-8 1927年凯迪拉克拉赛尔(La Salle)汽车

图2-9 1931年装载V-16大排量发动机的凯迪拉克跑车

（2）别克(Buick)公司

1）公司创始人：美国人大卫·别克(David Dunbar Buick)（见图2-11）。

2）公司创建时间：创建于1903年。1908年并入通用汽车公司。

3）公司商标：别克商标经过多次变化(见图2-12)，目前最新的商标为三把利剑，从左到右为红、白、蓝递升，而且高度节节上升，给人一种积极进取、不断攀登的感觉，它表示别克分部采用顶级技术、游刃有余，是无坚不摧、勇于攀登的勇士。

图 2-10　1989 款凯迪拉克弗利特伍德(Fleetwood)礼仪车(长 12.19m)

图 2-11　大卫 · 别克

a)　b)　c)　d)　e)

图 2-12　别克商标

a）1905 年　b）1920 年　c）1942 年　d）1959 年　e）最新

4）汽车品牌：主要有世纪(Century)、皇朝(Regal)、林荫大道(Electra/Parkavenue)等(历史名车见图 2-13、图 2-14)。

图 2-13　1936 年别克 Roadmaster 汽车

图 2-14　1996 年别克林荫大道汽车

（3）雪佛兰(Chevrolet)公司

1）公司创始人：通用公司创始人威廉 · 杜兰特和瑞士的赛车手、工程师路易斯 · 雪佛兰(Louis Chevrolet)(见图 2-15)。

2）公司创建时间：创建于 1911 年，1918 年并入通用汽车公司。

3）公司商标：雪佛兰商标是抽象化了的蝴蝶领结(见图2-16)，象征雪佛兰汽车的大方、气派和风度。

图2-15 路易斯·雪佛兰

图2-16 雪佛兰商标

4）汽车品牌：主要有卢米娜(Lumina)、卢米娜多用途车(LuminaAPV)、星旅(Astro)、卡玛洛(Camaro)、克尔维特(Corvette)、美宜堡(Malibu)、万程(Venturo)、飞越运动厢体车(TransSport)等(历史名车见图2-17、图2-18)。

图2-17 1934年雪佛兰Suburban Carryall汽车（被称为SUV的鼻祖,率先采用独立悬架系统,极大地提高了行驶的舒适性）

图2-18 2007年雪佛兰Camaro跑车

(4) 旁蒂克(Pontiac)公司

1）公司创始人：爱德华·墨菲。

2）公司创建时间：创建于1907年(奥克兰汽车公司)。1908年并入通用公司成为奥克兰分部，1932年改名为旁蒂克分部。

3）公司商标：由“PONTIAC”（旁蒂克)和带十字标记的箭头组成(见图2-19)。十字形标记表示旁蒂克是通用汽车公司的重要成员，也象征旁蒂克汽车安全可靠；箭头则代表旁蒂克的技术超前和攻关精神。

图2-19 旁蒂克商标

4）汽车品牌：主要有太阳火(Sunfire)、博纳威(Bonneville)、格兰艾姆(Grandam)以及火鸟

(Firebird)等(历史名车见图 2-20、图 2-21)。

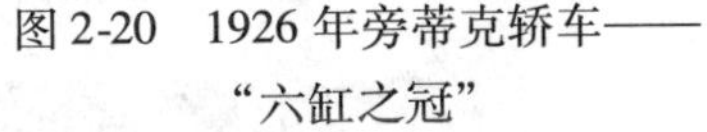

图 2-20　1926 年旁蒂克轿车——“六缸之冠”

图 2-21　1967 年运动型轿车——“火鸟”(Firebird)

(5) 奥兹莫比尔(Oldsmobile)公司

1) 公司创始人：美国人兰索姆·奥兹(Ransom Olds)(见图 2-22)。

2) 公司创建时间：创建于 1897 年。1908 年并入通用汽车公司，2000 年退出历史舞台。

3) 公司商标：由图形和文字两部分组成(见图 2-23)。奥兹莫比尔文字是由奥兹(Olds)加上莫比尔(Mobile)得来的。图形表示该公司积极向上和勇往直前的精神。

4) 汽车品牌：主要有阿莱罗(Alero)、曙光(Aurora)、短剑(Cutlass)、激情(Intrigue)、88(Eightyeight)、摄政王(Regency)、剪影厢体车(Silhouette)等(历史名车见图 2-24)。

图 2-22　兰索姆·奥兹

图 2-23　奥兹莫比尔商标

图 2-24　1966 年“龙卷风”前轮驱动汽车

(6) 土星(Saturn)公司

1) 公司创建时间：1985 年，它是通用汽车公司唯一从内部建立起来的分部，以抵御外国轿车大规模进入美国市场。

2) 土星商标：由图形和文字组成(见图 2-25)。Saturn 是土星的英文名。图形是在红色背景前的土星两条轨迹，给人一种高科技、新观念、超时空的感觉，寓意土星汽车技术先进、设计超前且最具时代魅力。

3）汽车品牌：主要有豪华轿车SL、旅行轿车SW和跑车SC(历史名车见图2-26)。

图2-25 土星商标

图2-26 1999年土星SC三门跑车

（7）欧宝(Opel)公司

1）公司创始人：德国人亚当·欧宝(Adam Opel)(见图2-27)。

2）公司创建时间：1863年生产缝纫机和自行车，1899年开始生产汽车，1914年成为德国最大的汽车生产厂家。1929年被通用汽车公司并购。

3）欧宝商标：为“闪电”图案(见图2-28)，代表了公司的技术进步与发展，又像闪电一样划破长空、震撼世界，喻示欧宝汽车如风驰电掣，力量和速度无与伦比，同时也炫耀它在空气动力学方面的研究成就。

图2-27 亚当·欧宝

4）汽车品牌：主要有欧美佳、威达、雅特和赛飞利等(历史名车见图2-29)。

图2-28 欧宝商标

图2-29 1924年欧宝绿蛙汽车(Laubfrosch)(配置了先进的干式多片离合器及四轮油压制动)

（8）沃克斯豪尔(Vauxhall)公司

1）公司创始人：英国人亚历山大·威尔逊。

2）公司创建时间：1857年建立蒸汽机制造厂，1903年开始制造汽车，1925年被美国通用汽车公司收购。

3）公司商标：选用了 13 世纪英国沃克斯豪尔地区的土地主使用的狮身鹫首的怪兽(见图 2-30)，它矫健的翅膀展开，即将腾飞，并显露出锋利的前颚，体现了英国传统文化理念中的征服与霸气。

4）汽车品牌：以生产高性能轿跑车知名，目前是通用子公司欧宝下属的两大子品牌之一。(历史名车见图 2-31)。

图 2-30　沃克斯豪尔商标

图 2-31　沃克斯豪尔 DX 汽车

(9) 通用公司其他汽车品牌与合作伙伴

1）悍马(Hummer)：美国 AMG 汽车公司以生产悍马(Hummer)汽车而扬名世界(见图 2-32)。其创始人是一位自行车制造商乌特，1903 年成立越野汽车部。几经易手，通用汽车公司从 AMG 汽车公司得到了悍马的商标使用权和生产权。悍马 H2 是在通用旗下诞生的第一辆悍马。悍马以其霸气、强悍、富有冒险精神的品牌形象高居越野车市场之首。

图 2-32　悍马 H2 汽车

2）吉姆西(GMC)：通用载货车公司，成立于 1911 年，以生产皮卡为主。其主要品牌有吉米(Jimmy)、喜来皮卡(Sierra Pickup)、迅马皮卡(Sonoma Pick-up)等。

3）霍尔登(Holden)：1931 年，通用收购澳大利亚的霍尔登(Holden)汽车公司，与通用澳大利亚分公司合并成通用-霍尔登汽车公司。霍尔登汽车品牌在澳大利亚颇受欢迎。

4）大宇(Daewoo)：大宇汽车公司是韩国第二大汽车生产企业，1967 年由金宇中创建，总部在韩国首尔，主要产品以轿车和货车为主。由于经营不利，于 2000 年 11 月 8 日正式宣布破产。2002 年 10 月，通用公司接手大宇，成立通用大宇汽车科技公司，被通用汽车公司定为全球小型轿车开发基地。大宇商标(见图 2-33)是正在开放的花朵组成的椭圆，像高速公路大“动脉”向未来无限延伸。椭圆代表世界；中部 5 个蓝色的实体条纹和之间的 6 条白色条纹，表示大宇在众多领域无限发展的潜力，蓝色代表年轻、活泼，白色代表同心协力和牺牲精神。整个标志表现了大宇家族的未来和发展意志，充满智慧、创造、挑战、牺牲的企业精神，表现出大宇集团的“儒家”风范。通用大宇商标(见图2-34)则更简捷明快。

图2-33 大宇商标

图2-34 通用大宇商标

5）其他：通用汽车公司还与日本的丰田、铃木、五十铃、富士重工、德国的戴姆勒·克莱斯勒、宝马、法国的雷诺、中国的上海、俄罗斯的AVTOVAZ等汽车公司开展合作生产、销售汽车。

2.1.2 福特汽车公司(Ford Motor Company)

1. 公司简介

福特汽车公司创立于1903年，创始人亨利·福特(Henry Ford)(见图2-35)，总部在美国汽车城底特律。1908年福特汽车公司推出了举世闻名的T型汽车，共生产15456868辆，创当时单产世界纪录，1908~1920年，全世界汽车数量的50%是T型车，为“装在汽车轮上的美国”立下不朽功勋，福特被誉为美国“汽车大王”。

图2-35 亨利·福特

福特公司现有员工30万余人，2009年汽车产量214.5万辆，居世界第6。

福特汽车公司目前的主要子公司(分部)见表2-2。

表2-2 福特汽车公司主要子公司(分部)

子公司	商标	子公司	商标
福特(Ford)		林肯(Lincoln)	
水星(Mercury)		马自达(Mazda)	

2. 子公司(分部)及汽车品牌简介

(1) 福特(Ford)

1) 汽车品牌：主要有 T 型车(Modela)、雷鸟(Thurderbird)、野马(Mustang)、全顺(Transit)、福克斯(Focus)等。其中，福克斯汽车(见图 2-36)是福特汽车公司 1999 年重点推介的产品。

2) 福特·野马和野马·眼镜蛇商标："野马"牌跑车是美国名牌跑车，商标为一匹正在奔驰的野马(图 2-37a)，表示该车的速度极快。眼镜蛇跑车由野马跑车改装而成，野马商标仍在车的前部，眼镜蛇商标在后(见图 3-37b)，像是眼镜蛇追击野马不得不急驰，形容跑车速度之快，给人留下极深的印象。

图 2-36　福特福克斯汽车

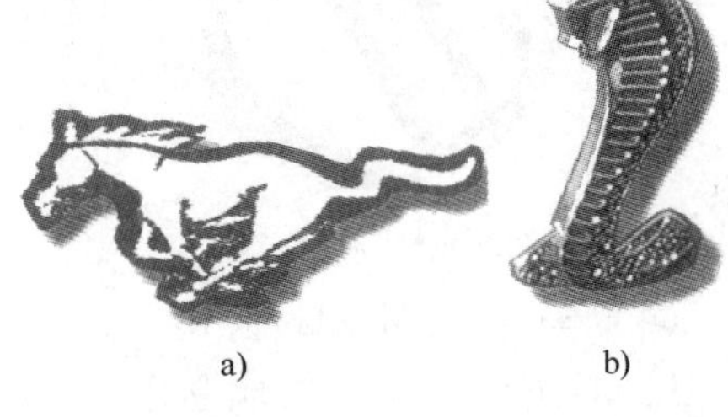

a)　b)

图 2-37　福特·野马和野马·眼镜蛇商标

(2) 林肯(Lincoln)汽车公司

1) 1907 年由亨利·利兰(Henry Leland)创立，1922 年被福特汽车公司收购。

2) 林肯汽车商标：林肯是美国第 16 任总统的名字，借助总统的名字来树立公司的形象。商标(见图 2-38)是一个矩形中含有一颗闪闪放光的星辰，表示林肯总统是美国联邦统一和废除奴隶制度的启明星，也喻示林肯轿车光辉灿烂，是顶级轿车。

3) 汽车品牌：主要有城市(Town Car)、领航者(Navigator)、飞行家(Aviator)和 LS 等(历史名车见图 2-39)。

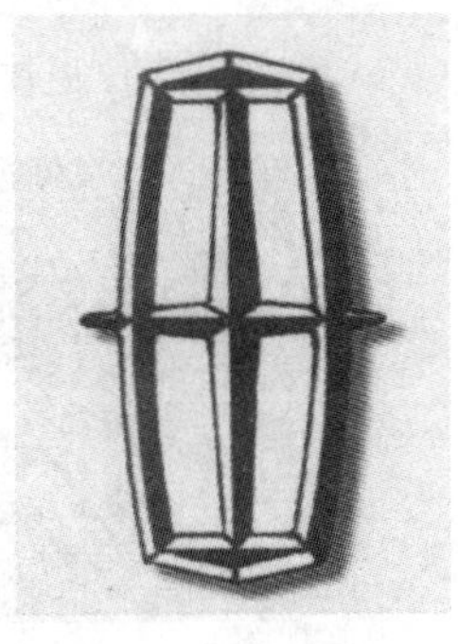

图 2-38　林肯商标

图 2-39　1967 年林肯大陆轿车

(3) 水星(Mercury)

1) 水星品牌是福特汽车公司1935年开发的中档汽车品牌，它一直是创新和富有个性的美国车的代表。

2) 水星商标(见图2-40)：取意太阳系中的水星，在一个圆中有三个行星运行轨迹，让人联想到福特汽车具有太空科技和超时空的创造力。

3) 汽车品牌：主要有Cougar、Sable、Villager、Mountainer、Mystique、Grand-Marquis、Puma等。水星Sable汽车如图2-41所示。

图2-40 水星商标

图2-41 水星Sable汽车

(4) 马自达(Mazda)公司

1) 日本马自达公司成立于1920年，创始人是松田，其拼音为MAZDA(马自达)。1984年，公司正式更名为马自达汽车公司。1979年福特汽车公司购买了该公司25%的股份，1996年福特汽车公司的股份扩大到32.4%，成为马自达最大的股东。

2) 马自达商标(见图2-42)：是椭圆中展翅飞翔的海鸥，同时又组成"M"字样。"M"是"MAZDA"第一个大写字母，预示该公司将展翅高飞，以无穷的创意和真诚的服务迈向新世纪。

3) 汽车品牌：主要有Miata、323、626、Millenia、RX-8、Econovan、Premio、MX系列等。马自达多用途汽车如图2-43所示。

2.1.3 克莱斯勒汽车公司(Chrysler Corporation)

1. 公司简介

克莱斯勒汽车公司成立于1925年，创始人是瓦尔特·克莱斯勒(见图2-44)，

图2-42 马自达商标

图2-43 马自达多用途汽车

图2-44 瓦尔特·克莱斯勒

总部在美国汽车城底特律，是美国第三大汽车公司。1998 年 5 月 7 日，与奔驰公司合并成立了戴姆勒-克莱斯勒汽车公司，2007 年又分开。

克莱斯勒汽车公司的组成见表 2-3。

表 2-3　克莱斯勒汽车公司组成

子公司(分部)	商　标	子公司(分部)	商　标
克莱斯勒(Chrysler)		道奇(Dodge)	
吉普(Jeep)		普利茅斯(Plymouth)	

2. 子公司(分部)及汽车品牌简介

(1) 克莱斯勒(Chrysler)

1) 商标：商标像五角星勋章(见图 2-45)，体现了克莱斯勒人的远大抱负，正五边形为五星分割成 5 个部分，喻意克莱斯勒的汽车遍布亚、非、欧、美、澳五大洲。1997 年经过重新设计的克莱斯勒飞翼商标(见图 2-46)增加了一对跃跃欲飞的翅膀，象征着克莱斯勒的欣欣向荣。

2) 汽车品牌：主要有 PT Cyuiser 、LHS、君王(Concorde)、赛百灵(Sebring)、纽约客(New Yorker)、卷云(Cirrus)等中高档轿车，300C、300M、300Hime 等系列运动型高级轿车，交叉火力(Cross Fire)、Citadel 时尚跑车，大捷龙(Grand Voyager)(见图 2-47)、城市和乡村(Town & Country)等著名的高档 MPV。到 2004 年为止，克莱斯勒 MPV 系列车型的销售已经突破 1000 万辆大关。

图 2-45　克莱斯勒商标(旧)

图 2-46　克莱斯勒商标(新)

图 2-47　克莱斯勒大捷龙汽车

(2) 道奇(Dodge)公司

1) 1914 年，由道奇兄弟约翰·道奇(见图 2-48a)和霍瑞斯·道奇(见图 2-48b)创建。1928 年，克莱斯勒公司收购了道奇兄弟公司。

2) 道奇商标：是在一个五边形中有一神气羊头形象(见图 2-49)，表示道奇汽车强壮剽悍、善于决斗，又表示道奇汽车朴实无华的平民倾向。

a)

b)

图2-48　道奇兄弟

图2-49　道奇商标

3）汽车品牌：主要有超级跑车蝰蛇(Viper)、无畏(Interpid)、隐形(Stealth)、小精灵(Spirit)、影子(Shadow)、霓虹(Neon)。历史名车超级跑车蝰蛇汽车(见图2-50)的商标是一个张着血盆大口的蝰蛇(见图2-51)，象征道奇汽车像蝰蛇一样威猛无比。

图2-50　道奇蝰蛇汽车

图2-51　蝰蛇商标

(3) 普利茅斯(Plymouth)

1）商标(见图2-52)：该商标是为了纪念第一批英国僧侣在1620年乘坐“五月花”号船自Plymouth港口登陆而设计的。商标中采用了他们所乘坐的帆船——“珠夫拉瓦”号的船形图案。

2）汽车品牌：普利茅斯主要生产价格低廉的克莱斯勒道奇的车型。

图2-52　普利茅斯商标

(4) 吉普(Jeep)

1）1987年，克莱斯勒汽车公司收购了美国汽车公司(AMC)，成立了鹰·吉普部。该部生产的切诺基吉普车性能优越。

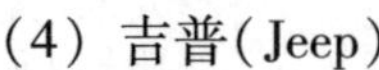

2）吉普车标：呈雄鹰展翅(见图2-53)。鹰在美国被誉为神鸟，也是对著名战斗机飞行员的俚称。用鹰比喻该部具有雄鹰的优秀品质，能迎风斗险、勇攀技术高峰。

汽车品牌：主要有牧马人(Wrangler)、切诺基(Cherokee)、自由(Liberty)、大切诺基(Grand Cherokee)。“切诺基”取自美洲印第安部族切诺基人(他们世代居住山区,能攀善爬)，表示该车越野性能好。大切诺基汽车如图 2-54 所示。

图 2-53 鹰·吉普商标

图 2-54 大切诺基汽车

2.2 欧洲主要汽车工业集团

欧洲是汽车的发源地，初期也出现众多的汽车企业，仅法国就出现过 300 多家汽车企业，规模都很小。在竞争中，大部分小型企业被逐步淘汰，几个主要汽车集团得到了发展和壮大。

2.2.1 戴姆勒-奔驰汽车公司

1. 公司简介

奔驰汽车公司和戴姆勒汽车公司是世界上成立最早的汽车公司，分别成立于 1887 年和 1890 年。1926 年两公司合并改名为戴姆勒-奔驰汽车公司，总部在斯图加特。

戴姆勒-奔驰汽车公司在德国国内有 6 个子公司，国外有 23 个子公司，雇员 18.5 万人。2007 年，其汽车产量 119 万辆，排名世界第十一，居德国第二，销售额为德国第一。

2. 公司商标

(1) 奔驰商标 在两个嵌套的圆之间加月桂枝树叶(见图 2-55)，像一顶桂冠，代表优异成功、荣誉和辉煌，喻示奔驰公司在汽车领域独占鳌头，独夺“桂冠”。

(2) 戴姆勒商标 是一个圆环围着一颗三叉星(见图 2-56)。三叉星形似简化了的汽车转向盘，表示在陆海空领域全方位的机动性；圆环显示其汽车营销全球的发展势头。戴姆勒与奔驰公司合并后，也常以该商标作为公司商标。

(3) 奔驰-戴姆勒商标 由奔驰和戴姆勒商标组合而成(见图 2-57)，也有用图 2-56 所示商标作为公司商标。

图2-55 奔驰商标

图2-56 戴姆勒商标

图2-57 奔驰-戴姆勒商标

3. 公司汽车品牌

公司主要汽车品牌有梅赛德斯-奔驰、迈巴赫、精灵等。

(1) 梅赛德斯-奔驰(Mercedes-Benz)

图2-58 奔驰300SL轿车

1) 梅赛德斯-奔驰汽车已经发展成为目前的13个系列，共122个品种。

2) 奔驰轿车共分四大类别，A级(微型轿车)、C级(小型轿车)、E级(中型轿车)、S级(大型豪华轿车)(见图2-58)。型号以发动机排量区别，例如C200型轿车的发动机排量是1998mL，C250D型轿车的发动机排量是2479mL，D指柴油发动机。

3) 跑车系列有SLK、CLK、SL、CL。

4) 多用途厢体系列有M和V级车等。

(2) 迈巴赫(Maybach) 迈巴赫(Maybach)是戴姆勒汽车公司的创始人之一，担任总工程师。其品牌是戴姆勒-奔驰汽车公司的超豪华顶级轿车(见图2-59)。商标由两个交叉的M围绕在一个球面三角形组成(见图2-60)，两个M是迈巴赫汽车(Maybach Motorenbau)的缩写。

图2-59 迈巴赫汽车

图2-60 迈巴赫商标

(3) 精灵(Smart) 精灵汽车是由奔驰汽车公司和瑞士钟表巨子Swatch公司共同开发的超微型车(见图2-61)。Smart汽车的外形像一个大玩具车，有人称为

"卡通车"。

2.2.2　大众汽车公司(Volkeswagens Werk AG)

1. 公司简介

德国的大众汽车公司成立于1938年，创始人是世界著名的汽车设计大师费迪南德·波尔舍(Ferdinand Porsche)(见图2-62)，公司总部在德国汽车城沃尔夫斯堡。大众汽车公司是欧洲最大的汽车生产集团，现有雇员32.68万人，在世界22个国家有29家子公司和合资公司。2009年，大众汽车公司的汽车产量326.5万辆，世界排名第3。

图2-61　奔驰精灵汽车

图2-62　费迪南德·波尔舍

图2-63　大众商标

大众公司商标采用德文Volkeswagens Werk(大众公司)的"V"在上，"W"在下，又像3个"V"(见图2-63)，表示公司产品"必胜—必胜—必胜"。大众汽车顾名思义是为大众生产的汽车。大众商标简捷、鲜明，令人过目不忘。

大众汽车公司的组成见表2-4。

表2-4　大众汽车公司的组成

子公司	商标	子公司	商标	子公司	商标
大众(Volkswagen)		奥迪(Audi)		兰博基尼(Lamborghini)	
本特利(Bentley)		布加蒂(Bugatti)		西亚特(Seat)	
斯柯达(Skoda)		布加蒂(Bugatti)		斯堪尼亚(Scania)	

2. 子公司(分部)及汽车品牌简介

(1) 大众汽车品牌　主要有甲壳虫(Beetles)、波罗(Polo)、高尔夫(Golf)、帕萨特(Passat)、捷达(Jetta)、桑塔纳(Santana)、卡尔维拉小客车(Bus-Caravelle)、文托(Wento)、夏朗(Sharan)、宝来(Bora)、路波(Lupo)和辉腾(Phaeton)等。

1) 甲壳虫汽车(见图2-64)于1933年投产，至1978年共生产2150万辆，打破了福特T型车的世界纪录。目前在生产的甲壳虫汽车为08款新甲壳虫汽车(见图2-65)。

图2-64 1933年甲壳虫汽车

图2-65 2008款新甲壳虫汽车

2) 高尔夫(Golf)轿车(见图2-66)：1973年开发，迄今已生产第五代，生产量超过2 500多万辆，创单一车型世界冠军；车款多达二十多种，车厢十分牢固，空间宽敞，行驶性能安全可靠。

3) 路波(Lupo)轿车：1998年推出，是大众品牌系列中的小型家庭用车，最著名的车型是1.2L柴油机轿车(见图2-67)，百公里仅耗油约3L，誉满全球，被称为“3升路波”。

图2-66 高尔夫轿车

图2-67 路波柴油轿车

4) 桑塔纳(Santana)轿车(见图2-68)：是德国大众汽车公司在美国生产的品牌车。

5) 辉腾(Phaeton)汽车：是大众汽车公司2002年新推出的顶级旗舰产品。图2-69所示为2007款的配V6TDI发动机的辉腾汽车，满足欧V标准。

图2-68 桑塔纳轿车

图2-69 2007款辉腾汽车

（2）奥迪(Audi)汽车公司

1）1910 年，由奥迪(Audi)、霍尔茨(Horch)、漫游者(Wanderer)和蒸汽动力车辆厂(DKW)四家公司联合成立了汽车联盟股份公司(Audi Auto Union AG)。1964 年被大众汽车公司收购。

2）公司商标是四个半径相等的连环圆圈(见图 2-70)，表示当初公司是由四家公司合并而成，如兄弟手挽手，平等、互利，协作，意味着“团结就是力量”。

3）汽车品牌：主要有 A3、A4、A6、A8 系列和敞篷车及运动车系列。奥迪 A4 轿车(见图 2-71)是一种中高档轿车，其销售量在全德国一直位居中型轿车销售排行榜的首位。

图 2-70　奥迪商标

图 2-71　奥迪 A4 轿车

（3）本特利(Bentley)汽车公司

1）本特利汽车公司(Bentley Motors Ltd)(也译为宾利)原来是英国一家独立的汽车公司，建于 1919 年，创始人是沃尔特·欧文·本特利(Walter Owen Bently)(见图 2-72)，1931 年被劳斯莱斯汽车公司收购。1999 年，本特利成为大众集团的一个品牌。

2）公司商标：是以公司名的第一个字母“B”为主体，生出一对翅膀(见图 2-73)，似凌空翱翔的雄鹰，喻示着本特利汽车公司在全球范围内的飞跃发展。

图 2-72　沃尔特·欧文·本特利

图 2-73　本特利商标

3）汽车品牌：本特利汽车一直以千锤百炼的工艺和完美无瑕的品质占据着豪华汽车的榜首。手工精制是本特利最引以为自豪的传统。每辆本特利汽车要花上16～20星期才能完成，绝大部分的工匠都有20年以上的丰富经验。每辆汽车的喷漆程序要经过120个独立步骤，所有车身油漆都经过15次喷漆处理，出厂前的最后打蜡及抛光程序就得专人人工打磨整整10个小时才能完成，品质严谨程度堪称世界汽车之冠。汽车品牌主要有雅致(Arnage)、皇室御驾(State Limousine)、欧陆GT(Continental GT)、Blower和Brooklands等(见图2-74～图2-77)。

图2-74　本特利Blower汽车

图2-75　本特利Arnage T汽车

图2-76　本特利皇室御驾汽车

图2-77　欧陆GT Speed(极速为322km/h)汽车

(4) 兰博基尼(Lamborghini)汽车公司

1）兰博基尼汽车公司原来是意大利超级跑车制造商，创建于1963年，创始人是弗鲁西欧·兰博基尼(Ferruccio Lamborghini)(见图2-78)，因生产V12发动机而成名。1998年被大众汽车公司的奥迪子公司收购。

图2-78　弗鲁西欧·兰博基尼

2）商标：是一头蛮劲十足的斗牛，正准备向对手发动猛烈的攻击(见图2-79)。据说公司创始人兰博基尼就是这种不甘示弱的牛脾气，也体现了兰博基尼汽车大功率、高速的运动型轿车的特点。

3）主要汽车品牌：有康塔什(Countach)、米拉(Miura)、Diablo、巨兽Murcielago等系列跑车。兰博基尼V12巨兽Murcielago汽车(见图2-80)采用12缸发动机，排量为 6.2L，最大功率高达 427kW，最高时速超过 337km/h，0～100km/h 的加速时间仅需 2.8s。

图 2-79　兰博基尼商标

图 2-80　兰博基尼 V12 巨兽 Murcielago 汽车

（5）保时捷(Porsche)公司

1）基本情况：保时捷公司的创始人是费迪南德·保时捷(Porsche)，又译作费迪南德·波尔舍。1900 年，保时捷公司推出第一辆双座电动跑车罗纳尔-保时捷(Lohner-Porsche)(见图 2-81)轰动世界。1931 年 3 月 6 日，保时捷公司在斯加图特建立了一家设计公司，专门开发汽车、飞机及轮船的发动机，并以生产赛车闻名于世。其设计的赛车多次在世界汽车比赛中得奖，其生产的保时捷 911 汽车特别受欢迎。

2）公司商标(见图 2-82)：商标图形采用公司所在地斯图加特市的盾形市徽，上面是保时捷的姓氏“PORSCHE”；商标中间是一匹骏马，表示斯图加特盛产一种名贵种马，喻示保时捷汽车的出类拔萃；商标的左上方和右下方是鹿角的图案，表示斯图加特曾是狩猎的好地方；商标左上方和右下方的黄色条纹代表成熟的小麦的颜色，喻指五谷丰登；商标中的黑色代表肥沃土地，红色象征人们的智慧和对大自然的钟爱，展现了保时捷公司辉煌的过去，预示了保时捷公司美好的未来。

图 2-81　第一辆电动跑车罗纳尔-保时捷汽车

图 2-82　保时捷商标

3）公司汽车品牌：保时捷公司以生产高性能赛车闻名于世。1948年，保时捷公司推出保时捷356（见图2-83），拥有轻巧的车身、低风阻系数、灵活的操纵性能及气冷式发动机。1963年，保时捷公司推出保时捷911（见图2-84）。1970年，保时捷公司推出保时捷917（见图2-85）。1974年，保时捷公司推出保时捷911 turbo（930款）（见图2-86），掀开了保时捷历史的新纪元。它采用5.4L水平对置12缸废气增压发动机，在转速为7 800r/min时产生808.5kW的功率，极速可达到400km/h左右，从静止加速到100km/h仅需2.1s。1982年，保时捷公司推出保时捷956（见图2-87），连续四年夺得勒芒24h耐力赛冠军，在1983年一举包揽前10名中的9个名次，书写了辉煌战绩。保时捷956的座舱造型与战斗机非常相似，整个车身也仿佛是一片平直的机翼。2010年，保时捷公司推出保时捷911 Turbo旗舰车跑车（见图2-88），搭载3.8L水平对置发动机，采用燃油直接喷射以及可变几何涡轮增压器，其最大输出功率可达368kW，配备PDK双离合变速器，从静止加速到100km/h仅需3.4s，最高车速达312km/h，百公里油耗仅为11.4～11.7L。

图2-83　1948年保时捷356汽车

图2-84　1963年保时捷911汽车

图2-85　1970年保时捷917汽车

图2-86　1974年保时捷911 turbo汽车

（6）斯柯达（Skoda）汽车公司

1）捷克斯柯达汽车公司是由创建于1895年的L&K公司和斯柯达·佩尔森（Skoda Pilsen）集团合并而成的。1991年，斯柯达公司被德国大众汽车集团并购。

图 2-87　1982 年保时捷 956 汽车

图 2-88　2010 年保时捷 911 Turbo 旗舰车跑车

2）公司商标：在银色底子上有一支绿色带翅膀的箭，四周环绕着黑色缎带，缎带底部装饰着象征优胜和荣誉的月桂树叶(见图 2-89)。巨大的圆环象征着斯柯达为全世界无可挑剔的产品；鸟翼象征着技术进步的产品行销全世界；向右飞行着的箭头象征着先进的工艺和该公司无限的创造性；外环中朱黑的颜色象征着斯柯达汽车公司百余年的传统；中央铺着的绿色，则表达了斯柯达汽车公司对资源再生和环境保护的重视。

3）主要汽车品牌：有欧雅(Octavia)、法比亚(Fabia)、速派(Superb)等。历史名车有 1924 年生产的豪华车 Hispano Suiza 汽车(见图 2-90)，是当时世界上最贵的汽车，它的底盘价格比当时的劳斯莱斯还贵。

图 2-89　斯柯达商标

图 2-90　斯柯达 Hispano Suiza 汽车

(7) 布加迪(Bugatti)汽车公司

1）意大利布加迪汽车公司创建于 1909 年，创始人是埃多尔·布加迪(Ettoren Bugatti)。1998 年被大众汽车公司收购。

2）公司商标(见图 2-91)：英文字母即创始人布加迪，上部 EB 为埃多尔·布加迪(Ettoren Bugatti)英文拼音的缩写，周围一圈小圆点象征滚珠轴承，底色为红色。

图 2-91　布加迪商标

3）汽车品牌：布加迪的 T 系列轿车和 ID、EB 系列跑车都是精品之作，有的只限量生产几辆，有的打破世界车速纪录。部分布加迪历史名车如图2-92～图2-94所示。其中，2004年推出的布加迪EB16.4 Veyron(威龙)汽车的最高车速为405.7km/h，0～100km/h加速时间为2.9s，打破当时世界汽车纪录，每辆售价约120万美元，是世界上最贵的汽车。

图2-92　1938年布加迪 Type57 SC Atlantic Coupe汽车

图2-93　1990年ID90 Concept汽车

(8) 西亚特(Seat)汽车公司

1) 西亚特(Seat)汽车公司是西班牙最大的汽车公司，1950年成立于巴塞罗那。1990年，德国大众获得西雅特的全部股权，使西亚特成为大众汽车公司的子公司。

2) 西亚特商标(见图2-95)：由厂名SEAT和图标组成，车标就是一个大写的、艺术化的"S"。图标以大红色做底，"S"字母呈中空状态，看似一只欲展翅腾飞的火凤凰，喻示着西亚特汽车的灵活和动力，能适应时代发展、随时把握时代动向，永不落伍。

图2-94　2004年布加迪威龙汽车

图2-95　西亚特商标

3) 汽车品牌：主要有伊比萨(Ibiza)、阿罗莎(Arosa)、图雷多(Toledo)、科多巴(Cordoba)、利昂(Leon)及西亚特Tribu、Cupra(见图2-96)、Proto C、Barcelona等。

(9) 斯堪尼亚(Scania)公司

1) 斯堪尼亚(Scania)公司创办于 1891 年，1969 年与萨伯(Saab)公司合并成立萨伯-斯堪尼亚有限公司，2008 年被大众汽车公司收购。

斯堪尼亚公司是世界领先的重型卡车和大型巴士以及工来发动机制造商之一，全球拥有 30 000名雇员。

图 2-96　西亚特 Cupra 汽车

2) 公司商标(见图 2-97)：斯堪尼亚公司商标是狮身鹰面兽。在古代神话中，狮身鹰面兽一直都是最强大的动物的象征，是各种神氏的座骑，象征力量、速度、敏捷和勇气，喻示公司生产的汽车性能优越。

图 2-97　斯堪尼亚商标

3) 汽车品牌：公司以生产重型货车和大型巴士闻名，其新款 R 系列重型货车荣膺“2010 年度卡车”大奖；2007 年，推出了未来巴士，燃用乙醇燃料。

2.2.3　雷诺-日产联盟

1. 公司简介

1999 年 3 月，法国雷诺汽车公司通过收购股份成为日产的第一大股东，并和日产汽车公司结为战略联盟。该联盟 2007 年的汽车产量为 590 万辆，世界排名第 5。

雷诺-日产联盟的组成见表 2-5。

表 2-5　雷诺-日产联盟组成

子　公　司	商　　标	子　公　司	商　　标	子　公　司	商　　标
雷诺(Renault)		日产(Nissan)		无限(Infiniti)	
三星(2-Star)		达西亚(Dacia)			

2. 子公司(分部)及汽车品牌简介

(1) 雷诺(Renault)汽车公司

1) 法国雷诺汽车公司成立于 1898 年，创始人是路易斯·雷诺(Louis Renault)(见图 2-98)和他的两个兄弟。

2) 公司商标：是三个菱形拼成的图案，如图 2-99a 所示，象征雷诺三兄弟与汽车工业融为一体，表示“雷诺”能在无限的(四维)空间中竞争、生存、发展。1992 年，其商标改为三个菱形合一，如图 2-99b 所示。

图 2-98　路易斯·雷诺

3）汽车品牌：主要有梅甘娜(Megane)、克丽欧(Clio)、拉古娜(Laguna)、丽人行(Twingo)、太空车(Espace)、Avantime 等。雷诺梅甘娜 CC 汽车如图2-100所示。

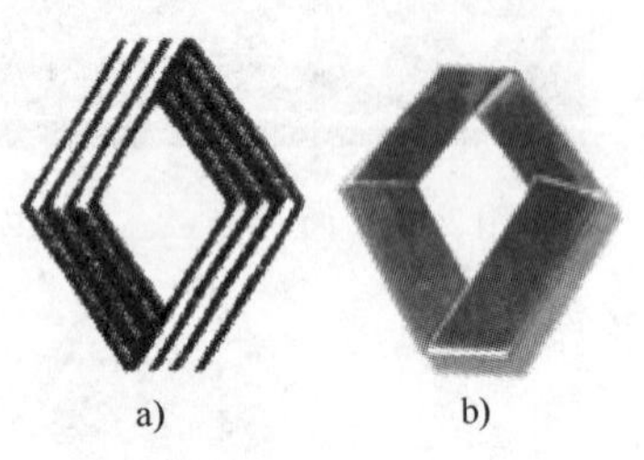

a)　　b)

图 2-99　雷诺公司商标

图 2-100　雷诺梅甘娜 CC 汽车

（2）日产(Nissan)汽车公司

1）日产“Nissan”的日语读音近似“尼桑”，所以也被音译为“尼桑”。它是1933 由日本产业公司与户畑铸造公司联合成立的汽车制造公司，1934 年正式更名为日产汽车公司，总部设在东京，是日本的第三大汽车生产厂家。

图 2-101　日产商标

2）公司商标(见图2-101)：商标用简洁明了的红色圆表示太阳，中间的蓝色长方形及其上白色的字是“日产”的拼写形式，整个图案表明了日产汽车公司位于“日出之国”的日本，在汽车商标文化中独树一帜。

3）汽车品牌：主要有公爵(Cedric)、蓝鸟(Bluebird)、风度(Cefiro)、阳光(Sunny)、派美(Primera)、ELGRAND、X-Trail、西玛(Cima)、千里马、光荣、桂冠、总统、无限(Infiniti)等。日产公爵汽车、日产蓝鸟汽车如图 2-102、图 2-103所示。

图 2-102　日产公爵汽车

图 2-103　日产蓝鸟汽车

（3）三星(3-STAR)汽车公司　韩国三星汽车公司成立于 1997 年，2000 年被雷诺汽车公司并购。目前三星汽车公司生产的主要车型有 SM3、SM5 等。

（4）达西亚(Dacia)汽车公司　罗马尼亚的达西亚轿车厂成立于 20 世纪 60

年代中期。1999年7月，雷诺汽车公司获得达西亚汽车制造厂51%的股份。目前达西亚汽车公司生产的主要车型有Solenza、Logan等。

2.2.4　标致—雪铁龙汽车集团

标致—雪铁龙汽车集团(简称PAS集团)由著名的法国标致汽车公司和雪铁龙汽车公司组成。2009年，其汽车产量158.7万辆，居世界第10。

1. 标致(Peugeot)汽车公司

(1) 公司简介　1890年，标致汽车公司成立，创始人是阿尔芒·标致(Armand Peugeot)(见图2-104)。

(2) 公司商标　标致汽车公司的商标是只狮子(见图2-105)。狮子历来是雄壮、威武、高贵的象征，标致商标中的狮子简洁、明快、刚劲、有力，衬托出标致汽车的力量和节奏。

图2-104　阿尔芒·标致

图2-105　标致商标

(3) 汽车品牌　主要品牌有标致205、206、306、307、406、605、607和807等。标致205、206、307汽车分别如图2-106～图2-108所示。

图2-106　标致205汽车

图2-107　标致206汽车

图2-108　标致307汽车

2. 雪铁龙(Citroen)汽车公司

(1) 公司简介　1915年，法国雪铁龙汽车公司成立，创始人是安德烈·雪铁龙(A·Citroen)(见图2-109)。

(2) 公司商标　商标是两个人字(见图2-110)，像人字形齿轮，以宣扬创始人雪铁龙1900年发明了人字斜齿轮。

图2-109 安德烈·雪铁龙

图2-110 雪铁龙商标

(3) 汽车品牌 主要有C3、C5、C6、毕加索(Picasso)、萨拉(Xsara)、Saxo、桑蒂雅(Xantia)等。雪铁龙C6汽车、毕加索汽车如图2-111、图2-112所示。

图2-111 雪铁龙C6汽车

图2-112 雪铁龙毕加索汽车

2.2.5 菲亚特集团(Gruppo Fiat)

1. 公司简介

1899年，乔瓦尼·阿涅利创建了意大利都灵汽车制造厂。菲亚特(FIAT)是该公司缩写的译音。其总部设在意大利都灵市，菲亚特集团现有雇员27万左右，在100多个国家有子公司和销售机构；在2007年度《财富》全球最大500家公司排名中名列第84，是意大利唯一的大型汽车公司。

菲亚特商标几经变迁，历史商标如图2-113所示。图中，“FIAT”为公司全称(Fabbrica Itliana Auto-mobile di Torino)4个单词的第一个大写字母。“FIAT”在英语中具有“法令”、“许可”的含义，喻示菲亚特轿车具有较高的合法性与可靠性，深得用户的信赖。目前，菲亚特公司使用五根短柱斜置平行排列的新商标(见图2-114)。五条倾斜平行的图案像飞行在天空中飞机留下的轨道，越飞越高，象征该公司生产的汽车遍布世界五大洲。

其公司组成见表2-6。

图 2-113　菲亚特历史商标

图 2-114　菲亚特现在商标

表 2-6　菲亚特汽车公司组成

子公司	商标	子公司	商标	子公司	商标
菲亚特(Fiat)		阿尔法·罗密欧(Alfa Romeo)		法拉利(Ferrari)	
蓝旗亚(Lancia)		玛莎拉蒂(Maserati)			

2. 子公司(分部)及汽车品牌简介

(1) 菲亚特(Fiat)汽车公司　汽车品牌主要有熊猫(Panda)、派力奥(Palio)、西耶娜(Siena)、派力奥(Palio W. E.)、马力昂(Marea)、鹏托(Abarth)、多能(Multipla)、多宝(Doblo)等。历史名车有 1911 年制造的菲亚特 300 汽车(见图 2-115)、1957 年推出的菲亚特 500 汽车(见图 2-116)等。

图 2-115　菲亚特 300 汽车

图 2-116　菲亚特 500 汽车

(2) 阿尔法·罗密欧(Alfa Romeo)汽车公司

1) 1910 年，阿尔法·罗密欧公司创建，总部设在意大利米兰，1986 年并入菲亚特集团。

2）公司商标(见图2-117)：标志是中世纪意大利米兰的领主维斯康泰公爵的家徽，也是现在米兰市的市徽。标志中的十字部分来源于十字军从米兰向外远征的故事；右边部分是蛇正在吞食撒拉逊人的图案(传说之一是维斯康泰的祖先曾经击退了使该城人民遭受苦难的“恶龙”)。

3）汽车品牌：主要有147(中型轿车)、156/156 Sport Wagon(中高档轿车)、166(高档轿车)、GTV/Spider(运动轿车)等。其历史名车如图2-118、图2-119所示。

图2-117 阿尔法·罗密欧商标

图2-118 阿尔法·罗密欧156汽车

图2-119 阿尔法·罗密欧147汽车

(3) 法拉利(Ferrari)汽车公司

1）1929年，世界赛车冠军、汽车设计大师恩佐·法拉利(见图2-120)创建了法拉利汽车公司。恩佐·法拉利13岁开始驾车，赢得了9次勒芒24小时拉力赛冠军和9次F1总冠军，被誉为“赛车之父”。他设计的F1赛车截止至2006年年底，获得了14次一级方程式车手总冠军、14次一级方程式车队总冠军、14次制造商世界冠军、9次勒芒24小时耐力赛冠军、8次Mille Miglia比赛冠军、7次Targa Florio比赛冠军以及5000多次各种车赛冠军，至今无人打破这个记录。

2）公司商标(见图2-121)：由字母和图案组成，图案“腾马”比喻奔腾向前、搏击长空、一定取胜，与法拉利跑车的刚劲和经典红头造型相结合，更显法

图2-120 恩佐·法拉利

图2-121 法拉利商标

拉利跑车令人晕眩的震撼力。

3）汽车品牌：法拉利汽车大部分采用手工制造，每一辆法拉利汽车都可以说是一件绝妙的艺术品。著名的超级跑车有1962年的250 GTO、1984年的288 GTO、1988年～1992年的F40（见图2-122）、1995年～1997年的F50、1996年的F50 GT、2003年～2005年的Enzo（见图2-123）等。

图2-122　法拉利F40汽车

图2-123　法拉利Enzo汽车

（4）玛莎拉蒂（Maserati）汽车公司

1）1914年，玛莎拉蒂（Maserati）家族六兄弟在意大利的科隆纳创建了玛莎拉蒂汽车公司，专门生产运动车。1993年，玛莎拉蒂公司被菲亚特集团收购。

图2-124　玛莎拉蒂商标

2）公司商标：树叶形的底座置于一个椭圆中，其上放置一把三叉戟（罗马和希腊神话中海神的武器）；这个商标也是公司所在地意大利玻罗尼亚市的市徽（见图2-124）。该商标表示玛莎拉蒂牌汽车就像三叉戟一样威力无比、所向披靡。

3）汽车品牌：主要有玛莎拉蒂Mistral、Sebring、Ghibli、Coupe、Birdcage、Quattroporte及其Quattroporte GT等。玛莎拉蒂Birdcage概念车、Quattroporte汽车如图2-125、图2-126所示。

（5）蓝旗亚（Lancia）汽车公司

图2-125　玛莎拉蒂Birdcage概念车

图2-126　2004款玛莎拉蒂Quattroporte汽车

1）1906年，赛车手维琴佐·蓝旗亚在都灵创办蓝旗亚公司。1969年，菲亚特兼并了蓝旗亚汽车厂。

2）公司商标(见图2-127)：有双重意义，一是取自公司创始人之一蓝旗亚的姓氏；二是“蓝旗亚”在意大利语中解释为“长矛”，(骑着高头大马,手持挂旗子的长矛者,是中世纪意大利骑士的主要特征)，商标喻示了蓝旗亚企业不畏艰难的拼搏精神。

3）汽车品牌：主要有蓝旗亚Y、Thesis、Lybra Lanbda、Augusta、Artena、Astura、Aprilia等。蓝旗亚Thesis汽车如图2-128所示。

图2-127　蓝旗亚商标

图2-128　蓝旗亚Thesis汽车

2.2.6　宝马汽车集团(Bayerische Motoren Werke)

1. 公司简介

1）德国的宝马汽车公司成立于1916年，总部在慕尼黑，创始人是工程师卡尔·拉普和马克斯·弗里茨。宝马公司目前在世界13个国家设有子公司和生产厂，在德国国内有10家子公司。2007年，其汽车产量为150万辆，排名世界第十。

2）公司商标(见图2-129)：采用宝马公司名称BMW和飞机螺旋桨图案，蓝色代表蓝天、白色代表白云，飞机螺旋桨表示宝马公司过去在航空发动机技术方面的领先地位。

图2-129　宝马商标

宝马汽车公司组成见表2-7所示。

表2-7　宝马汽车公司组成

子 公 司	商　　标	子 公 司	商　　标
宝马(BMW)	BMW	劳斯莱斯 (ROLLS-ROYCE)	ROLLS RR ROYCE
迷你(Mini)	MINI	奥斯汀(Austin)	AUSTIN ROVER

2. 子公司(分部)及汽车品牌简介

(1) 宝马(BMW)汽车公司 主要汽车品牌有宝马3、5、7和8系列(见图2-130)豪华小轿车。

(2) 劳斯莱斯(ROLLS-ROYCE)汽车公司

1) 1906年，劳斯莱斯汽车公司成立，创始人是劳斯(ROLLS,法国汽车商)和莱斯(ROYCE,英国汽车工程师)(见图2-131)，由劳斯负责投资营销，莱斯提供发明专利。1998年6月，劳斯莱斯汽车公司被德国大众汽车公司收购。1998年7月，宝马汽车公司出资4 000万英镑购买劳斯莱斯商标和标志，从2003年开始生产劳斯莱斯牌轿车。

图2-130 宝马8系列轿车

图2-131 劳斯与莱斯

2) 公司商标：劳斯莱斯商标为双R(见图2-132)，是劳斯(ROLLS)与莱斯(ROYCE)的第1字母，两个字母交叉表示你中有我，我中有你，团结奋斗，携手共进。劳斯莱斯的另一个传统标志是具有古典风格的“飞翔女神”雕像(见图2-133)，雕像身披轻纱，两臂后伸，体态轻盈、风姿绰约。当时的总经理约翰逊撰文称：“这是一位优雅无比的女神，她代表着人类的崇高理想和生活的欣狂之魂，她将旅途视为至高无上的享受”。

3) 汽车品牌：劳斯莱斯汽车以外形独特、古香古色、性能优越著称于世，是当今世界最豪华、最尊贵的汽车，被誉为帝王之车；被英国多位女王所选用，所以也被誉为“女王车”。图2-134所示为2003年的劳斯莱斯幻影汽车。

图2-132 劳斯莱斯商标

图2-133 劳斯莱斯标志

图2-134 劳斯莱斯幻影汽车

(3) 奥斯汀(Austin)与迷你(Mini) 1905 年，英国人赫伯特·奥斯汀(Herbert Austin)创建了奥斯汀汽车厂。1952 年，奥斯汀与莫里斯(Morris)等 5 个汽车厂合并组成英国汽车公司(British Motor Corporation，简称 BMC)。其商标如图 2-135所示。1959 年，英国汽车公司推出著名的“迷你”(Mini)型微型汽车(见图 2-136)。其商标如图 2-137 所示。1969 年，BMC 公司与罗孚汽车公司合并为罗孚汽车公司。1994 年，宝马汽车公司收购了罗孚汽车公司。2000 年，宝马汽车公司出售罗孚汽车公司的资产，只留下了 MINI 一个品牌。图 2-138 所示为 2001 年宝马汽车公司设计出的新款 MINI 汽车。

图 2-135 BMC 商标

图 2-136 Mini 型微型汽车

图 2-137 迷你商标

图 2-138 新款 MINI 汽车

2.2.7 阿斯顿·马丁(Aston Martin)汽车公司

1. 公司概况

阿斯顿·马丁现归属英国 Prodrive 公司。1913 年，英国莱昂内尔·马丁(Lionel Martin)和罗伯特·班福特(Robert Bamford)(见图 2-139)共同创建了阿斯顿·马丁汽车公司。1923 年，公司改名为阿斯顿·马丁。因为马丁曾驾驶自己制造的赛车在阿斯顿·克林顿山举行的山地汽车赛中获胜，为了纪念胜利而将公司和产品改名。

1947 年，公司卖给了英国拖拉机制造商戴维·布朗(David Brown)。1948 年，DB1(见图 2-140)车型投产。1987 年福特汽车公司收购了其 75% 的股份，1994 年成为福特公司的全资子公司。2007 年，福特汽车公司将其转售给英国

Prodrive 公司车队老板大卫-理查兹。

图 2-139　莱昂内尔·马丁(左)和罗伯特·班福特(右)

图 2-140　阿斯顿·马丁 DB1 汽车

2. 汽车标志

阿斯顿·马丁汽车公司的商标(见图 2-141)是一只展翅飞翔的大鹏，分别加以 ASTON MARTIN 或 LACONDA(拉贡达)字样。因为阿斯顿·马丁汽车公司原来是与拉贡达公司合并而成，喻示着公司如大鹏般远大的志向。

3. 汽车品牌

阿斯顿·马丁汽车公司以生产敞篷旅行车、赛车和限量生产的跑车而闻名于世，一直是造型别致、精工细作、性能卓越的运动跑车的代名词(见图 2-142)。著名车型有 DB 系列、飞鼠(Vantage)、Vanquish 等。

图 2-141　阿斯顿·马丁商标

图 2-142　阿斯顿·马丁汽车

2.2.8　荷兰世爵汽车公司(Spyker)

1. 公司概况

(1) 公司商标(见图 2-143)　由一个水平的飞机螺旋桨穿越镌刻公司名称和座右铭的辐轮。螺旋桨显示其制造飞机的历史；“NULLA TENACI INVIA EST VIA”的中文意思是“执着强悍、畅行无阻”，体现了公司为车主制造出全球最先进，设计最独特的跑车。

（2）公司发展简史　1980年，荷兰商人雅克布斯(JACOBUS)和亨德里克·让·世派克(HENDRIK-JAN·SPIJKER)兄弟创立公司制造四轮马车，公司总部在阿姆斯特丹。1898年，他们将进口的奔驰汽车改型，生产出新产品“世爵·奔驰”汽车。1900年，世爵汽车公司制造了著名的黄金马车(见图2-144)。1903年12月，世爵汽车公司制造出世界上第一辆6缸四驱并带四轮制动的世爵60马力汽车(见图2-145)。

图2-143　世爵汽车公司商标

图2-144　1900年黄金马车

图2-145　1903年6缸四驱并带四轮制动的世爵汽车

2000年生产的C8 SPYDER跑车获得了“专业少量汽车生产商优秀技术大奖”。2005年9月4日，驾驶世爵Spyker C8 Spyder GT2R的车手在勒芒1000km耐力赛德国Nurburg Ring站上取得了第二名的佳绩。2005年9月12日，世爵C8 Spyder被美国《duPont Registry》杂志评为全球最独一无二最富激情的汽车品牌。2010年2月1日，世爵公司从美国通用汽车公司购得萨博(Saab)汽车品牌。

2. 汽车品牌

公司汽车品牌有世爵(Spyder)和萨博(Saab)品牌。

（1）世爵品牌　主要有C8系列(见图2-146、图2-147)。

图2-146　世爵C8 Laviolette汽车

图2-147　世爵C8 Aileron汽车

（2）萨博(Saab)

1）基本情况：萨博(Saab)也称绅宝，原来是瑞典飞机公司，1937年成立，1946年开始转产汽车。1990年被美国通用公司收购了50%的股权，2000年被收购了100%的股权。2010年2月1日，通用汽车公司将萨博汽车品牌以4亿美元卖给世爵汽车公司。

2）公司特色：以生产安全性能较好的豪华轿车和涡轮增压发动机而闻名于世。目前，其主要汽车品牌有Saab 9-3、Saab 9-5等。

3）萨博商标(见图2-148)　由文字“SAAB”和“头戴皇冠的鹰头飞狮”组成，王冠象征着轿车的高贵，狮子为欧洲人崇尚的权利象征。半鹰、半狮的怪兽图案象征着一种警觉，这是瑞典南部两个县流行的一种象征，而萨博汽车和航行器的生产就起源在这里。

图2-148　萨博商标

4）萨博历史名车(见图2-149、图2-150)。

图2-149　1946年Saab 92汽车第一辆定型车

图2-150　1995年Saab 9-3运动型轿车

2.3　亚洲主要汽车集团公司

亚洲主要汽车集团公司有丰田汽车公司、本田汽车公司、韩国现代汽车工业集团、印度塔塔汽车工业集团和马来西亚宝腾集团等。

2.3.1　丰田汽车公司(Toyota Motor Corporation)

1. 公司简介

丰田汽车公司创立于1937年8月28日，前身为丰田纺织，创始人是丰田喜一郎(Kiichiro Toyoda)(见图2-151)。公司总部在日本爱知县丰田市。公司员工总数28万多人，拥有子公司523家(日本国内292家、国外231家)，控股相关公司56家。2009年，其汽车销量为356.4

图2-151　丰田喜一郎

万辆，居世界第2。

公司商标(见图2-152)：公司名称取自创始人丰田喜一郎(TOYOTA)的姓氏。商标将三个外形近似的椭圆巧妙地组合在一起，每个椭圆都是以两点为圆心绘制的曲线组成，象征用户的心与汽车厂家的心是连在一起的，具有相互信赖感；而且使图案具有空间感，并将拼音“TOYOTA”字母寓于图形商标之中。大椭圆内的两个椭圆垂直交叉组合成一个“T”字，代表丰田汽车公司：大椭圆表示地球，中间的“T”字与外面的椭圆重叠，使“T”字最大限度地占据了椭圆空间，更显突出，喻示丰田汽车面向未来、走向世界。

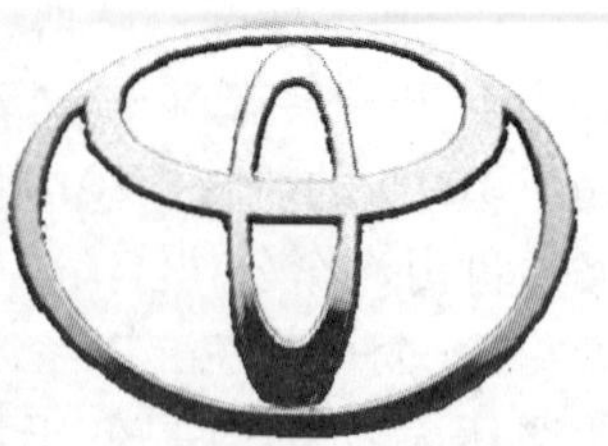

图2-152　丰田商标

丰田汽车公司组成见表2-8。

表2-8　丰田汽车公司组成

子 公 司	商　　标	子 公 司	商　　标	子 公 司	商　　标
丰田(Toyota)		大发(Daihatsu)		日野(Nino)	HINO

2. 子公司(分部)及汽车品牌简介

(1) 丰田(Toyota)汽车公司　丰田主要品牌有皇冠(Crown)、雷克萨斯(Lexus)、凯美瑞(Camry)、世纪(Century)、卡罗拉(Corolla)、普锐斯(Prius)、陆地巡洋舰(Land Cruiser)、柯斯达(Coaster)、海狮(Hiace)、赛昂(Scion)等。

1) 皇冠(Crown)

① 皇冠品牌是丰田汽车公司历史最长的中高级豪华轿车。第一代皇冠轿车生产于1955年，现已生产第十二代皇冠轿车(见图2-153)。皇冠汽车有皇家级和豪华级两种。

② 皇冠商标是一顶皇冠(见图2-154)，象征着此车的高贵和典雅。英文“CROWN”是皇冠的意思。

图2-153　2004年第12代皇冠

图2-154　丰田皇冠商标

2）雷克萨斯(Lexus)

① 雷克萨斯(Lexus)原来译为凌志，是 1989 年丰田汽车公司专门为国外销售豪华轿车而成立的一个分部。

② 商标是在一个椭圆中镶嵌英文“Lexus”的第一个大写字母 L(见图 2-155)，喻示该车像一匹黑马，驰骋在世界各地的道路上。

③ Lexus 是 1993 年丰田公司投入近 4 000 名最优秀的工程技术人员，花了六年多时间开发而成的豪华房车，主要车型有 ES300、GS300、IS200、LS400、LS430、LX470、RX300、RX330、SC430。其中，LS400 汽车(见图 2-156)被称为雷克萨斯的元老，它集中了日本汽车工业所能表现的精华，令欧美汽车商赞不绝口，有过横扫美国豪华车市场的佳绩。

图 2-155 雷克萨斯商标

图 2-156 雷克萨斯 LS400 轿车

3）凯美瑞(Camry)：凯美瑞(Camry)也称为佳美，是一款深受新兴贵族及商务高级人员喜爱的中型豪华轿车(见图 2-157)，在全球市场上同级别的车型中一直非常畅销。

4）世纪(Century)：丰田世纪(Century)是丰田轿车系列中最高级的品牌车(见图 2-158)，有人称其为日本的“劳斯莱斯”。丰田世纪汽车配置 V 型 12 缸发动机，在中国的售价为 260～280 万元人民币。

图 2-157 2008 款凯美瑞轿车

图 2-158 2006 款丰田世纪 5.0 轿车

(2）大发(Daihatsu)公司

1）公司简介

① 日本大发工业株式会社成立于 1907 年，原名为大阪发动机制造株式会社，1951 年改为现在所用名称。公司于 1923 年开始汽车制造，主要生产微型轿

车和客车，以生产小型轿车和发动机闻名世界，公司总部设在日本大阪，雇员约1万人。

② 目前丰田汽车公司占有大发的多数股份。

③ 1984年，大发汽车公司将夏利牌微型轿车转让给中国天津市，合作生产夏利微型轿车。

2）商标(见图2-159)：是向上发展的流线型字母“D”，取自于大发拼音“Daihatsu”的第一个大写字母，商标把大发拼音的“D”图案化，寓意着大发汽车公司永葆青春活力、向上发展。

图2-159 大发商标

3）汽车品牌：主要有西龙(Sirion)、感动(Move)、YRV、特锐(Terios)等。

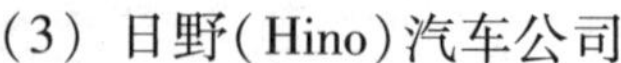

（3）日野(Hino)汽车公司

1）公司简介：日野汽车公司成立于1942年，是日本最大的中型卡车制造商。2001年4月，丰田汽车公司向日野汽车公司注资比例达到50.1%，使日野成为丰田的一个子公司。

2）公司商标(见图2-160)：由一个艺术化了的H和日野拼音组成，艺术化了的H看似一个轴对称图形，由一主轴连接两端，喻示着日野将在丰田公司的领导下向前发展；整个图形成半闭合状态，又喻示着公司将前途无量。

图2-160 日野商标

3）汽车品牌：主要有城市客车和旅游客车两大类。城市客车主要以蓝带都市和彩虹系列为主，旅游客车以SELEGA、MELPHA和LIESSE系列为主。

2.3.2 本田技研工业公司

1. 公司简介

1）本田技研工业公司创建于1948年，创始人是本田宗一郎(见图2-161)，总部设在东京，雇员总数3万人左右，在世界29个国家拥有了110个生产基地，是日本第二大汽车公司。2009年，其汽车产量为158.6万辆，居世界第11。

2）公司商标：三弦音箱式(见图2-162)，带框的H。图案中的H是“本田”拼

图2-161 本田宗一郎

图2-162 本田商标

音 HONDA 的第一个字母。本田商标体现了本田公司年轻、技术先进、设计新颖的特点，把技术创新、团结向上、经营有力、紧张感和轻松感表现得淋漓尽致。

2. 公司主要品牌

公司主要汽车品牌有本田(Honda)、阿库拉(Acura)等。

(1) 本田品牌　主要有雅阁(Accord)、思域(Civic)、序曲(Rreelude)、里程(Legend)、奥德赛(Odyssey)、飞度(Fit saloon)、Steream、Insight、CR—V、S2000、FCX、Pilot、Elemet 等。

1) 雅阁(Accord)是日本汽车历史上最成功的车型之一。从 1976 年问世以来，雅阁已经历八代。第八代本田雅阁汽车如图 2-163 所示。

2) 思域(Civic)汽车(见图 2-164)是标准家庭用轿车的代表，具有良好的驾乘舒适性、经济性，优越的安全和环保性能、宽敞的室内空间、合理的价格等优点。到 2004 年 4 月底，思域汽车在全球的累计产量已超过 1 560 万辆，是本田汽车产品系列中最畅销的产品之一。

3) 奥德赛(Odyssey)汽车(见图 2-165)是一款多功能多用途的 7 座的新式轿车，颇具欧洲浪漫舒适风格。奥德赛在现代英文中是旅行者的意思，源于古希腊神话，是浪漫冒险的象征。

4) 本田飞度(Fit saloon)汽车(见图 2-166)是日本近几年开发的一款符合时代潮流的全新精巧轿车。

图 2-163　第八代本田雅阁汽车

图 2-164　本田思域汽车

图 2-165　本田奥德赛汽车

图 2-166　本田飞度汽车

5）本田 FCX 是以氢气为能源的燃料电池车，1999 年首次发布 FCX—V1，现已推出 FCX—V4 汽车(见图 2-167)。2002 年 12 月 2 日，产品正式交付日本和美国使用，是全球第一次批量交付使用的氢能燃料电池车。

（2）阿库拉(Acura)品牌

1）阿库拉是本田汽车公司在美国的高档豪华车品牌，它诞生于 1986 年 3 月，现有 RL、TL、TSX、RSX、NSX、MDX 六种车型。

2）“Acura” 意为高速、精密、准确，其商标(见图 2-168)是英文字母 A 的变形，犹如一把卡钳(专门用于精确测量的工具)，体现了企业汽车制造 “精确” 的主题。

图 2-167 本田 FCX—V4 燃料电池汽车

图 2-168 Acura 商标

2.3.3 日本其他汽车公司

1. 三菱(Mitsubishi)汽车公司

1）公司简介：前身为三菱造船公司，20 世纪 20 年代就生产过汽车，1970 年成立了三菱汽车公司，轿车和载货车生产都得到了较大的发展。

图 2-169 三菱商标

2）商标(见图 2-169)：是三瓣菱形钻石图案，体现了公司的三条原则：承担对社会的共同责任、诚实与公平、通过贸易促进国际谅解与合作。

2. 铃木(Suzuki)汽车公司

1）公司简介：其前身为铃木织机制作所，1954 年改名为铃木汽车公司，所生产的汽车主要为小型和微型轿车、轻型和微型货车。

2）铃木商标(见图 2-170)：是 SUZAUKI 的第一个大写字母 S，给人以无穷力量的感觉，象征无限发展的铃木汽车公司。

图 2-170 铃木商标

3. 富士(Subaru)重工业股份有限公司

1）公司简介：富士重工业股份有限公司是日本十大汽车公司之一，它的前身是飞机制造所，1953 年更名为富士重工业股份有限公司。其汽车品牌斯巴鲁(Subaru)畅销 12 年没有改变型号，公司所开发的水平对置式发动机在世界上也是独一无二。

2）商标：采用 SUBARU 和 6 颗星连在一起（见图 2-171），象征其母公司及其合并的 5 家子公司。

4. 五十铃（ISUZU）汽车公司

1）公司简介：其前身为东京石川岛造船所，1922 年开始生产 A9 型轿车，1949 年改名为五十铃汽车公司，以生产大、中型载货汽车为主。

2）五十铃商标（见图 2-172）：使用双立柱，左柱象征和用户并肩前进，右柱象征着与世界各国合作发展。

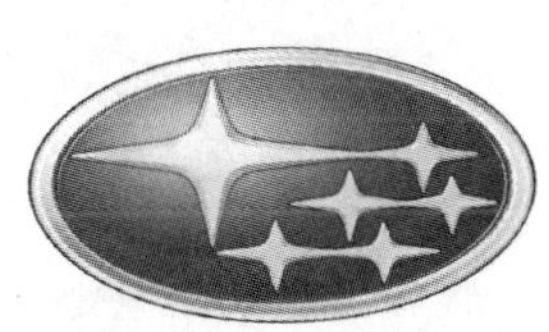

图 2-171　斯巴鲁商标

图 2-172　五十铃商标

2.3.4　韩国现代汽车公司

1. 公司简介

现代公司成立于 1967 年，总部在首尔，创始人是郑周永（见图 2-173）。1998 年，公司收购了韩国起亚（KIA）汽车公司。2009 年，公司的汽车产量为 215.3 万辆，居世界第 5。

2. 公司商标

公司商标是在椭圆中的斜体字 H（见图 2-174），H 是现代汽车公司名 Hyundai 的第一个大写字母。椭圆既代表汽车的转向盘，又可以看作是地球；与其间的 H 结合在一起，代表了现代汽车遍布全世界，体现了现代汽车公司在世界上腾飞这一理念，象征现代汽车公司在和谐与稳定中发展。

图 2-173　郑周永

图 2-174　现代商标

3. 汽车品牌

韩国现代汽车公司主要汽车品牌有现代(Hyundai)和起亚(Kia)。

(1) 现代品牌 现代品牌主要有雅绅(Accen)、索纳塔(Sonata)、伊兰特(Elantra)、君爵(XG)、百年世纪(Centennial)、酷派(Coupe)跑车、特莱卡(Terracan)、桑塔菲(SantaFe)、美佳(Matrix)、途胜(Tucson)、尼卡(Nika)、奥托斯(Atos)等。索纳塔汽车如图2-175所示。

图2-175 索纳塔汽车

图2-176 起亚商标

(2) 起亚品牌 起亚以生产小型厢式车为主，主要品牌有狮跑(Spoytags)、索兰托(Sorento)、嘉华(Carnival)、佳乐(Carens)等；轿车系列有普莱特(Pride)、秀玛(Shuma)、赛菲亚(Sephia)、丽欧(Rio)、欧迪玛(Optima)等。起亚商标如图2-176所示。

2.3.5 塔塔(TATA)汽车公司

1. 公司概况

塔塔汽车公司是印度塔塔集团的子公司，总部在孟买，是印度最大的汽车公司。1868年，印度詹姆斯特吉·塔塔(Jamset ji Tata)创立塔塔集团。1945年，塔塔集团子公司塔塔汽车公司成立。1954年，塔塔汽车公司与德国戴姆勒奔驰公司签订15年的合作协议，开始生产商用汽车。1998年，塔塔汽车公司研制生产出印度第一辆本土汽车Indica。2002年，研制生产出Indigo轿车。2008年3月26日，印度塔塔集团收购了福特汽车公司的捷豹和路虎两大汽车品牌。2009年，塔塔汽车公司推出了世界上最经济的小型汽车Nano汽车(见图2-177)。

图2-177 塔塔Nano汽车

2. 汽车商标

塔塔汽车公司商标由塔塔集团名称TATA和图案组成，图案用T字母形成高速公路图案(见图2-178)，喻示TATA汽车走向世界。

3. 主要汽车品牌

塔塔汽车公司主要汽车品牌有捷豹、路虎

和塔塔(轻型商用车塔塔 Ace、运动型功能车塔塔 Safari、乘用车塔塔 Indica 和小型轿车 Nano 等)。

图 2-178　塔塔商标

(1) 捷豹(Jaguar)汽车品牌

1) 捷豹(又译美洲虎、美洲豹)公司是英国人威廉·里昂斯(William·Lyons)于 1922 年创立，1931 年转型生产汽车，以生产豪华的美洲豹运动车而闻名于世。

2) 捷豹商标(见图 2-179a)为一只正在跳跃前扑的捷豹，它既代表了公司的名称，又表现出向前奔驰的力量与速度，象征该车如美洲虎一样驰骋于世界各地。图 2-179b 是捷豹汽车的另一种标志。

3) 捷豹的经典车型有 SS100、XK 型、XJ 型、E 型、S 型、X 型。其中，XK8 跑车(见图 2-180)被认为是 E 型车及其他经典捷豹跑车的真正传世之作。

a)

b)

图 2-179　捷豹商标

图 2-180　捷豹 XK8 跑车

(2) 陆虎(Land Rover)汽车品牌

1) 陆虎全称是兰德·陆虎(Land Rover)，ROVER 曾译为罗孚，由英国莫利斯·加吉(Morris Gardge)即 MG 等多家英国汽车公司合并而成，成立于 1877 年，是世界上最好的四轮驱动车制造商。1994 年，陆虎公司被德国宝马汽车公司收购。2000 年，福特汽车公司从宝马公司收购陆虎四轮驱动系列产品。

2) 陆虎商标："Rover" 的英语中包含流浪者、航海者的意思。Rover Mascot(吉祥物)源自世界上最著名的流浪族——维京人的双关语。陆虎汽车商标采用了一艘海盗船(见图 2-181a)，张开的红帆象征着公司乘风破浪、所向披靡的大无畏精神。陆虎越野汽车的标志(见图 2-181b)是椭圆里面的公司名字兰德·陆虎(Land Rover)，意寓陆虎汽车遍布全世界。

3) 陆虎的经典车型有：神行者(Free Lander)、卫士(Defender)、发现(Discovery)、揽胜(Range Rover)。陆

a)

b)

图 2-181　陆虎商标

虎 Defender 汽车如图 2-182 所示。

图 2-182 陆虎 Defender 汽车

2.3.6 宝腾(Proton)汽车公司

1. 公司概况

宝腾汽车公司成立于 1983 年，是马来西亚国有企业，先后与日本三菱公司和法国雪铁龙汽车公司合作研发汽车。1966 年，宝腾汽车公司收购了英国莲花(LOTUS)汽车公司，加强了公司的实力；之后又收购底特律汽车设计中心，使宝腾汽车公司具有独立完成从轿车开发到生产的能力。宝腾汽车的排放已达到欧洲现行标准，正在开发的宝腾发动机将接近“零排放”，并大量出口海外。

2. 汽车商标

宝腾汽车商标是在盾牌上镶嵌一个马来虎侧面图案设计(见图 2-183)，突显宝腾汽车的强劲与威风；PROTON 是马来西亚文 Perusahaan Otomobil Nasional(国家轿车项目)的简写。

3. 汽车品牌

宝腾汽车公司主要汽车品牌有 PerdanaV6、Satria GTI、Wira、Persona 等型号轿车和莲花公司的 Elise 汽车等。宝腾 Persona 汽车如图 2-184 所示。

图 2-183 宝腾商标

图 2-184 宝腾 Persona 汽车

(1) 莲花汽车公司发展简介 1951 年，英国杰出的工程师柯林·查普曼(见图 2-185)创建了莲花汽车公司，总部设在英国诺里奇市。他亲自参与设计与研制各种赛车，还组建了一支莲花车队。1963～1978 年，莲花汽车曾经 7 次蝉联世界最佳小客车优胜奖。1970 年，查普曼推出了一辆 72 型单座赛车(见图 2-186)。1983 年中期，由英国汽车拍卖集团(BCA)主管大卫-威金斯接掌营运。1983 年 7 月，日本丰田汽车公司买下莲花汽车公司

图 2-185 柯林·查普曼

66.5%的股票。1986 年初，通用汽车公司控制了莲花汽车公司的 58%股权，次年将控股增加至 97%。1991 年，莲花伊兰汽车获世界汽车最佳设计奖。1993 年 11 月，通用汽车公司将莲花汽车公司卖给意大利，之后与布加迪(Bugatti)汽车厂合并。1996 年，莲花汽车公司被韩国大宇汽车公司收购。1997 年，马来西亚的宝腾集团并购莲花汽车公司，并开发出新款轿跑车 Gen-2 汽车(见图 2-187)。

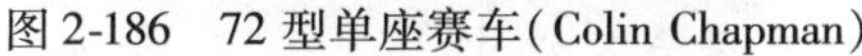

图 2-186　72 型单座赛车(Colin Chapman)

图 2-187　轿跑车 Gen-2 汽车

(2) 莲花商标(见图 2-188)　莲花汽车公司的商标是由 CABC 几个英文字母重叠在一起组成的，这是公司创始人柯林·查普曼(Colin Anthony Bruce Chapman)名字的缩写。优雅、灵动、恒久、精炼、圣洁的莲花是莲花汽车的高雅象征。

图 2-188　莲花商标

(3) 汽车品牌　莲花汽车公司与法拉利汽车公司、保时捷汽车公司并称为世界三大跑车制造商。其汽车重心低，造型具有良好的流线形，风阻系数只有 0.3 左右。其开发的莲花爱丽丝(ELISE)(见图 2-189)为轻质量高性能汽车确立了标准，首次将蜂窝结构管状车架应用于汽车；率先采用超级轻灵的新材料，复合玻璃纤维以及粘合型铝合金超轻结构，迄今已荣获 50 多项大奖。

莲花的经典车型有 Elise、Seven、Elan、Europe、Esprit。莲花爱丽丝(Elise)汽车、Super Seven 汽车、Europa S 汽车、340R 汽车分别如图 2-190 ~ 图 2-192 所示。

图 2-189　莲花爱丽丝(Elise)汽车

图 2-190　莲花 Super Seven 汽车

图2-191　莲花 Europa S 汽车

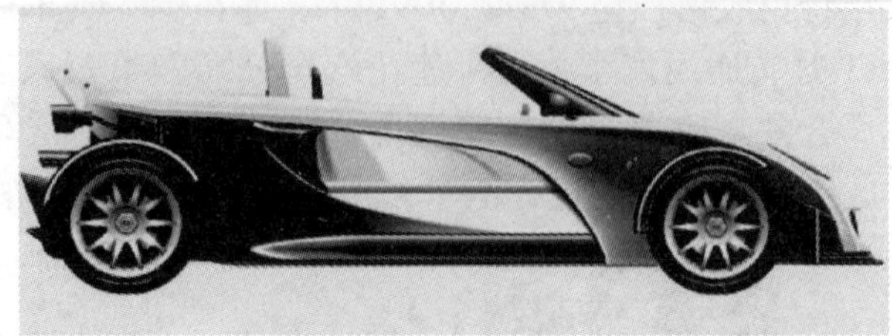

图2-192　莲花 340R 汽车

本章小结

1）目前世界主要汽车集团公司有美国3大汽车集团公司（通用、福特、克莱斯勒汽车公司）、欧洲9大汽车集团公司（戴姆勒-奔驰、宝马、大众、雷诺-日产、标致-雪铁龙、菲亚特、阿斯顿·马丁、伏尔加和世爵汽车公司）、亚洲8大汽车集团公司（丰田、本田、现代、塔塔、宝腾、上汽、一汽、东风汽车公司）。

2）通用汽车公司主要汽车品牌有凯迪拉克、别克、雪佛兰、旁蒂克、奥兹莫比尔、土星、欧宝、沃克斯豪尔、悍马、吉姆西、大宇等。

3）福特汽车公司主要汽车品牌有福特、林肯、水星、马自达等。

4）克莱斯勒汽车公司主要汽车品牌有克莱斯勒、道奇、普利茅斯、吉普等。

5）大众汽车集团主要汽车品牌有大众、奥迪、兰博基尼、本特利、布加迪、斯柯达、西亚特等。

6）雷诺-日产联盟主要汽车品牌有雷诺、日产、无限、三星、达西亚等。

7）标致-雪铁龙汽车集团主要汽车品牌有标致和雪铁龙等。

8）宝马汽车集团主要汽车品牌有宝马、劳斯莱斯、迷你、奥斯汀等。

9）戴姆勒-奔驰公司主要汽车品牌有梅赛德斯-奔驰、迈巴赫、精灵等。

10）菲亚特集团主要汽车品牌有菲亚特、阿尔法·罗密欧、法拉利、蓝旗亚、玛莎拉蒂等。

11）丰田汽车公司主要汽车品牌有丰田、大发和日野。

12）现代汽车集团主要汽车品牌有现代和起亚。

13）本田汽车公司主要汽车品牌有本田和阿库拉等。

14）塔塔汽车公司主要汽车品牌有捷豹、陆虎和塔塔。

15）宝腾汽车公司主要汽车品牌有莲花和宝腾等。

【习题与思考题】

1. 辨认出通用、福特、克莱斯勒、大众、雷诺-日产联盟、丰田、本田、现代、标致-雪铁龙、宝马、戴姆勒-奔驰、菲亚特、塔塔、宝腾等汽车集团公司商标及其所属品牌汽车。

2. 上网检索一个汽车集团公司的发展历史、现状、汽车品牌及其历史经验，然后大家进行交流。

补充阅读材料 2

汽 车 名 人

1. 卡尔·本茨(Karl Benz 1844—1929)(见图 2-193)

发明了世界上第一辆三轮汽车，人称“汽车之父”。

图 2-193　卡尔·本茨

1844 年出生于德国，父亲是火车司机。从中学时期，本茨就对自然科学产生了浓厚的兴趣，1860 年进入一所综合科技学校学习发动机制造等课程，1872 年组建了“奔驰铁器铸造公司”，1879 年 12 月制造出第一台单缸煤气发动机，1883 年创建奔驰公司和莱茵煤气发动机厂，经过不懈努力，他终于研制成功单缸汽油发动机，安装在自己设计的三轮车架上，于 1886 年 1 月 29 日取得了世界上第一个“汽车制造专利”。

1893 年，本茨研制出性能先进的“维克托得亚”牌汽车，但由于价格过高，成为滞销品。后来听从商人的建议，于 1894 年开发生产“自行车”，销路很好，给奔驰公司带来了较高的利润。之后又对前期生产的“维克托得亚”牌汽车进行了改进，将车箱座位设计成面对面的 18 个，成为了世界上第一辆内燃机公共汽车。1926 年与戴姆勒公司合并改名为戴姆勒-奔驰汽车公司。

2. 戈特利布·戴姆勒(Gottlieb Daimler 1834—1900)(见图 2-194)

世界上第一辆四轮汽车的发明人，与本茨同称“汽车之父”。

图 2-194　戈特利布·戴姆勒

戴姆勒出身于一个面包师的家庭，毕业于斯图加特技术学校。他从小热爱机械，特别对发动机有浓厚的兴趣，学徒后即能制造双管手枪。曾就职于奥托建立的道依茨发动机公司，改进了奥托四冲程发动机。1884 年 5 月制造出一台立式发动机，取名“立钟”，并于 1885 年 4 月 3 日取得德国专利，成为世界上第一台立式发动机。1885 年 8 月 29 日，戴姆勒将它安装在一辆车子上，取得“骑士式双轮车”专利权，它实际上是世界上第一辆摩托车。1886 年，为了庆祝妻子埃玛 43 岁生日，戴姆勒将该发动机装在一辆四轮马车上，成为世界上第一辆四轮汽车。1890 年建立了戴姆勒汽车公司，主要生产发动机，并在英国和奥地利开设分公司。1926 年与奔驰公司合并改名为戴姆勒-奔驰汽车公司。

3. 亨利·福特(Henry Ford 1863—1947)(见图 2-195)

美国福特公司创始人，人称“汽车大王”。

出生于 1863 年 7 月 30 日，其父是一位农场主。福特从小就对机械充满了浓厚的兴趣，17 岁去密西根汽车制造公司工作，别人需要花好几个小时才能修复的机器，他只要 30 分钟就修好了。后来又到爱迪生电气公司边工作边学习电气知识。

图 2-195 亨利·福特

1893 年，他制成汽油发动机，1896 年开始设计汽车。1899 年至 1902 年之间，他两次创建自己的公司，由于缺少经验都失败了。1903 年第三次创业，创建了福特汽车公司。开始只有职工 10 人，投产 A 型车；1906 年，生产 N 型车，售价定为 500 美元，比其他公司上市的车价便宜 30%，很受欢迎。

1908 年，举世闻名的 T 型车问世，为农民而设计，大车轮、多用途、高强度、低价格。福特公司为 T 型车做的广告词是“1908 年美国重大事件之一，T 型车进农家”。他建立了 8000 个经销点，样车每到一处，订单纷至沓来，T 型车供不应求，迫使福特公司改进生产技术，采用流水线生产，过去装配一辆汽车要 12 小时 28 分，到 1920 年，实现了每分钟生产 1 辆汽车，大大降低成本，每辆车售价降至 360 美元，使大多数人都能购买得起；工厂实行 5 美元工作日(相当于原工资的 2 倍)，极大调动了工人积极性。T 型汽车至 1928 年停产，共生产 15 456 868辆，创当时单产世界纪录，1908 年 ~ 1920 年，全世界汽车数量的 50% 是 T 型车，为“装在汽车轮上的美国”立下不朽功勋。

但是，由于福特固步自封，坚持单一车型，无视富裕了的美国人民的要求，没有进一步推出新的车型，而通用汽车公司及时推出许多时髦多样和先进豪华的汽车，使福特汽车滞销，汽车市场占有率从最高时期的 70% 下降到不足 20%，1945 年福特让位于福特二世。1947 年 4 月 7 日，亨利·福特因脑溢血在底特律逝世，终年 83 岁。

4. 威廉·C·杜兰特(William·C·Durant 1861—1947)(见图 2-196)

美国通用公司创始人，历史上一位传奇式的人物。

1861 年出生于美国的波士顿市，自小就和其母一起被嗜酒成性的父亲丢弃，住在家境颇为富裕的外婆家。1886年创建杜兰特马车公司，取得较好效益。1904年投资50万美元给经营陷入了困境的别克汽车公司，逐步控制了这家公司。

图2-196　威廉·C·杜兰特

1908年杜兰特将别克公司并入早期的通用汽车公司，之后通过并股的办法，将20多家汽车公司(包括奥兹莫比尔、凯迪拉克、旁蒂克等知名汽车企业)合并成立通用汽车公司，自己任总经理，由于经营不善，被迫辞职。

杜兰特并不甘心于自己的失败，他与路易斯·雪佛兰组成了雪佛兰汽车公司，励精图治，取得了辉煌的经营成就，于1916年将通用公司从银行家的控制下重新夺了回来，重新获得了通用公司的领导权。

由于杜兰特只热衷于公司规模的扩大(在他担任总经理的4年时间内,“通用”的规模扩大了8倍)，而不去协调各经营部门相互之间的关系，导致分公司各自为政；他不去关心公司的整个产品战略规划，以致分公司之间的产品相互重复。一系列的失误，导致了通用公司濒临倒闭，所以人称杜兰特是“聚财能手、经营白痴”。在公司上下的一片反对声中，杜兰特被迫于1920年11月辞职，永久地离开了“通用”，在默默无闻中度过了他的余生。

5. 艾尔弗雷德·P·斯隆(A·P·Sloan 1875—1966)(见图2-197)

1923年开始担任通用汽车公司总经理，人称“经营之神”。大学毕业的电气工程师，原本供职于联合汽车公司，因公司并于“通用”，于1919年任“通用”副总经理。1923年受命于危难之时，担任通用总经理，一直到1966年91岁高龄离开人世，始终担任着“通用”的总经理、董事长、名誉董事长等职，为“通用”的振兴、发展和壮大立下汗马功劳。

图2-197　艾尔弗雷德·P·斯隆

面对濒临倒闭的“通用”公司，斯隆进行了一系列的整顿与改革。提出了“集中政策、分散经营、财务独立”的经营管理体制；对产品生产进行专业化分工，标准化生产，协作价结算；根据市场需求，生产不同档次价格的汽车，最大限度满足市场竞争的需要；建立了公司计划制度和报表制度(旬报)，形成了公司完整的管理体系。

改革使下属各分公司的经营积极性充分地调动起来，又在公司的总体控制下进行分工合作，运作有序，汽车产量逐年上升，自1928年超过“福特”之后，一直稳居世界首位，其国内市场占有率也由1921年的12%增加到1941年的44%。斯隆所建立的管理体制，被后人称为企业管理上的一场革命，有极强的生命力，至今仍没有太大变化。

6. 李·艾柯卡(1924—)(见图2-198)

1970～1978年担任福特公司总裁，1981年开始担任克莱斯勒公司总裁，人称“世界汽车巨子”。

图2-198 李·艾柯卡

1924年10月出生于美国宾夕法尼亚州艾伦敦。大学是学工科的，却对推销很感兴趣，认为销售是企业的精华，进入福特汽车公司后，创造性地提出购车分期付款的方案，获得了很大成功，被福特汽车公司作为全国性的销售策略，1960年担任福特汽车公司轿车部经理，1970年荣升福特汽车公司总裁。在他就任的8年里，为福特汽车公司净挣了35亿美元的利润，在该公司的历史上留下了最辉煌的业绩。但成功招致忌妒，1978年被解除总裁职务。

当时正值克莱斯勒公司濒临破产之时，1981年，艾柯卡受命于危难之际，担任克莱斯勒公司总裁，大智大勇、大刀阔斧地进行了一系列惊人的改革，改组领导班子，辞退了35个副总裁中的33个，关闭了公司的20个工厂，3年裁员7.4万人，削减高级职员10%的薪金，他自己也主动放弃每年36万美元的年薪，只领取1美元象征性工资，最终取得了美国政府的15亿美元贷款，开发了新型轿车“道奇400”新型敞篷车，并畅销市场。他经常下厂与工人直接对话，促进劳资双方通力合作。

艾柯卡通过上述一系列改革，使克莱斯勒汽车公司起死回生，经过三年的努力，公司扭亏为盈，1984年一年盈利2.4亿美元，提前七年偿还了12亿美元政府担保贷款。1996年销售收入为613.97亿美元，纯利润35.29亿美元，居当年全球最大500家公司的第26位。

7. 费迪南·波尔舍(W. Porsche 1875—1952)(见图2-199)

甲壳虫汽车设计者，世界著名的豪华跑车保时捷公司的创始人，获20世纪最佳工程师称号。

图2-199 费迪南·波尔舍

1875年12月3日出生在捷克的波西米亚，铁匠的孩子，15岁时进入夜大学，后来，一边在维也纳工学院学习，一边在火电厂工作。22岁获得汽车混合传动系统专利。1905年任戴姆勒汽车分公司技术部经理。

1930年，创建保时捷汽车设计所，设计出16缸增压发动机的赛车，打破了8项世界纪录，被民众誉为“银箭”车。他后期设计的“保时捷356”型跑车，先后进行过356次设计变动，在一次重大比赛中战胜了许多欧美名车，成为妇孺皆知的英雄。

1938年开发出高性能大众化的“甲壳虫”汽车，减少风阻和车尾气体涡流，受到国内外的好评，由大众公司制造生产，从1936年~1973年共生产2150万辆，创单产世界纪录。

由于二战期间波尔舍参与过德军坦克的研制工作，战后被盟军指控为战犯关进法国监狱，1948年获释，重操旧业。1952年1月30日，波尔舍病逝，终年77岁。

8. 恩佐·法拉利(Enzo Ferrari 1898—1988)(见图2-200)

法拉利公司的创始人，人称“赛车之父”。

1898年2月18日出生于意大利，其父是一小工厂主。10岁那年，父亲带他到波伦亚观看了一场汽车比赛，赛车场那种惊心动魄的场面深深地吸引了他，他盼望着自己也能成为一名优秀赛车手。13岁就能单独驾驶汽车，在阿尔法·罗密欧汽车厂先后干过技工、试车员、赛车手。

图2-200　恩佐·法拉利

1929年，法拉利回到家乡创建了“法拉利赛车俱乐部”，1947年生产出第一辆以自己名字命名的法拉利车，积极参加各种汽车大赛，赢得了14次勒芒24小时拉力赛冠军和9次F1总冠军，被誉为“赛车之父”。他设计的F1赛车在世界上共夺得100多次胜利，至今无人打破这个纪录。

法拉利汽车集技术性、艺术性于一体，采用了类似于劳斯莱斯、保时捷等世界名车那样的半机械、半手工化的加工工艺精心制作，质量一丝不苟，堪称稀世珍品。

1988年8月4日，恩佐·法拉利走完了他辉煌的一生，终年90岁。

9. 丰田喜一郎(1894—1952)(见图2-201)

丰田公司的创建者，创造了风靡全球的“丰田生产方式”。

图2-201　丰田喜一郎

丰田喜一郎出生于1894年，父亲是日本有名的纺织大王，自动纺织机的发明者。丰田喜一郎在东京帝国大学工学系机械专业毕业后，到父亲的工厂当机械师，经过10年磨练，担任管技术的常务经理。他继承父亲研究与创造的精神，毕生致力于汽车的创造，提出“不是照搬美国，而要结合本国国情创造性地运用批量生产方式，生产出性能和价格两方面都能与外国车抗衡的国产车”的思想。

1933年，公司设立汽车部，通过拆装，研究美国“雪佛兰”汽车发动机，于1935年8月造出了第一辆A1型汽车。

1937年8月28日，正式成立“丰田汽车工业株式会社”。从20世纪50年代起，公司开始快速发展，1955年生产出第1辆皇冠轿车，以后又陆续生产出雷克萨斯、佳美等著名轿车，1957年出口到47个国家，1959年在巴西建立第一个国外汽车生产基地。2004年汽车产量达754.7万辆，居日本第一，世界第二，是世界上出口汽车最多的公司。

丰田喜一郎另一项重大贡献在于对生产过程的合理组织和科学管理，创造了风靡全球的“丰田生产方式”（TPS），通过“准时化生产、全面质量管理、并行工程”等一系列方法，最终达到企业利润的最大化和成本的最低化。成为世界许多国家争相学习的先进经验。

1952年3月27日，丰田喜一郎患脑溢血去世，终年58岁。

10. 饶斌(1913—1987)

曾任中国第一、第二汽车制造厂厂长、中国汽车工业总公司董事长、国家机械工业部部长，是中国汽车工业的奠基人。

饶斌原名饶鸿喜，1913年1月26日生于吉林市，祖籍江苏南京。

1952年12月，任第一汽车制造厂厂长，带领一汽职工，生产出我国第一辆解放牌载货车和红旗牌轿车。1965年任第二汽车制造厂厂长，带领二汽职工，生产出东风牌载货车和越野车。

20世纪80年代初，饶斌先后担任原机械工业部部长和中国汽车工业公司董事长。指挥全国汽车行业建立起一个“重、中、轻、微”的卡车系列布局。组织上海和德国大众公司合作，小批量生产“桑塔纳”轿车。

1987年8月，饶斌在上海考察工作期间突然患病，经抢救医治无效，在上海逝世，终年74岁。

补充阅读材料3

世界著名汽车城

1. 底特律(见图2-202)

底特律是美国第五大城市，建于1701年，位于美国密执安州东南，底特律河流经该市，自然条件优越。

底特律原来就是马车和自行车制造业的中心。19 世纪末，一批马车和自行车制造商转向刚刚诞生的汽车制造业，其中包括杜兰特、道奇兄弟和奥兹，之后又有福特和别克，都把底特律作为汽车生产的中心。因此，底特律就逐渐形成为美国的汽车城。现在美国三大汽车公司（通用、福特和克莱斯勒）的总部以及美国汽车工会联合会（UAW）的总部，均设在这里。美国约 1/4 的汽车产于该城。全底特律人口 440 万，其中 90% 的人与汽车业有联系。这里还有一大批汽车工业的相关产业，聚集着世界一流的科学技术和管理人才，每年都要举行世界性汽车工程技术学术会议和一年一度的北美汽车展览会。

图 2-202　美国底特律

底特律市中心靠北，有两个“市中之市”，不受市政府的管辖。一个是高地公园（Highland Park），属福特公司管辖；另一个是哈姆特兰克（Hamtramck），属克莱斯勒公司管辖，它们各有 5 万人口。

2. 沃尔夫斯堡（见图 2-203）

沃尔夫斯堡（又译为狼堡）位于德国下萨克森州，濒临中德运河，是德国一座新兴的城市。1938 年建为工业社区，德国大众汽车公司在此落户，成为举世闻名的汽车城。沃尔夫斯堡市人口中近一半人在大众汽车公司工作。大众汽车公司拥有欧洲最大的汽车研究和开发中心，内建有欧洲最大的汽车风洞实验室。大众汽车公司的动力厂为全市人民供应充足的电和热。

图 2-203　德国沃尔夫斯堡

沃尔夫斯堡市清洁美丽，花草林木遍布市区，亦有会议城之称，这里几乎每天都举行有关汽车工业方面的会议。这里还有一座规模可观的汽车博物馆，供游人参观，德国最大的非政府科学基金会——大众基金会也设在这里。

3. 斯图加特（见图 2-204）

斯图加特，位于德国西南，是德国巴登·符腾堡首府，也是德国西部地区最大的工业中心，人口 58 万，以生产机械、电机和汽车称著，世界著名汽车制造厂戴姆勒-奔驰汽车公司从一开始就设在这里，在斯图加特附近的下奥克因，

图 2-204　德国斯图加特

有戴姆勒-奔驰公司的研究中心和试车场。著名的保时捷公司、博世公司、ZF公司也都设在斯图加特，斯图加特每年要接待14万来自世界各地的汽车商和用户。

4. 都灵市(见图2-205)

都灵市，是意大利第二大工业城市，19世纪曾是意大利的首都。都灵是意大利最大汽车厂菲亚特总部的所在地。都灵市有人口125万人，其中30万人从事汽车工业。汽车工业是都灵市的经济命脉，市内外遍布30多个汽车厂，每年生产的汽车约占全意大利汽车产量的85%。菲亚特汽车公司3/4的企业集中在都灵及其附近。都灵市的公共交通也是由菲亚特公司经营的。

5. 丰田市(见图2-206)

图2-205 意大利都灵市

图2-206 日本丰田市

丰田市，属日本爱知县，原名举田镇，位于矢作河中游。1938年丰田汽车公司迁此后，发展迅速，成为日本汽车城。1959年改名丰田市，人口31万，其中丰田汽车公司的员工及家属约占60%。

第 3 章　国内主要汽车工业集团

教学目标与要求

1）能够辨认上汽、一汽、东风、长安、北汽、广汽、奇瑞、比亚迪、哈飞、华晨、吉利等汽车集团公司的商标。

2）能够辨认上述集团公司的品牌汽车。

3）了解上述集团公司的组成。

4）知道上述集团公司的发展和现状。

3.1　上海汽车工业(集团)总公司

3.1.1　集团公司简介

1. 发展简介

上汽集团是从 1957 年上海汽车装修厂发展起来的。1958 年 9 月，该厂试制成功了第一辆凤凰牌轿车(见图 3-1)。

目前，上汽集团的总部在上海(见图 3-2)，在柳州、重庆、烟台、沈阳、青岛、仪征、南京等地也建立了自己的生产基地。

图 3-1　第一辆凤凰牌轿车

图 3-2　上汽总部

上汽集团先后与德国大众、美国通用等全球著名汽车公司合作，形成上海通用、上海大众、上汽通用五菱、上海申沃等合资企业公司；拥有韩国通用大宇10%的股份。

2009年整车销售270.55万辆，位居全国第1位。

2. 集团公司商标

上汽集团的商标如图3-3所示。SAIC(S-Satisfaction from customer,满足用户需求;A-Advantage through innovation ,提高创新能力;I-Internationalization in operating,集成全球资源;C-Concentration on people,崇尚人本管理)，既是上汽集团的简称，也是上汽集团的价值观。

图3-3 上汽集团商标

3.1.2 集团公司汽车品牌简介

上汽集团的主要汽车品牌见表3-1。

表3-1 上汽集团的主要汽车品牌

品牌	商标	主要车型
上海汽车(SAIC Motor)	SAIC MOTOR 上海汽车	荣威
上海大众	上海大众	桑塔纳、途安、明锐、帕萨特、波罗、高尔
上海通用	上海通用汽车	别克、凯迪拉克、林荫大道、君威、君越、赛欧、凯越、乐驰、乐风
上汽通用五菱	上汽通用五菱 SGMW	雪佛兰、五菱之光、五菱小旋风、五菱兴旺、五菱鸿途、五菱杨光
上海申沃	申沃客车 SUNWIN	申沃客车
上海汇众		伊斯坦纳、德驰
上汽依维柯红岩		载货车

1. 荣威(Roewe)

荣威汽车是上汽集团2006年自主开发的汽车品牌。图3-4所示的荣威750轿车获得2006年中国(年度)汽车“最受期待新车评委会特别奖”。

荣威商标如图3-5所示。“荣威”中文体现了创新殊荣、威仪四海的价值观；

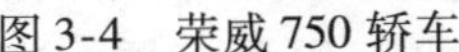
图 3-4　荣威 750 轿车

图 3-5　荣威商标

外文命名“Roewe”，源自西班牙语 Loewe，蕴含“雄狮”之寓意，以“R”为首意在传达创新与皇家尊贵之意；最后的“we”暗含“我们”之意，体现众志成城的精神与信念。荣威商标整体结构是一个稳固而坚定的盾形，暗寓其产品可信赖的尊崇品质，及上海汽车自主创新、国际化发展的坚强决心与意志；色彩感观以红、黑、金三个主要色调构成，这是中国最经典、最具内蕴的三个色系(红色代表中国传统的热烈与喜庆,金色代表中国的富贵,黑色则象征威仪和庄重)。图案中两只站立的东方雄狮气宇轩昂、凛然而不可冒犯，代表着吉祥、威严、庄重。图案的中间是双狮护卫着的华表。华表是中华文化中的经典图腾符号，不仅蕴含了民族的威仪，同时具有高瞻远瞩，祈福社稷繁荣、和谐发展的寓意。图案下方用现代手法绘成的符号是字母“RW”的融合，是品牌名称的缩写，同时“RW”在古埃及语中代表狮子。图案的底部为对称分割的四个红黑色块，暗含着阴阳变化的玄机，代表了求新求变、不断创新与超越的企业意志；这也突出了中国传统文化中的对称构造特色。

2. 桑塔纳(Santana)

上海大众桑塔纳轿车是上海大众汽车合作成功的第一个品牌产品，其动力强劲、经济省油、控制自如。桑塔纳 3000 超越者轿车(见图 3-6)是现代经典车，它集现代设计、制造工艺和配备于一身。

3. 帕萨特(Passat)

上海大众帕萨特领驭轿车(见图 3-7)为流线型设计，整车风阻因数仅为 0. 28，

图 3-6　桑塔纳 3000 超越者轿车

图 3-7　上海大众帕萨特领驭轿车

具有良好的空气动力性和节能性，百公里耗油约5.8L，最高时速可达206km/h，已达到世界先进水平。

4. 波罗(Polo)

上海大众波罗汽车(见图3-8)的智能化程度及众多实用细节都领先于众多小型轿车。

5. 高尔(GOL)

高尔汽车(见图3-9)是上海大众推出的中国第一款两厢轿车，在巴西享有“国民车”的美誉，连续16年保持巴西销量冠军地位。高尔轿车的车身大方、流线、动感十足；内部空间宽大舒适，完全按照人机工程学布置，内饰精致醒目，整车的外形更是简练紧凑。

图3-8 上海大众波罗汽车

图3-9 上海大众高尔汽车

6. 别克(Buick)

上海通用别克注重绿色环保，采用三元催化技术，其4T65E自动变速器也采用了一系列的最新科技成果。电子控制负载离合系统、电子管道压力控制器和一个庞大的液力变矩器能自动调整换挡质量并保持最佳换挡感应，同时，由PCM动力总成电脑模块控制。上海通用别克君威汽车(见图3-10)的外观大气尊贵而又充满时代感，领先采用HUD、DVD等前瞻性配置。

图3-10 上海通用别克君威汽车

3.2 中国第一汽车集团公司

3.2.1 集团公司简介

1. 发展简介

1953年7月15日，第一汽车制造厂在长春破土动工。1956年7月15日，一汽生产出第一辆解放牌汽车(见图1-16)；1958年5月，生产出第一辆东风牌轿车(见图 1-17)。

目前，一汽集团总部在吉林长春(见图 3-11)，拥有全资子公司 19 家，控股子公司 14 家，主要有一汽轿车股份公司、一汽大众汽车公司、长春一汽富维汽车股份有限公司、天津一汽夏利汽车股份有限公司、一汽海南汽车公司、天津一汽丰田汽车公司等。

2009 年，一汽集团整车销售 194.46 万辆，位居全国第 2 位。

2. 集团公司商标

一汽集团商标如图 3-12 所示。取阿拉伯数字“1”和汉字“汽”巧妙布置，构成一只展翅翱翔的雄鹰。“1”又代表第一，外围椭圆代表全球，寓意第一汽车集团公司展翅高飞，走向世界，勇夺第一的雄心壮志。

图 3-11　一汽总部大楼

图 3-12　一汽集团商标

一汽货车在车前标有“FAW”，是第一汽车制造厂的英文字母“First Automobile Workshop”的第一个字母组合。

3.2.2　汽车品牌简介

一汽集团主要汽车品牌、车型见表 3-2。

表 3-2　一汽主要汽车品牌、车型

品　牌	商　标	主要车型
一汽解放	一汽解放	解放系列重、中、轻型货车
一汽轿车	一汽轿车	红旗系列轿车；红旗盛世、奔腾 B70、奔腾 B50
一汽客车	一汽客车	解放、远征、太湖、华西
天津一汽	天津一汽	夏利、威志、威乐、威姿
一汽大众	一汽-大众	捷达、宝来、高尔夫、速腾、迈腾、奥迪

（续）

品牌	商标	主要车型
一汽马自达	一汽-马自达	马自达6系列
一汽丰田	一汽-丰田	皇冠、锐志、卡罗拉、威驰、普锐斯、RAV4、兰德酷路泽、普拉多、柯斯达
一汽吉汽	一汽吉汽	佳宝、森雅
一汽红塔	一汽红塔	佳星幸福使者、解放轻卡、自由风
一汽哈轻厂	一汽哈轻厂	轻卡、皮卡
一汽海马	一汽海马	欢动、海马3、海福星、福美来、普力马

1. 红旗

红旗轿车是我国最早的汽车自主品牌轿车，其商标图案(见图3-13)是面红旗，旗杆象征着“龙”，旗面象征着“凤”，是对中华民族最古老的两个部落“龙、凤”图腾的简化，龙凤结合，表示团结统一的中华民族，腾飞的龙凤代表着东方巨龙的觉醒和美好的未来。

红旗轿车现已有红旗HQ3、奔腾、旗舰、世纪星、明士几大系列。红旗系列加长型和豪华型轿车已经成为国内公务、商务的首选用车。

红旗HQ3轿车(见图3-14)是一款搭载3.3L(V8)、3.0L(V6)汽油发动机、6速手自一体变速器的豪华商务、公务用车，具有高性能的操纵稳定性和舒适性，采用了大量尖端技术，如夜视系统(night view system)、带防侵入传感器的防盗系统、制动型主动避撞系统(pre-crush system)、膝部气囊、智能调节前照灯系统(AFS)等。

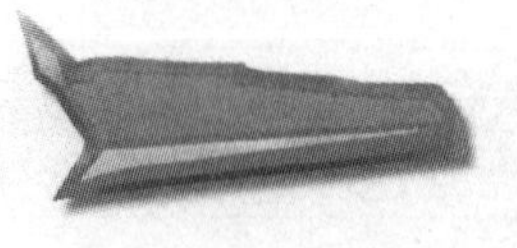

图3-13 红旗商标

图3-14 红旗HQ3轿车

奔腾 08 款轿车(见图 3-15)应用了集成操控 CAN、安全 CAN、舒适 CAN 的全息智控系统(TICS)。该系统包含 TICS 操控系统、TICS 安全系统、TICS 舒适系统，融汇了操控、安全和舒适全方位的立体平衡。在短短一年的时间内，产品进行了 18 项技术升级，成就了其“中高级轿车的价值典范”的美誉。

2. 解放

解放汽车是新中国成立后的第一款汽车，现已形成了轻、中、重三大系列，产品从 1~30t 级，囊括了普通载货车、自卸车、牵引车、半挂车、搅拌车、邮政车等 600 多个品种，年产销量突破 20 万辆，并连续五年取得全国市场销售量第一、全国市场占有率第一。图 3-16 所示为解放 J6 商用车。

图 3-15　奔腾 08 款轿车

图 3-16　解放 J6 商用车

3. 捷达(Jetta)

一汽捷达轿车应用了世界上最先进的 5 气阀多点电子喷射发动机，无氟空调，三元催化，开创了中档轿车应用高档轿车技术的先河。捷达轿车在中国首创“50 万 km 无大修”和“90 万 km 无大修”的纪录，1996~2000 年在国内、外汽车大赛上创下了连续夺冠的佳绩。现有车型包括：捷达前卫、捷达都市春天和捷达 SDI。其中，捷达 SDI 柴油轿车(见图 3-17)是中国轿车市场第一款柴油轿车，具有高效、节能和环保的特点。

4. 高尔夫(Golf)

高尔夫轿车(见图 3-18)是世界上销售量最大的汽车品牌之一，自 1974 年 3 月 2 日首次推出后，历经 30 年 4 代改型。作为紧凑型轿车的翘楚之作，高尔夫稳定

图 3-17　捷达 SDI 柴油轿车

图 3-18　高尔夫轿车

的质量，方便体贴的车型设计，强劲的动力，多功能、个性化的装备，使之4次夺冠“年度最佳轿车”的至高荣誉，在全球的销量超过2200万辆，无愧为轿车中的世界冠军！

5. 奥迪(Audi)

奥迪轿车主要产品有A4、A6、A8系列，它以其优美的造型和最低风险系数赢得了美誉。

奥迪A6轿车(见图3-19)的multitronic无级/手动一体式变速器，采用金属链传动方式，彻底取代了传统的齿轮组变速方式，所以动力输出全无顿挫感，同时还更节省燃油，操控更舒适。新增设的S挡可提高加速能力、增加驾驶乐趣。其新配置包括小冰箱、迷你吧、电动办公小桌板以及可以实时接收电视信号的TV/DVD系统。

6. 马自达(Mazda)

M6轿车是日本马自达公司21世纪的最新产品，在日本之外的全球市场以Mazda6命名，于2002年2月在日本投产后，短短8个月就在全球20多个国家获得了50个奖项。一汽集团引进了Mazda6的技术。

07款Mazda6轿车(见图3-20)进行了装备升级、性能优化，采用了倒车雷达、新式轮辋、排气管镀铬装饰，改善了内饰、自发光仪表等。特别是2.0L产品，在其独有的3H高刚度车身、先进安全电子装备的基础上，增加了侧气囊和侧气帘等被动安全装备，从而使产品的安全性能更加可靠。

图3-19　奥迪A6轿车

图3-20　07款Mazda6轿车

7. 威姿(Vizi)

威姿轿车(见图3-21)被认为是天汽、一汽、丰田强强联合后的一个完美组合。其原型车曾分别摘取欧洲和日本汽车年度奖，2002年荣获J. D. Power“全球144款城市车中用户满意度总冠军”头衔等多项权威汽车奖项。时尚的造型、领先的科技、卓越的性能、优良

图3-21　威姿轿车

的品质令其深受世界各地汽车消费者的喜爱。

8. 皇冠(Crown)

皇冠轿车属于丰田车系历史最长的中高级豪华轿车系列，其外形庄重大方，多用于公务车，现在已推出第12代皇冠车型(见图2-153)。

3.3 东风汽车集团股份有限公司

3.3.1 集团公司简介

1. 发展简介

东风汽车集团前身是成立于1967年4月1日的第二汽车厂。1975年7月1日，二汽第一个基本车型EQ204两吨半越野车投产。1981年，东风汽车集团成立。

东风集团已陆续建成十堰(主要以中、重型商用车,零部件,汽车装配事业为主)、襄樊(以轻型商用车、乘用车为主)、武汉(以乘用车为主)、广州(以乘用车为主)等主要生产基地，集团中心在武汉。图3-22所示为东风新总部大楼。

东风汽车集团目前拥有14家附属公司，主要有东风乘用车公司、东风汽车有限公司(与日产合资)、神龙汽车有限公司(与雪铁龙公司合资)、东风本田汽车有限公司、东风日产柴油汽车有限公司(与日产合资)、东风悦达起亚汽车公司(与江苏悦达投资公司、韩国起亚公司合资)、东风汽车股份公司等组成。

2009年，东风集团汽车销售量189.77万辆，位居全国第3位。

2. 集团公司商标

东风商标“风神”是一对燕子在空中飞翔的尾翼(见图3-23)，喻示双燕舞东风，使人自然联想到东风送暖，春光明媚，神州大地生气盎然，给人以启迪和力量。

图3-22 东风新总部大楼

图3-23 东风商标

因为东风集团前身是第二汽车制造厂，二汽的“二”字寓意于双燕之中。戏闹翻飞的春燕象征着东风牌汽车的车轮不停地旋转，奔驰在祖国大地，奔向全球。

“风神”在世界大多数国家也被视为吉祥和美好。

3.3.2　汽车品牌简介

东风汽车集团主要汽车品牌见表3-3。

表3-3　东风汽车集团主要汽车品牌

品　牌	主要品牌车型
东风风神	东风风神H30、东风风神S30
东风汽车	天龙、天锦、大金刚、霸龙、龙卡、EQ1230V2、EQ3260GL、EQ4196L、乘龙、金霸、东风之星、皮卡、风圣、多利卡康霸
神龙汽车	富康、毕加索、爱丽舍、东风标致307、东风标致207、东风标致408、东风雪铁龙C5、东风雪铁龙C2、凯旋、世嘉
东风本田	思铂睿、思域、新世代CR-V
东风日产	逍客、奇骏、骏逸、骊威、骐达、轩逸、天籁、风行菱智、帕拉丁、奥丁、御轩
东风悦达起亚	秀尔(SOUL)、福瑞迪(Forte)、赛拉图/赛拉图欧风、锐欧(RIO)、狮跑、嘉华、远舰系列

1. 东风日产蓝鸟

东风日产新蓝鸟智尊轿车(见图3-24)代表日产未来造型风格，配有带语音提示的NAVI卫星导航系统、可视倒车影像监视系统、车载蓝牙电话通信系统，首创仿按摩师手法气动按摩座椅。其发动机采用最先进的三合一超强双模式双孔电控喷射技术。

2. 标致307

标致307轿车(见图3-25)是一款中级三厢轿车，自2001年4月首次上市，即成为欧洲主要市场上的最畅销车型。整个307系列曾获得至少16个最佳车型奖项。

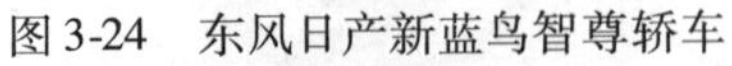

图3-24　东风日产新蓝鸟智尊轿车

图3-25　标致307轿车

3. 赛拉图(Cerato)

赛拉图轿车(见图3-26)自2005年8月18日上市，至今已获得“CCTV年度最具人气新车”、“06年度最受消费者欢迎的中级车”、“06年度十佳发动机”等80多项大奖。

4. 东风小王子

东风小王子微型轿车(见图 3-27)造型活泼、亮丽，内部空间布置合理、舒适、安全，深受消费者喜爱。

其车身引进美国高新技术，采用航天用高强度复合材料，整体一次成形全承载式结构，安全性能好。

图 3-26 赛拉图轿车

图 3-27 东风小王子微型轿车

东风小王子使用的 G4HC1.0L 发动机点火系统采用了国际先进技术，由车载电脑(ECU)控制，取消了分电器，采用双点火线圈，使得燃烧室中混合气充分燃烧，增加了发动机功率，降低了发动机油耗，同时也降低了排气污染。

5. 东风多利卡

东风多利卡系列汽车已有近百种车型。其动力强劲，可选装东风康明斯 4BT、玉柴 4110 等多种发动机，底盘可以改制成厢式车、冷藏车、翻斗车等特种车辆。东风多利卡货车(见图 3-28)驾驶室采用先进设计，视野开阔、宽敞舒适，配动力转向机构，160L 超大油箱容积。

6. 东风小霸王

东风小霸王系列汽车是东风汽车股份有限公司自主开发的高水平高质量车型。新款东风小霸王轻型货车(见图 3-29)经过 26 项技术改进，装配了全铆接大

图 3-28 东风多利卡货车

图 3-29 东风小霸王轻型货车

梁、可翻驾驶室、电熄火装置，驾驶室外覆盖件全部采用双面镀锌冷轧薄钢板，成为国内主力轻卡车型，并远销亚、非、欧美等30多个国家和地区，还被列入军用装备。

7. 康明斯发动机(见图3-30)

东风康明斯发动机有限公司由东风汽车股份有限公司和康明斯公司合资兴建，位于湖北省襄樊市，主要生产康明斯B、C、L系列机械式和ISBe、ISDe、ISLe系列全电控柴油机，B、L系列天然气发动机。

图3-30 康明斯发动机

3.4 中国长安汽车集团股份有限公司

3.4.1 集团公司简介

1. 发展简介

中国长安汽车集团前身为长安机械厂，1958年生产出国内第一辆吉普车；1998年成立长安汽车集团有限责任公司，是中国的微型车之王；总部在重庆市，居重庆市工业企业50强之首。2009年11月，长安汽车集团与中航汽车集团合并，成立中国长安汽车集团。

中国长安汽车集团目前拥有重庆、黑龙江、江西等9大国内整车生产基地、23个整车(发动机)工厂和27家直属企业，并在马来西亚、越南、美国、墨西哥、伊朗、埃及、乌克兰等国家建有海外基地。

2009年，长安集团的汽车销售量186.98万辆，位居全国第4位。

2. 长安商标(见图3-31)

长安商标以天体运行轨迹——椭圆为基础，捕捉长安的拼音ChangAn中“C”、“A”两个关键发音字母作为其造型设计的基本元素，经过抽象、组合、变形形成一个永恒运行的天体、一个攀升的箭头、一个精致的转向盘，又如一辆轻巧的汽车奔驰于阡陌纵横的公路之上。

图3-31 长安商标

3.4.2 汽车品牌简介

中国长安汽车集团主要汽车品牌见表3-4。

表 3-4　中国长安汽车集团主要汽车品牌

品　　牌	商　　标	主 要 车 型
长安	CHANA	奔奔、杰勋、志翔、长安之星Ⅱ代、长安之星 S460、长安 CV8、长安星光、都市彩虹、长安之星、CM7、CM6 系列
长安福特马自达	长安福特马自达 Changan Ford Mazda	蒙迪欧、福克斯、S-MAX、蒙迪欧-致胜、马自达 2、马自达 3、Volvo S40
长安铃木	长安铃木	天语 SX4、雨燕、羚羊、奥拓
昌河	昌河汽车	利亚纳、北斗星、浪迪、爱迪尔、福瑞达
昌河铃木	昌河铃木 SUZUKI	浪迪、北斗星、利亚纳
哈飞	哈飞汽车集团 HAFEI AUTOMOBILE GROUP	中意、路宝、赛豹、赛马、民意、锐意

1. 长安奔奔

长安奔奔汽车（见图 3-32）是长安的第一款自主品牌小轿车，是长安汽车集团公司历经 3 年，由上百名中外专家和技术人员设计和研发完成的。其 1.3L 排量的百公里油耗仅为 3.4L，是目前国内经济型轿车领域中的典范。

2. 长安之星 2 代

长安之星 2 代汽车（见图 3-33）采用 23 项专利技术，288 项技术升级和 800 多项零部件性能提升，受到广大用户的推崇；提供 1.0L(39kW) 和 1.3L(60kW) 两种排量发动机，5 速手动变速器；最突出特点是实用、舒适、多用途。

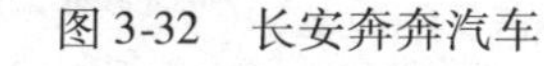
图 3-32　长安奔奔汽车

图 3-33　长安之星 2 代汽车

3. 长安福克斯(Focus)

长安福特福克斯轿车（见图 3-34）采用全铝合金反置式发动机与运动悬架、后副车架 + 后防倾杆设计，安全舒适；采用 2.0L 发动机，曾在 31 个厂家的 407 种车型中一举获得 2.0L 排量最低油耗冠军。

4. 哈飞赛豹

哈飞赛豹汽车(见图3-35)是中国长安汽车集团2004年与宾法公司联合开发的三厢轿车。其发动机排量为1.584L，最大功率为74.2kW，最高车速为180km/h。继2006年12月获得国家集成创新奖后，哈飞赛豹5系又在2007年1月获得最具民族品牌影响力运动型轿车称号。

图3-34　长安福克斯轿车

图3-35　哈飞赛豹汽车

3.5　北京汽车工业控股有限责任公司

3.5.1　集团公司简介

1. 发展简介

北汽集团前身是创建于1953年的北京第一汽车附件厂，1958年改名北京汽车制造厂，1965年生产出我国第一代BJ212越野汽车；1973年7月30日更名为北京汽车工业公司。

北汽集团下属企业和公司有20多个，整车制造企业包括北汽福田汽车股份有限公司、北京现代汽车有限公司、北京奔驰汽车有限公司、北京汽车制造有限公司。

2009年，北汽集团的汽车销售量124.3万辆，位居全国第5位。

2. 北汽集团商标(见图3-36)

北汽集团商标用BAIC表示；外围图形一笔连成一个转向盘，又似一座四通八达的立体桥，寓意北汽集团的产品在神州大地畅通无阻，其产品会遍布中国大地的每一个角落。其中，BAIC居整个商标最中心的位置，也暗示了北汽集团坐落在中国政治经济文化中心——首都北京。

图3-36　北汽集团商标

3.5.2　北汽集团汽车品牌简介

主要汽车品牌见表3-5。

表 3-5　北汽集团主要汽车品牌

品　牌	车　标	主要车型
北汽福田		欧曼、欧 V、欧马可、蒙派克、迷迪、风景、传奇、奥铃、萨普、时代
北京现代	北京现代	索纳塔、伊兰特、途胜、SONATA 领翔、雅绅特、ELANTRA 悦动
北京奔驰	Mercedes-Benz 北京奔驰汽车有限公司	奔驰 C 级和 E 级车、克莱斯勒 300C、铂锐、帕杰罗 SPORT、欧蓝德、Jeep2500、顺途切诺基、新城市猎人系列、吉普之星
北京汽车		陆霸、勇士、战旗、旗铃、陆铃、水陆两栖车等

1. 北汽陆霸

陆霸越野汽车(见图 3-37)是由北京汽车制造厂有限公司在 2003 年推出的四轮驱动越野汽车；根据发动机功率配置的不同，有陆霸 3400、3000、2400 等型号。

陆霸越野汽车的造型与丰田霸道相似，既粗犷、勇猛，又端庄、俊雅，其最大爬坡度不小于 30°，具有极强的通过性和越野性。早在 2003 年投产前的路试阶段，陆霸 3400 就已经穿越了罗布泊、阿尔金山、可可西里和藏北高原四大无人区，经历了最恶劣的地形和路况的考验。在氧气含量只有海平面的 60%、海拔 5 200 多米处的珠穆朗玛峰，陆霸越野汽车发动机的燃料燃烧充分，排气无黑烟。

2. 大切诺基

北京吉普大切诺基(Jeep4700/4000)汽车(见图 3-38)是从戴姆勒・克莱斯勒引进的 Jeep 系列的顶级产品，于 2001 年 9 月投产。

图 3-37　陆霸越野汽车

图 3-38　大切诺基汽车

Jeep700 汽车拥有环保内饰和首次在 USV 中使用的 13 项高科技配置。该车在 2002 年和 2003 年国产最佳越野汽车评选中，均荣登最佳国产 USV 和越野汽车的榜首。

8 缸 Jeep 大切诺基定名为 Jeep4700，6 缸豪华型 Jeep 大切诺基定名为 Jeep4000L，6 缸舒适型 Jeep 大切诺基定名为 Jeep4000。

3. 索纳塔

北京现代推出的索纳塔轿车(见图 3-39)是韩国现代汽车公司开发的最成功的车型，已经累计销售 200 多万辆。

4. 奔驰 E 230

梅赛德斯-奔驰 E230 轿车(见图 3-40)是奔驰公司全球最受欢迎的主力产品之一，于 2005 年 12 月在我国生产。

图 3-39 索纳塔轿车

图 3-40 奔驰 E230 轿车

奔驰 E230 轿车配备了 2. 5L 6 缸发动机，最大功率 150kW，动力强劲、运行平稳、噪声低；还配置了预防性乘客安全保护系统、7 速自动变速器、智能照明系统、直接控制系统。赢得了同级别中“最安全与舒适的豪华轿车”盛誉。

5. 北汽福田

北汽福田汽车股份有限公司(简称北汽福田)由全国 99 家企业出资组建，成立于 1996 年 8 月 28 日，是一家跨地区、跨行业、跨所有制的国有控股上市公司。北汽福田在国内 9 个省市和日本、欧洲国家拥有汽车制造企业。

北汽福田的商标如图 3-41 所示。钻石造型突出了珍贵、恒久之意，象征福田人对优异质量和完美境界的追求；钻石图案所反映的透明、纯净感，体现了企业诚信的价值观；三条边象征多元化经营的业务结构；三条斜线构图自下而上代表了‘突破、超越、领先’的三阶段竞争策略。

目前，福田汽车旗下拥有欧曼、福田欧 V、欧马可、MP—X 蒙派克、福田风景、福田传奇、奥铃、时代汽车、萨普九大业务品牌。

欧曼重型货车(见图 3-42)品牌始创于 2002 年，作为一个民族品牌，在短短 3 年里，发展成为了今天重型车辆市场最炙手可热的产品。2004 年，欧曼汽车包揽了重型汽车行业“最佳商用车(物流类)”、“2004 年度最佳安全重卡奖”两项大奖。

图 3-41　福田商标

图 3-42　欧曼重型货车

3.6　广州汽车集团股份有限公司

3.6.1　集团公司简介

广汽集团是从 1986 年中法合资的广州标致汽车公司发展起来的，1997 年 6 月，定名为广州汽车集团有限公司，2005 年 6 月 28 日正式更名为广州汽车集团股份有限公司。

广汽集团是由广州汽车工业集团有限公司、万向集团公司、中国机械工业集团公司、广州钢铁企业集团有限公司、广州市长隆酒店有限公司共同发起设立的大型国有控股股份制企业集团。目前，集团拥有广汽乘用车、广汽本田、广汽丰田、本田(中国)、广汽客车、广汽日野、广汽长丰、广汽部件、广汽丰田发动机、广汽商贸、广爱公司、同方环境、中隆投资、广汽汽研院等数十家知名企业。

2006 年，在全国 15 家汽车重点生产企业中，广汽工业集团的工业经济效益综合指数排名第 1 位，10 项综合评价指标有 6 项指标排名行业第 1 位。

2009 年汽车销售量为 60. 66 万辆，位居全国第 6 位。

广汽集团 2010 年新标志如图 3-43 所示。“G”是广汽集团英文缩写“GAC”的首字母。新标识代表着广汽集团的精湛品质与全球视野，是对“至精 · 志广”企业精神的全新演绎，意味着广汽集团将立足国内、放眼全球，以更博大的胸襟融合全球科技与人才，创造更大的成就与辉煌，成为卓越的国际化企业集团。

图 3-43　广汽集团标志

3.6.2　汽车品牌简介

广汽集团主要品牌汽车见表 3-6。

表 3-6 广汽集团主要汽车品牌

品 牌	车 标	主 要 车 型
广汽本田	广州 HONDA	雅阁、奥德赛、飞度、思域、锋范
广汽丰田		凯美瑞、雅力士、汉兰达
广汽乘用车	广汽乘用车 GAC MOTOR	GA1 型轿车、传祺
本田(中国)	HONDA 本田汽车(中国)有限公司	JAZZ
广汽客车	广汽客车 GAC BUS	GZ6107、GZ6106、GZ6120S、GZ6950、GZ6116…
广汽日野	广汽日野	300J 系列、320D 系列、270I 系列、700 系列

1. 本田雅阁(Accord)

广州本田雅阁的外形美观、内饰精致、操控能力良好，其质量一直受到认可。

2007 年 8 月 21 日，本田推出了第八代雅阁 3.5L 轿车(见图 3-44)，90km/h 等速油耗仅为 6.8L，远低于同级别产品。

第八代本田雅阁汽车采用全球领先的 VCM 可变气缸发动机，能够随着行车的实际需要，控制发动机在 3 缸、4 缸和全 6 缸三种工作模式之间自动切换。

图 3-44 广州本田雅阁汽车

第八代本田雅阁汽车采用了本田最新的“高级兼容性设计(ACE)”结构技术，大量采用高强度钢，齐全的六位一体电子安全系统(包括防抱死制动系统(ABS)、电子制动力分配系统(EBD)、牵引力控制系统(TCS)、制动力辅助系统(BA)、防侧滑系统(SC)以及车辆稳定性辅助系统(VSA)等)、前座正面和侧面安全气囊、侧面安全气帘以及主动式头部约束等安全装备，大大提高了主、被动安全性。

第八代本田雅阁汽车采用拥有高刚性的双横臂式前悬架、多连杆后悬架，带来稳固、敏捷的操控感；采用的新型 VGR 可变齿比转向系统，同时兼顾了高速稳定和低速灵活性。

第八代本田雅阁汽车首度引入的主动降噪系统(ACN)，使车厢舒适级别达到前所未有的高水平。

第八代本田雅阁汽车仪表台创新地分为上半部的信息区和下半部的操控区，8in 内嵌式彩色液晶屏内含 GPS 导航、行车电脑等功能，通过一键式多功能按钮可对其进行方便直观的操作。

第八代本田雅阁汽车齐备了各项高端装备，包括带 40GB 硬盘的音响导航系统、先进的智能进入系统、自动氙气前照灯、8 向电动调节带加热座椅、独立控制的双区恒温自动空调等。

2. 飞度(Fit)

广州本田 2003 年 9 月推出了精巧型飞度两厢轿车，2004 年 9 月推出了另一款全新设计的飞度(见图 3-45)。

飞度轿车秉承了“MM”设计理念(即人能够享受的有效空间最大化,车必需的机器占用空间最小化)，具有 3MAX 的全新价值(即世界最高水准的燃油经济性、最大的功能空间乐趣和充满未来派风格的造型)。

3. 凯美瑞(Camry)

日本丰田凯美瑞是全球销量最大的中高档轿车之一，连续 8 次成为美国年度最畅销轿车，全球累计销售量超过 1 000 万辆。

广州丰田凯美瑞轿车(见图 3-46)自 2006 年上市以来，已经连续 15 次卫冕国内中高级轿车市场月销量冠军，并以 17 万辆的年销量夺得 2007 年度中高级轿车销量总冠军，荣获 2007 新车质量满意度第一。

图 3-45　广州本田飞度轿车

图 3-46　广州丰田凯美瑞轿车

新凯美瑞外观动感，内饰简洁明快，内部空间大；使用 2.4L 发动机，配有气缸锁和进、排气系统，动力更加充沛；采用丰田最先进的 GOA 安全车身，在最危险的侧面撞击发生时，车身也能够迅速、有效地吸收碰撞能量，并将其分散至车身各部位骨架以化解冲击力。

4. 传祺(Trumpche)

广汽中高级系列轿车传祺轿车(见图 3-47)

图 3-47　广汽传祺轿车

2010年9月底正式下线，作为2010年11月在广州举办的第16届亚运会的指定用车。传祺轿车外观造型如行云流水，采用世界先进的底盘和动力总成技术，排放达到的国Ⅳ标准。

3.7　奇瑞汽车股份有限公司

3.7.1　集团公司简介

1. 发展简介

奇瑞集团前身是1997年由安徽省及芜湖市5个投资公司共同投资组建的奇瑞汽车有限公司。1999年12月18日，首台奇瑞轿车成功下线。2004年9月，公司正式定名为奇瑞汽车有限公司。

奇瑞公司总部在安徽省芜湖市，现有两个轿车厂、两个发动机厂、一个变速器厂和汽车工程研究院等生产、研发单位；还与美国克莱斯勒集团、量子公司、江森自控公司和意大利菲亚特汽车公司合资合作生产汽车及其零部件。

2009年11月，奇瑞公司第4次被美国《财富》杂志评为最受赞赏的中国公司。

2009年，奇瑞公司的汽车销售量50.03万辆，位居全国第7位。

2. 集团公司商标

奇瑞商标如图3-48所示，“奇”在中文有“特别的”之意，“瑞”有“吉祥如意”之意，合起来是“特别吉祥如意”的意思。标志整体CAC是英文CHERY AUTOMOBILE CORPORATION LIMITED的缩写，中文意思是奇瑞汽车有限公司；标志中间A为一变体的“人”字，预示着公司以人为本的经营理念；商标两边的C字向上环绕，如同人的两个臂膀，象征着一种团结和力量，环绕成地球形的椭圆状；中间的A在椭圆上方的断开处向上延伸，寓意奇瑞公司发展无穷；整个标志又是W和H两个字母的交叉变形设计，为“芜湖”汉语拼音的声母，表示公司的生产制造地在芜湖市。

图3-48　奇瑞商标

3.7.2　汽车品牌简介

奇瑞公司主要汽车品牌有奇瑞QQ、东方之子、旗云、瑞虎、A5、V5等。

1. 奇瑞QQ

奇瑞QQ汽车(见图3-49)于2003年5月31日投放市场。

奇瑞QQ外观时尚，具有个性和青春气息，车体为单厢设计，外形动感俏皮，色彩亮丽活泼；配置单安全气囊，前、后排三点式安全带，前、后座椅双轨同步四向调节，分体式后座可独立翻转，装配空调及可选装天窗和ABS，4声道立体声收音机，可选装多碟CD。

2004年推出的奇瑞0.8L系列产品的发动机为由奇瑞公司与世界知名发动机设计公司联合设计开发的372型发动机，与普通0.8L发动机相比具有更大功率，更省油。

图3-49　奇瑞QQ汽车

2. 东方之子

2003年7月，中级轿车奇瑞东方之子系列轿车开始在全国上市。

2006年2月27日，奇瑞东方之子2005款(见图3-50)正式上市。它集世界造车之大成，在老款东方之子的基础上进行了60多项技术改进。

东方之子2.4AT旗舰型装备齐全，装备了日本三菱发动机和自动/手动一体化变速器，高刚性笼形车身结构、先进的ABS+EDS、4安全气囊、双层双开启电动天窗、可电动八向调节驾驶员座椅、全车座椅加热、三屏DVD高档梦幻影音系统、GPS定位导航系统、车载免提电话、可视倒车雷达、自动恒温空调，有较高的性价比。

3. 奇瑞旗云

奇瑞旗云轿车(见图3-51)2003年8月推出，是后掀背式五门二厢半型轿车。

图3-50　2005款奇瑞东方之子轿车

图3-51　奇瑞旗云轿车

奇瑞旗云汽车采用的发动机是世界名牌发动机。该发动机被评为“2002年世界十大最佳发动机”，曾装配在宝马Min Cooper跑车及克莱斯勒PT漫步者等世界顶级车型之上。

3.8　华晨汽车集团控股有限公司

3.8.1　集团公司简介

华晨集团的前身是组建于1991年的沈阳金杯客车制造有限公司。1991年11

月，第一辆金杯海狮在沈阳成功下线。2002 年 9 月，华晨汽车集团控股有限公司公司正式成立。

华晨集团现有控股和参股公司 100 多家，主要企业有沈阳华晨金杯汽车有限公司、华晨宝马汽车有限公司和金杯车辆制造有限公司等 3 个整车制造厂以及 30 余家汽车发动机及汽车零部件企业。

2009 年，华晨集团汽车销售量 34. 83 万辆，位居全国第 9 位。

3. 8. 2 华晨集团汽车品牌简介

华晨集团主要汽车品牌见表 3-7。

表 3-7 华晨集团主要汽车品牌

品 牌	车 标	主 要 车 型
金杯		海狮、锐驰、阁瑞斯
中华		尊驰、骏捷、酷宝
华晨宝马		华晨宝马三系列和五系列

1. 金杯

1991 年 11 月，第一辆金杯海狮汽车(见图 3-52)在沈阳成功下线。它是采用丰田技术、模具和丰田管理方式生产的产品。

图 3-52 金杯海狮汽车

金杯海狮汽车的产销量连续 10 年居于全国轻型客车市场占有率榜首，以接近 60% 的市场占有率和超过 60 万辆的市场保有量居轻型客车之首。

2. 中华

中华轿车于 2000 年 12 月在沈阳下线，由设计过宝马等名车的世界顶级设计大师乔治·亚罗主持设计，整车性能由国际权威机构英国 MIRA 公司试验鉴定，冲压、装焊、涂装、总装四大工艺设备由世界著名汽车设备制造公司 SCHULER、KUKA、DURR、SCHENCK 等企业提供。

中华轿车(见图 3-53)车身气派、动感，风阻因数仅 0. 293；配备三菱一体化动力总成，发动机双平衡轴设计，电子解码防盗系统；进口原装变速器、底盘，德国原装 ABS 制动系统，吸能式转向管柱及前后吸能式保险杠，前后多连杆全独立悬架系统。

3. 华晨宝马

2003 年 3 月 27 日，华晨与德国宝马签约，合资生产宝马系列轿车。

2008 年 1 月 31 日，华晨公司推出 2008 款宝马 325i 轿车(见图 3-54)。该车型装配了 BMW 全球领先的超轻铝镁合金直列 6 缸发动机，排量 2.495L，可变气门正时系统，排放达欧Ⅳ标准，百公里加速时间为 7.3s；配置 ITS 头部保护等 8 个气囊，下坡控制系统，动态制动控制系统，自动防滑稳定控制系统 + 循迹装置(ASC + T)，驻车距离警示系统(PDC)，雨量传感器，车灯自动控制功能，BMW 6 片装 CD 换片机。

图 3-53　中华轿车

图 3-54　2008 款宝马 325i 轿车

3.9　比亚迪股份有限公司

3.9.1　公司简介

比亚迪股份有限公司是一家创立于 1995 年的高新技术民营企业，现拥有 IT 和汽车两大产业群。

比亚迪汽车有限公司的商标如图 3-55 所示，图案是转向盘里面比亚迪的汉语拼音字母，预示比亚迪汽车走向世界。

图 3-55　比亚迪商标

目前，比亚迪股份有限公司已建成西安、北京、深圳、上海四大汽车产业基地。

2009 年，比亚迪股份有限公司的汽车销售量为 44.84 万辆，位居全国第 8 位。

3.9.2　主要汽车品牌

公司主要汽车品牌有 F3、F3R、F6、F0、G3、L3 型传统高品质燃油汽车，S8 型运动型硬顶敞篷跑车，S6 型高端 SUV 车型，M6 型的 MPV 车型，全球领先的 F3DM 双模电动汽车和纯电动汽车 E6。

1. 比亚迪 F3 轿车(见图 3-56)

2005 年 4 月 16 日，比亚迪 F3 下线。靓丽的外形、高效的动力以及节油性能，使其在 10 个月内获得各类奖项 68 个，在国家知识产权局和中国中央电视台的《CCTV2005 创新盛典》中荣膺关注度最高的“自主创新奖”。

F3 智能白金版进行了品质的升级，增加了无钥匙系统、智能娱乐通信系统、智能安全辅助驾驶系统等电子智能配置。

2. 比亚迪 F3DM 汽车(见图 3-57)

图 3-56　比亚迪 F3 轿车

图 3-57　比亚迪 F3DM 轿车

F3DM 双模电动车搭载的是全球首创的双动力混合系统。车主可以通过按键使车辆在纯电动(EV)和混合动力(HEV)两种模式之间自由切换。

F3DM 汽车不仅降低了油耗及排放(在 EV 模式下的排放为零,在 HEV 模式下的排放优于欧Ⅳ)，更提高了操纵和动力性能(BYD371QA 全铝 1.0L 排量发动力,配合 75kW 的电动机,输出功率达到了 125kW,并达到 3.0L 发动机的动力输出)，经济实惠(行驶 100km,花费约为 9.6 元人民币)。

其创新的铁电池能量密度大、体积小、质量小、寿命长(大于 60 万 km,约可使用 10 年)、无污染、使用方便、续行里程长(达 100km)。

3.10　浙江吉利控股集团有限公司

3.10.1　集团公司简介

1. 发展简介

1986 年 11 月 6 日，民营企业家李书福(见图 3-58)以制造冰箱配件为起点开始了吉利创业历程。1996 年 5 月，吉利集团有限公司成立。

1998 年 8 月 8 日，第一辆吉利汽车——吉利·豪情二厢轿车在临海正式下线；2003 年 9 月，首辆吉利“美人豹”都市跑车下线。同年，吉利集团推出了自行研制的中国第一辆初级方程式赛车(见图 3-59)。

图 3-58　李书福

图 3-59　吉利方程式赛车

吉利控股集团目前是中国最早也是最大的民营汽车企业，总部在杭州市，在临海、宁波、台州、路桥、上海、兰州、湘潭、济南等地建有汽车整车和动力总成制造基地。

2006 年 11 月 4 日，吉利集团荣获“2006 中国民营企业自主创新 50 强”称号，集团董事长李书福荣获“中国民营企业自主创新十大领军人物”称号。

2009 年，吉利集团的汽车销售量 32. 91 万辆，位居全国第 10 位。

2010 年 3 月 28 日，吉利集团收购沃尔沃轿车 100% 的股权及相关资产。

2. 集团公司商标

吉利集团的老商标如图 3-60a 所示，“圆”象征地球，表示吉利汽车面向世界、走向国际化；中间图案是六个 6，有多个含意，象征太阳的光芒，象征如意、吉祥，象征一步一个台阶，不断超越，发展无止境；图案内圈蔚蓝，象征广阔的天空，超越无止境，发展无止境；外圈深蓝，象征无垠的宇宙，超越无限，空间无限。

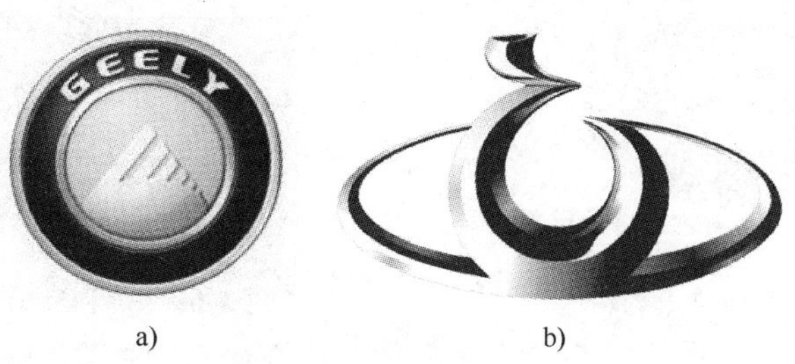

a)　　b)

图 3-60　吉利商标

a）老商标　b）新商标

吉利新商标如图 3-60b 所示，将东方神鸟朱雀幻化，以傲起之姿雄视全世界，象征着源起中国的吉利将如神鸟般傲立国际。吉利商标的设计主体由刚劲有力的曲线构图，象征吉利事业根基牢固、稳如磐石，多层的曲线设计则如叠叠巨浪，一浪高过一浪，象征吉利事业蒸蒸日上、蓬勃发展。

3.10.2 汽车品牌简介

吉利集团拥有汽车品牌熊猫、帝豪、EC7、TX4、吉利自由舰、金刚、远景、上海华普、中国龙、沃尔沃等10余个，30多款整车产品。

1. 吉利美人豹

吉利美人豹汽车(见图3-61)是我国自主设计的第一款跑车，被称为中国“第一跑”，首次出现于2001年6月上海车展。2003年11月28日，吉利美人豹投放市场。

吉利美人豹拥有“前突后翘的傲人身材”；前悬架采用滑柱摆臂式独立悬架，带横向稳定杆；后悬架采用带纵拉力杆的滑柱摆臂式独立悬架，带横向稳定杆，高速行驶时不容易感觉发飘。

2003年，吉利美人豹被评为“中国风云车最佳跑车”，荣获“中国工业设计创新特别奖”，并被中国国家博物馆永久收藏与展示。

2. 吉利远景

吉利远景中级商务轿车(见图3-62)于2006年生产。吉利远景轿车的发动机是吉利集团历时三年、耗资数亿元自主开发的新一代轿车用发动机，排量为1.8L，先进的CVVT技术，采用了全铝缸体缸盖、油耗小于6.5L/100km，排放达到欧Ⅲ标准；配置DVD影音系统+GPS卫星导航系统、遥控电子芯片防盗系统、倒车雷达等高档配置，刷新了中国中级轿车史上的性价比底线。

图3-61 吉利美人豹轿车

图3-62 吉利远景中级商务轿车

2007年7月13日，吉利远景轿车荣获“首届中国长春汽车节汽车奥斯卡自主创新技术领先奖”。

3. 吉利熊猫

吉利熊猫汽车(见图3-63)于2008年11月正式上市，该系列有七个车型。造型融入了国宝“大熊猫”的造型元素，大嘴巴、黑眼圈、尾灯一大四小像大熊猫脚印，获得

图3-63 吉利熊猫汽车

“2009年度最佳造型奖”。

吉利熊猫汽车采用1.0L和1.3L两种排量发动机，最大功率达63kW，采用了最新的CVVT技术，最高车速可达165km/h。

吉利熊猫汽车采用五星安全标准设计，高刚性防撞车身，六气囊、侧气帘配置，溃缩吸能转向柱，标配ABS EBD、转向锁止防盗、后车门儿童安全锁、塑料防爆工程油箱等。

4. 沃尔沃(Volvo)汽车品牌

瑞典沃尔沃(也有译为富豪)公司创立于1924年，总部设在瑞典哥德堡。

沃尔沃商标(见图3-64)由图标和文字两部分组成，图形图标画成车轮形状，并有指向右上方的箭头，文字商标“VOLVO”为拉丁语，是滚滚向前的意思，寓意着沃尔沃汽车的车轮滚滚向前和公司兴旺发达、前途无量。

沃尔沃公司注重汽车质量、安全和对环境的影响，发明了汽车安全底盘、三点式紧缩安全带和侧撞防护系列等。沃尔沃主要品牌有S系列的S40、S70、S80、S90，V系列的V40、V70、V90和XC90等。2008款沃尔沃XC90汽车如图3-65所示。

图3-64　沃尔沃商标

图3-65　2008款沃尔沃XC90汽车

本章小结

1）目前我国主要汽车集团公司有上汽、一汽、东风、长安、北汽、广汽、奇瑞、比亚迪、哈飞、华晨和吉利等。

2）上汽集团主要汽车品牌有上海汽车、上海大众、上海通用、上汽通用五菱、上海申沃、上海汇众、上汽依维柯红岩等。

3）一汽集团主要汽车品牌有一汽(红旗、解放)、一汽大众、一汽丰田、一汽马自达、天津一汽、一汽红塔、一汽海马等。

4）东风集团主要汽车品牌有东风汽车、东风风神、神龙汽车、东风日产、东风雪铁龙、东风标致、东风本田、东风悦达起亚等。

5）长安集团主要汽车品牌有长安、长安福特、铃木、马自达、昌河、哈飞等。

6）北汽公司主要汽车品牌有北京汽车、北京吉普、北京现代、北汽福田、北京奔驰等。

7）广汽集团主要汽车品牌有广州本田、广州丰田、广汽乘用车、广汽客车等。

8）奇瑞公司主要汽车品牌有奇瑞、旗云、瑞麒、威麟、开瑞等。

9）比亚迪公司主要汽车品牌有 F3、F3R、F6、F0、G3、L3、S8、S6、M6、F3DM、E6 等。

10）华晨集团主要汽车品牌有金杯、中华、华晨宝马等。

11）吉利集团主要汽车品牌有熊猫、帝豪 EC7、TX4、吉利自由舰、金刚、远景、上海华普、中国龙、沃尔沃等。

【习题与思考题】

1. 辨认出本章所述我国主要汽车集团公司商标及其含意。
2. 辨认出本章所述我国主要汽车集团公司所属的汽车品牌及车标。
3. 上网检索我国一个汽车集团公司的发展历史、现状及其汽车品牌，然后大家进行交流。
4. 谈谈我国应该如何发展自主品牌汽车。

第4章　汽车基本构造

教学目标与要求

1）掌握汽车的定义和基本分类。

2）掌握汽车的基本组成和作用。

3）了解汽车发动机的基本结构和工作原理。

4）了解汽车底盘的基本结构和工作原理。

5）了解汽车车身的基本结构和工作原理。

4.1　汽车总体组成与分类

4.1.1　汽车定义

不同国家、不同时代对汽车的定义有所不同。

根据国家标准 GB/T 3730.1—2001 的规定，我国对汽车的定义是：由动力驱动，一般具有四个或四个以上车轮的非轨道承载车辆，主要用于载运人、货物及其他的一些特殊用途；无轨电车和整车整备质量超过 400kg 的三轮车辆也属于汽车。

4.1.2　汽车总体组成

汽车总体由发动机、底盘和车身三大部分组成(见图4-1)。

发动机：它是汽车的动力，现代汽车发动机主要采用的是往复活塞式内燃机，负责将燃料燃烧所产生的热能转化为机械能。它一般由机体组件、曲柄连杆机构、换气系统、燃油系统、润滑系统、冷却系统、点火系统和起动系统组成。

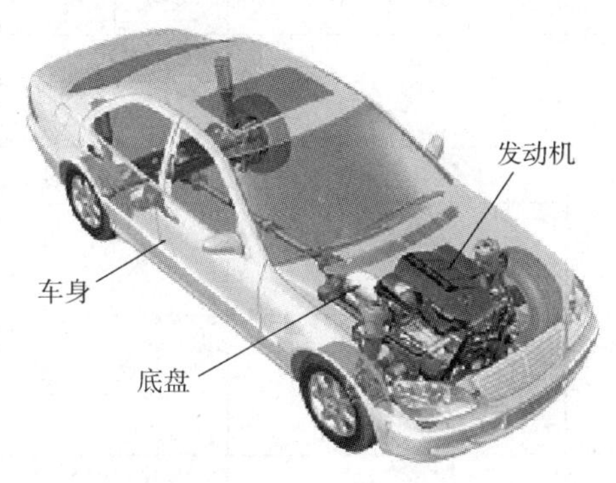

图4-1　汽车总体组成

底盘：负责将发动机的动力进行传递和分配，并按驾驶员要求进行行驶（加速、减速、转向、制动等）。它一般由传动系、行驶系、转向系、制动系等组成。

车身：是驾驶员操作和容纳乘客及货物的场所。一般由车身本体、开启件（各种门、窗、行李箱和车顶盖等）、附件（各种座椅、内外饰、仪表电器、刮水器、洗涤器、风窗除霜装置、空调等）和安全保护装置（保险杠、安全带、安全气囊等）组成，载货车及专用车辆还有货箱及专用设备。

4.1.3　汽车分类（GB/T 3730.1—2001）

按用途分：分为乘用车和商用车两大类。

乘用车：主要用于载运乘客及其随身行李物品，包括驾驶员座位在内最多不超过9个座位。

商用车：主要用于商业用途，运送人员和货物。

每大类又分若干小类（表4-1）。

表4-1　汽车分类（按用途）

分类		说明					图例
		车身	车顶	座位	车门	车窗	
乘用车	普通乘用车	封闭	硬顶	≥4	2 4		
	活顶乘用车	可开启	硬顶 软顶	≥4	2 4	≥4	
	高级乘用车	封闭	硬顶	≥4	4 6	≥6	
	小型乘用车	封闭	硬顶	≥2	2	≥2	
	敞篷车	可开启	软顶 硬顶	≥2	2 4	≥2	
	仓背乘用车	封闭	硬顶	≥4	2 4	≥2	车身后部有一仓门
	旅行车	封闭	硬顶	≥4	2 4	≥4	
	多用途乘用车	座位数超过7个，多用途					
	短头乘用车	短头[①]					
	越野乘用车	可在非道路上行驶[②]					
	专用乘用车	专门用途（救护车、旅居车、防弹车、殡仪车）					

（续）

分类			说明					图例
			车身	车顶	座位	车门	车窗	
商用车	客车	小型客车	载客≤16座（除驾驶员座）					
		城市客车	城市用公共汽车					
		长途客车	长途客车					
		旅游客车	旅游用车					
		铰接客车	由两节刚性车厢铰接组成的客车					
		无轨电车	经架线由电力驱动的客车					
		越野客车	可在非道路上行驶的客车					
		专用客车	专门用途的客车					
	半挂牵引车		牵引半挂车的商用车					
	货车	普通载货汽车	敞开或封闭的载货车					
		多用途载货汽车	驾驶座后可载3人以上的载货汽车					
		全挂牵引车	牵引杆式挂车的货车					
		越野货车	可在非道路上行驶					
		专用作业车	特殊工作的货车（消防车、救险车，垃圾车、应急车、街道清扫车、扫雪车、清洁车等）					
		专用货车	运输特殊物品的货车（罐式车、乘用车运输车、集装箱运输车等）					

① 短头乘用车：指一半以上的发动机长度位于车辆前风窗玻璃最前点以后，并且转向盘的中心位于车辆总长的前四分之一部分内。

② 越野车：在其设计上所有车轮同时驱动（包括一个驱动轴可以脱开的车辆），或其几何特性（接近角、离去角、纵向通过角，最小离地间隙）、技术特性（驱动轴数、差速锁止机构或其他形式机构）及其性能（爬坡度）允许在非道路上行驶的一种乘用车。

按发动机位置及驱动形式分：前置发动机前驱动(FF)、前置发动机后驱动(FR)、中置发动机后驱动(MR)、后置发动机后驱动(RR)和四轮驱动(4WD)5种(见图4-2)。前置发动机前驱动是指发动机位于汽车前部，前轮是驱动轮。四轮驱动是指汽车4个车轮都是驱动轮，一般用于越野车。

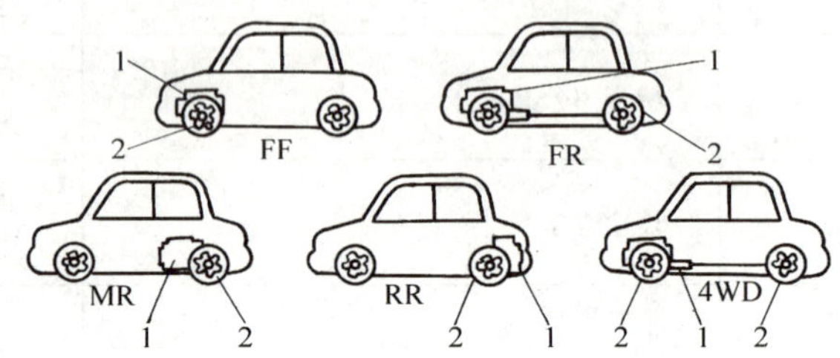

图4-2 汽车发动机位置及驱动形式

1—发动机 2—驱动轮 FF—前置发动机前驱动
FR—前置发动机后驱动 MR—中置发动机后驱动
RR—后置发动机后驱动 4WD—四轮驱动

汽车驱动情况常用4×2、4×4等表示，乘号前数字表示汽车总车轮数，乘号后数字表示汽车驱动轮数。

轿车按车身分类：有一厢式(发动机舱、客舱和行李箱在外形上形成一个空间形态)、二厢式(发动机舱、客舱和行李箱在外形上形成两个空间形态)、三厢式(发动机舱、客舱和行李箱在外形上形成3个空间形态)(见图4-3)。若轿车顶盖不可开启，称该车身为闭式；若客舱顶为敞顶或按需要可开闭，称该车身为开式。

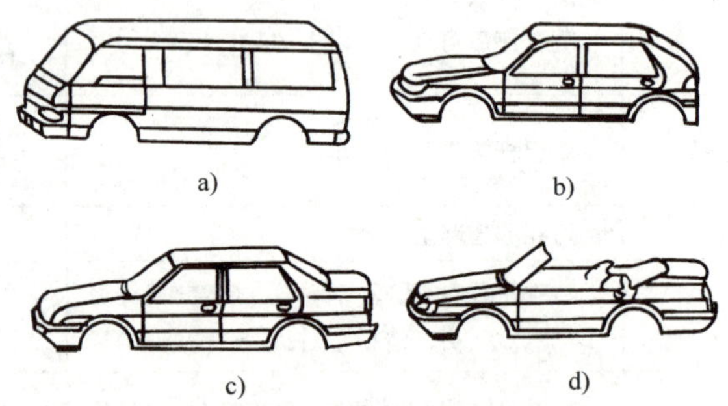

图4-3 轿车车身分类

a）一厢式 b）二厢式 c）三厢式 d）开式

四轮载货汽车按设计最大总质量分：N_1(≤3 500kg)、N_2(3 500kg～12 000kg)和N_3(＞12 000kg)三类。

按汽车动力装置类型分：有内燃机汽车、电动汽车和燃气轮机汽车三类。

内燃机汽车是指安装有燃料在气缸内燃烧所产生的热能转化为机械能的汽

车。如汽油车(以汽油为燃料)、柴油车(以柴油为燃料)、气体燃料汽车(以天然气、液化石油气等气体为燃料)、两用燃料汽车和双燃料汽车。

两用燃料汽车有两套相互独立的燃料供给系统，一套供给天然气或液化石油气，另一套供给天然气或液化石油气以外的燃料，它们分别但不共同向气缸供给燃料。如汽油/压缩天然气两用汽车等。

双燃料汽车有两套燃料供给系统，一套供给天然气或液化石油气，另一套供给天然气或液化石油气以外的燃料，它们按预定的配比向气缸供给燃料。如柴油—压缩天然气双燃料汽车等。

电动汽车是以电能为驱动力的汽车，包括蓄电池电动汽车、混合动力电动汽车和燃料电池电动汽车。

燃气轮机汽车采用航空发动机或火箭发动机及特殊燃料，用喷气反作用力驱动的发动机，主要用于赛车。

4.1.4　汽车代号

现在世界各国汽车公司生产的汽车大部分都使用了车辆识别代号编码(Vehicle Identifcation Number,VIN)，由一组字母和阿拉伯数字组成，共 17 位，又称 17 位识别代号编码。它是识别一辆汽车不可缺少的工具，一辆汽车只有一个代号，就像人的身份证号码，故又称为“汽车身份证”。

从 VIN 中可以识别出该车的生产国家、制造厂家、汽车类型、品牌名称、车型系列、车身形式、发动机型号、车型年款等信息，它是汽车修理、配件选购的重要依据。

我国汽车代号(GB/T 16735—2004)已经与国际车辆识别代号(VIN)接轨，由 3 部分 17 位字码组成(见图 4-4)。对年产量≥500 辆的制造厂，车辆识别代号的第一部分为世界制造厂识别代号(WMI)；第二部分为车辆说明部分(VDS)；第三部分为车辆指示部分(VIS)。

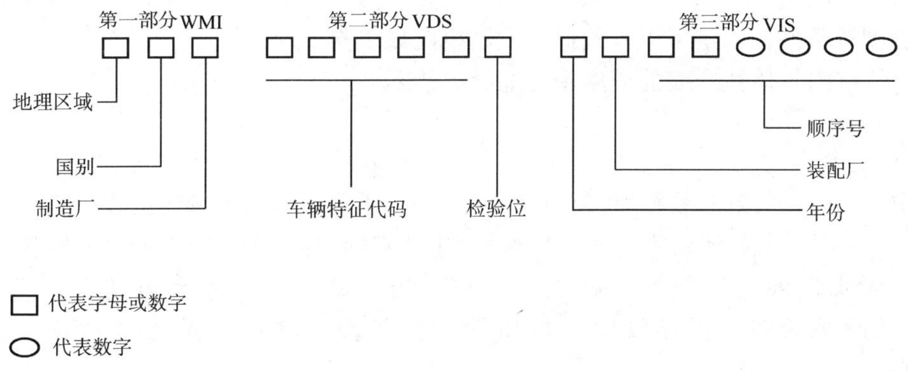

图 4-4　我国车辆识别代号编码

4.2 汽车发动机基本结构

现代汽车发动机主要采用的是四冲程往复活塞式内燃机，有汽油机和柴油机两种。

4.2.1 汽油机基本结构及工作原理

1. 单缸四冲程汽油机基本结构

一台车用汽油机，由上万个零部件组成，构造虽然复杂，但其基本结构都是由多个相同的单缸机组成(见图4-5)，活塞在气缸中作往复运动，并通过连杆推动曲轴转动。气缸上方装有气缸盖，气缸盖上开有进气道和排气道，并分别由进气门和排气门控制开闭，气缸盖上还安装有火花塞和电控喷油器。

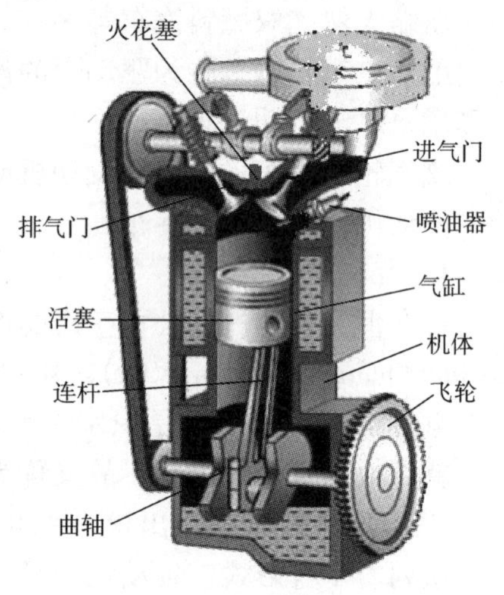

图4-5 汽车发动机基本结构

2. 四冲程汽油机工作原理(见图4-6)

(1) 进气行程 当活塞从上止点(活塞顶面离曲轴中心最远处)向下止点(活塞顶面离曲轴中心最近处)运动时，相当于曲轴转角从0°~180°，这时进气门开启，排气门关闭，电控喷油器向进气道喷油，空气与汽油混合气便被吸入气缸，该过程称为进气行程。

(2) 压缩行程 当活塞继续从下止点向上止点运动时(相当于曲轴转角为180°~360°)，进、排气门关闭，进入气缸的混合气便被压缩，该过程称为压缩行程。

压缩行程的作用：一是提高进入气缸内混合气的压力和温度(压缩终了的气缸内气体压力可达0.6~1.2MPa,热力学温度达600~700K)，为混合气迅速着火燃烧创造条件；二是可以有效提高发动机的燃烧热效率。

气缸内气体被压缩的程度用压缩比ε表示

$$\varepsilon=\frac{V_a}{V_c}$$

式中 V_a——气缸总容积(活塞处于下止点时,活塞顶部以上的气缸容积)；

V_c——气缸燃烧室容积(活塞处于上止点时,活塞顶部以上的气缸容积)。

现代汽油机压缩比一般为7~11。当气缸、活塞等磨损到一定程度，或气门不密封时，将导致发动机压缩气体外泄，热效率和功率下降，应进行修理。

(3) 做功行程(膨胀行程) 在压缩行程末，火花塞开始点火，进、排气门

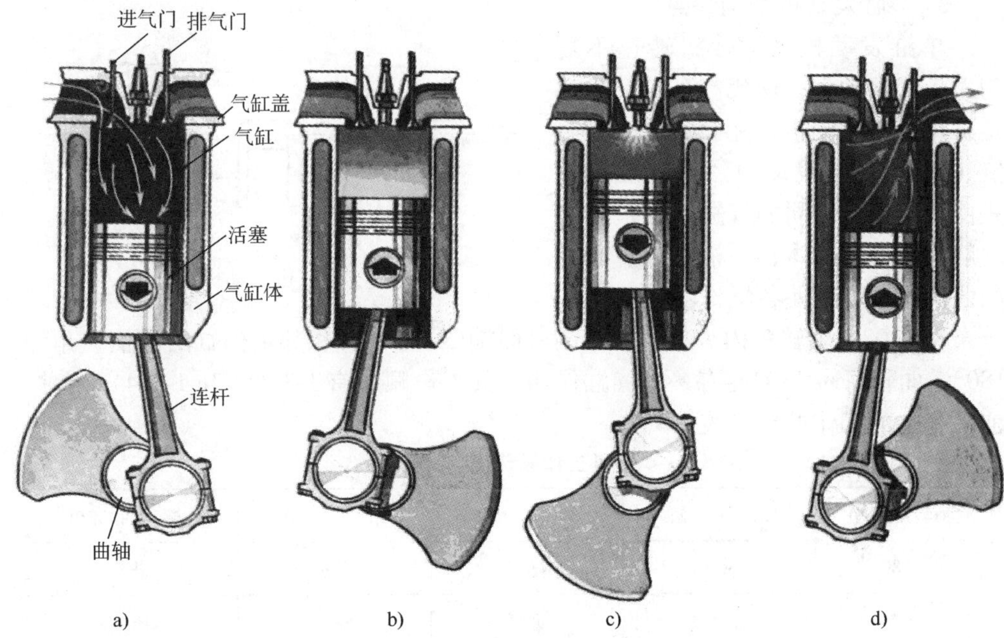

图4-6　四冲程汽油机工作原理

a）进气行程　b）压缩行程　c）做功行程　d）排气行程

都关闭，进入气缸的可燃混合气被点燃、燃烧，放出大量的热能，导致气缸内气体压力和温度迅速增加(最高压力达5MPa,最高热力学温度达2800K),气体体积急剧膨胀，推动活塞从上止点向下止点运动(相当于曲轴转角360°~540°)，通过连杆使曲轴旋转并输出机械能，该过程称为做功行程。

（4）排气行程　活塞继续从下止点往上止点运动(相当于曲轴转角540°~720°)，这时，进气门关闭，排气门开启，燃烧后产生的废气被排出气缸，该过程称为排气行程。

排气结束后，又重新进行进气、压缩、做功和排气行程，循环往复。工作过程见表4-2所示。像这种活塞在上、下止点间往复移动四个行程(相当于曲轴旋转了两周)，完成进气、压缩、做功、排气一个工作循环的发动机就称为四冲程发动机。

表4-2　四冲程发动机工作过程

行程名称	曲轴转角/(°)	活塞行向	进气门	排气门
进气	0~180	↓	开	关
压缩	180~360	↑	关	关
做功	360~540	↓	关	关
排气	540~720	↑	关	开

3. 多缸发动机结构特点

单缸发动机功率小，转速不均匀，工作振动大，现代汽车发动机都是采用多缸发动机，用得最多的是4缸、6缸、8缸发动机。多缸发动机是由多个结构相同的气缸组成，它们一般共用一个机体，一根曲轴。曲轴的曲柄布置应该使各缸作功行程均匀分布在720°曲轴转角内。如4缸发动机曲轴(见图4-7)相邻工作缸的曲柄夹角为180°，曲轴每转180°便有一个气缸作功，其工作顺序有1-3-4-2和1-2-4-3两种，前者各缸的工作循环见表4-3。

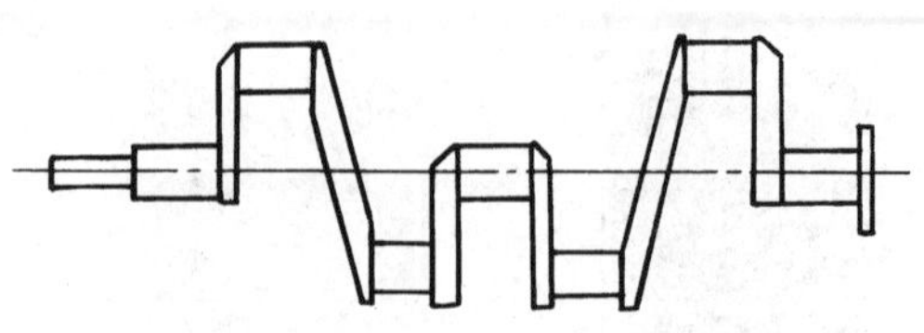

图4-7　4缸机发动机曲轴

表4-3　4缸机工作循环(工作顺序1-3-4-2)

曲轴转角/(°)	第一缸	第二缸	第三缸	第四缸
0～180	做功	排气	压缩	进气
180～360	排气	进气	做功	压缩
360～540	进气	压缩	排气	做功
540～720	压缩	做功	进气	排气

多缸发动机所有气缸工作容积之和就称为该发动机的排量，一般以升表示。发动机的排量越大，功率也越大。

4.2.2　柴油机结构特点与工作原理

柴油机所用的燃料是柴油。与四冲程汽油机相比，基本结构特点是没有火花塞、喷油器直接安装在气缸顶向气缸内喷油(见图4-8)。

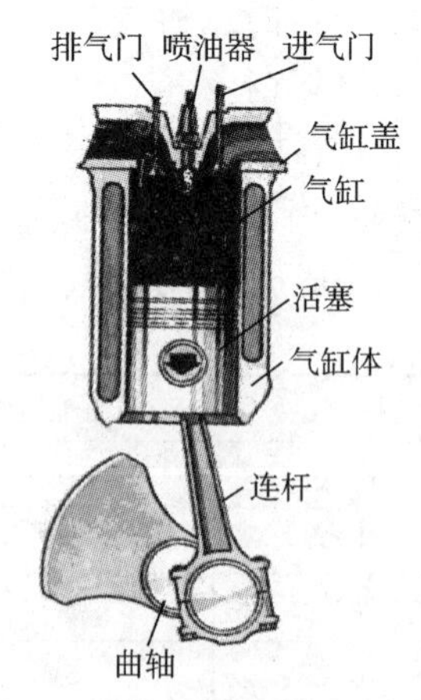

图4-8　柴油机工作原理

四冲程柴油机工作原理与四冲程汽油机也有所不同，在进气行程进入气缸的是纯空气，而不是可燃混合气；在压缩行程末，喷油器向气缸喷入高压柴油，由于气缸的高温高压作用，柴油迅速着火燃烧，使气体急剧膨胀，推动活塞作功。其着火方式属于压燃式，而不是汽油机的点燃式。

柴油机的压缩比比汽油机高得多，一般为16～22，所以最高燃烧压力也比汽油机高，工作也比汽油机粗暴。但柴油机比汽油机省油，相同排量的柴油汽车比汽油汽车省油近 30%，欧洲接近 50% 的轿车和轻型汽车使用柴油机，我国的新“汽车产业发展政策”也提出推广柴油轿车的方针。

4.2.3　汽车发动机的分类

汽车发动机种类繁多，根据不同特点有不同分类(表 4-4)。

表 4-4　汽车发动机的分类

分类方法	类　别	含　义
按冲程数分	二冲程内燃机	活塞经过两个行程完成一个工作循环的内燃机
	四冲程内燃机	活塞经过四个行程完成一个工作循环的内燃机
按着火方式分	点燃式内燃机	压缩气缸内的可燃混合气，并用外源点火燃烧的内燃机
	压燃式内燃机	压缩气缸内的空气或可燃混合气，产生高温，引起燃料着火的内燃机
按使用燃料种类分	液体燃料内燃机	燃烧液体燃料(汽油、柴油、醇类等)的内燃机
	气体燃料内燃机	燃烧气体燃料(液化石油气、天然气等)的内燃机
	多种燃料内燃机	能够使用着火性能差异较大的两种或两种以上燃料的内燃机
按进气状态分	非增压内燃机	进入气缸前的空气或可燃混合气未经压缩的内燃机。对于四冲程内燃机亦称自吸式内燃机
	增压内燃机	进入气缸前的空气或可燃混合气先经过压气机压缩，借以增大充量密度的内燃机
按冷却方式分	水冷式内燃机	用水冷却气缸和气缸盖等零件的内燃机
	风冷式内燃机	用空气冷却气缸和气缸盖等零件的内燃机
按气缸数及布置分	单缸内燃机	只有一个气缸的内燃机
	多缸内燃机	具有两个或两个以上气缸的内燃机
	立式内燃机	气缸布置于曲轴上方且气缸中心线垂直于水平面的内燃机
	卧式内燃机	气缸中心线平行于水平面的内燃机
	直列式内燃机	具有两个或两个以上直立气缸，并呈一列布置的内燃机
	V 形内燃机	具有两个或两列气缸，其中心线夹角呈 V 形，并共用一根曲轴输出功率的内燃机
	斜置式内燃机	气缸中心线与水平面呈一定角度(不是直角)的内燃机

4.2.4　汽车发动机各系统结构原理

目前汽车发动机基本是采用往复活塞式内燃机，其组成都是在一个机体上安装一个机构(曲柄连杆机构)和六大系统(换气系统、燃料供给系统、润滑系统、冷却系统、点火系统和起动系统)，柴油机则为五大系统，没有点火系统。

1. 发动机机体组件

机体组件是发动机的骨架，安装着发动机的所有主要零件和附件，承受各种载荷，内部有油道和水道。它主要由气缸体、气缸(或气缸套)、气缸盖和气缸垫等零件组成(见图4-9)。

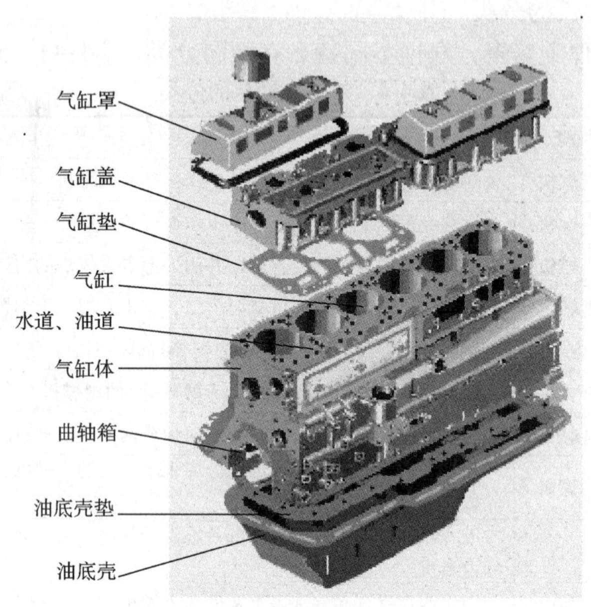

图4-9 发动机机体组件

气缸体上部加工有气缸，内部铸有许多加强肋，冷却水套和润滑油道等。

气缸是活塞运动和燃烧作功的场所，如果磨损严重，将导致发动机功率下降、油耗升高、起动困难，应及时检修。

气缸盖安装在气缸体上面，从上部密封气缸。气缸盖下端面与活塞顶部和气缸壁一起构成燃烧室，内部铸有冷却水套。

缸盖上还装有进、排气门座和气门导管，用于安装进、排气门，还有进、排气道等。汽油机的气缸盖上加工有安装火花塞的孔，柴油机的气缸盖上则加工有安装喷油器的孔。顶置凸轮轴式发动机的气缸盖上还加工有凸轮轴轴承孔。

气缸垫安装在气缸盖和气缸体之间，其功用是保证气缸盖与气缸体接触面的密封，防止漏气、漏水和漏油。

2. 曲柄连杆机构

曲柄连杆机构包括活塞、连杆、曲轴、飞轮等，如图4-10所示。

活塞一般采用高强度铝合金制造，顶部加工成各种形状，头部加工有活塞环槽，用以安装活塞环。为了使活塞在正常工作温度下与气缸壁保持比较均匀的间隙，以免在气缸内卡死，往往加工成裙部椭圆、上小下大的锥形或阶梯形。

活塞环是具有弹性的开口环，有气环和油环之分。

气环的作用是保证气缸与活塞间的密封性，防止漏气，并且把活塞顶部吸收的大部分热量传给气缸壁；油环起布油和刮油作用，下行时刮除气缸壁上多余的机油，上行时在气缸壁上铺涂一层均匀的油膜。这样既可以防止机油窜入气缸燃烧，又可以减少活塞、活塞环与气缸壁的摩擦阻力，还能起到封气的辅助作用。

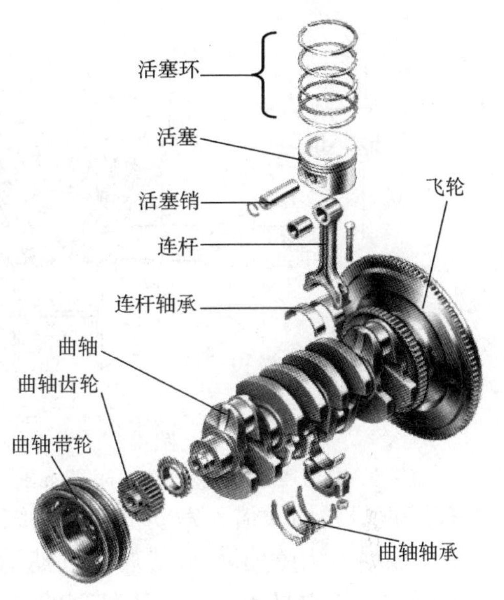

图4-10　曲柄连杆机构

活塞销的作用是连接活塞和连杆小头，将活塞承受的气体作用力传给连杆。

连杆大头与曲轴相连，一般都采用分开式。连杆大头孔内装有瓦片式滑动轴承，简称连杆轴瓦。

曲轴是发动机最重要的机件之一，前端装有正时齿轮，驱动风扇和水泵的带轮及曲轴链轮等。为了防止润滑油沿曲轴轴颈外漏，在曲轴前后端常安装有甩油盘和油封。

为了润滑曲轴主轴颈和连杆轴颈，在轴颈上还钻有油孔，并有斜油道相通，再与机体的主油道联通。

飞轮是一个很重的铸铁圆盘，用螺栓固定在曲轴后端的接盘上。其主要功用是用来储存做功行程的能量，用于克服进气、压缩和排气行程的阻力和其他阻力，使曲轴能均匀地旋转。飞轮外缘压有齿圈与起动电动机的驱动齿轮啮合，供起动发动机用。汽车离合器也装在飞轮上，利用飞轮后端面作为驱动件的摩擦面，用来对外传递动力。

3. 发动机换气系统

换气系统的作用是根据发动机各缸的工作循环和点火次序适时地开启和关闭各缸的进、排气门，使足量的纯净空气或空气与燃油的混合气及时地进入气缸，并及时地将废气排出。

换气系统主要由空气滤清器、进气管系、配气机构（含凸轮轴、气门组件等）、排气管系和消声器等组成（见图4-11）。

空气滤清器的作用是去除新鲜空气中尘埃和油雾。试验证明，空气中灰尘的75%以上是高硬度的SiO_2，发动机不装空气滤清器，将使活塞磨损量增加3倍，

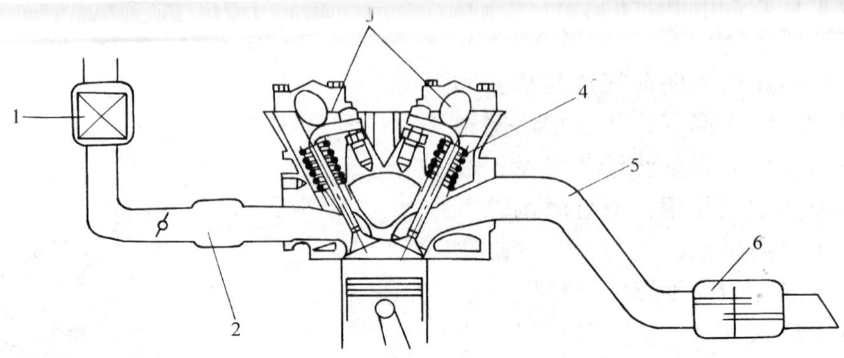

图 4-11　发动机换气系统组成

1—空气滤清器　2—进气管系　3—凸轮轴　4—气门组件　5—排气管系　6—消声器

活塞环磨损量增加 9 倍，发动机寿命将缩短 2/3。

现代轿车常用的干式纸滤芯空气滤清器如图 4-12 所示，在滤清器外壳 2 内装有纸滤芯 1，它是用经过树脂处理的微孔滤纸做成，滤芯的上下两端有塑料密封圈密封。发动机工作时，空气由盖与外壳间的空隙进入，经纸质滤芯过滤，进入进气总管。

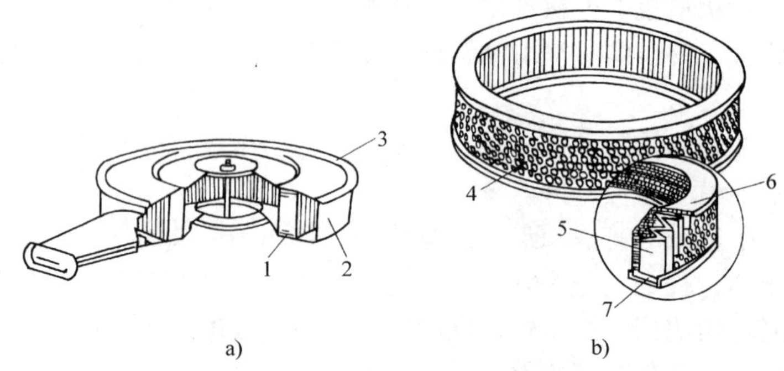

图 4-12　干式纸滤芯空气滤清器

a）滤清器总成　b）纸滤芯

1—滤芯　2—滤清器外壳　3—滤清器盖　4—金属网　5—打褶滤纸

6—滤芯上盖　7—滤芯下盖

滤清器使用一段时间后，纸滤芯外表面集聚了大量尘埃和杂质，增加了进气阻力，应及时将滤芯取出用手轻拍或用压缩空气吹去积尘，如阻塞严重，应该及时更换。

进、排气管系的作用是引导气体的进入与排出，有的进、排气管的长度或直径是可变的，以充分利用气流惯性达到吸足排净的目的。

随着发动机排放净化要求，进、排气管系中还增加了一些排气净化装置，如废气再循环装置和催化转化器。

配气机构的作用是根据发动机工作循环和点火次序，适时地开启和关闭各缸的进、排气门，使纯净空气或空气与燃油的混合气及时地进入气缸，废气及时地排出。

发动机配气机构如图 4-13 所示。

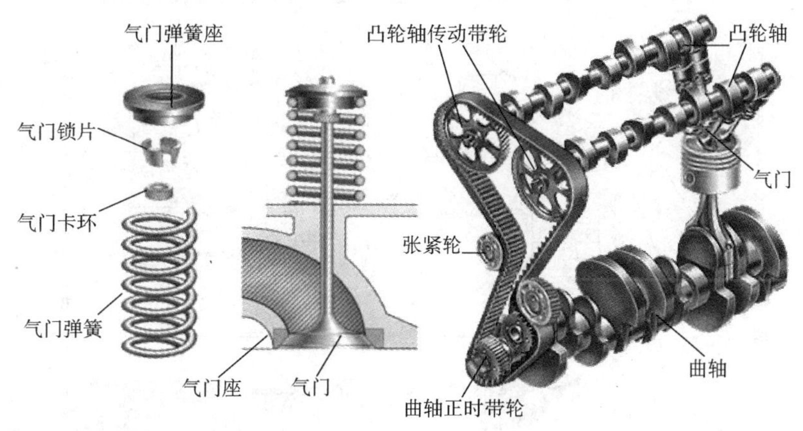

图 4-13　发动机配气机构

发动机工作时，通过齿形带带动进、排气凸轮轴旋转。当进气凸轮轴某缸的进气凸轮克服气门弹簧作用压下进气门时，进气门开启，开始进气；当进气凸轮轴转到凸轮的基圆段时，该进气门在气门弹簧作用下回位，关闭进气门，进气停止。排气门的开闭原理与进气门类似。

4. 发动机燃料供给系统

（1）汽油机燃料供给系统

汽油机燃油供给系的作用是根据汽油机的不同工况要求，供给不同浓度[⊖]的油气混合气。

发动机的工况是其工作状况的简称，通常用发动机的转速和负荷来表示。发动机的负荷是指发动机的外部载荷，发动机输出的动力随外部载荷而变化。

混合气的浓度通常用空燃比来表示，空燃比是每工作循环充入气缸的空气与燃油的质量比($\alpha = A/F$)。汽油机不同工况对空燃比的要求如表 4-5 所示。

汽油机燃料供给系统基本组成如图 4-14 所示，它主要由燃油箱 1、电动燃油泵 2、燃油滤清器 3、燃油压力脉动阻尼器 4、燃油压力调节器 11、喷油器 9、电子控制单元(ECU)5 和各种传感器等组成。

⊖ 本书“浓度”是指空气和燃油的质量之比。

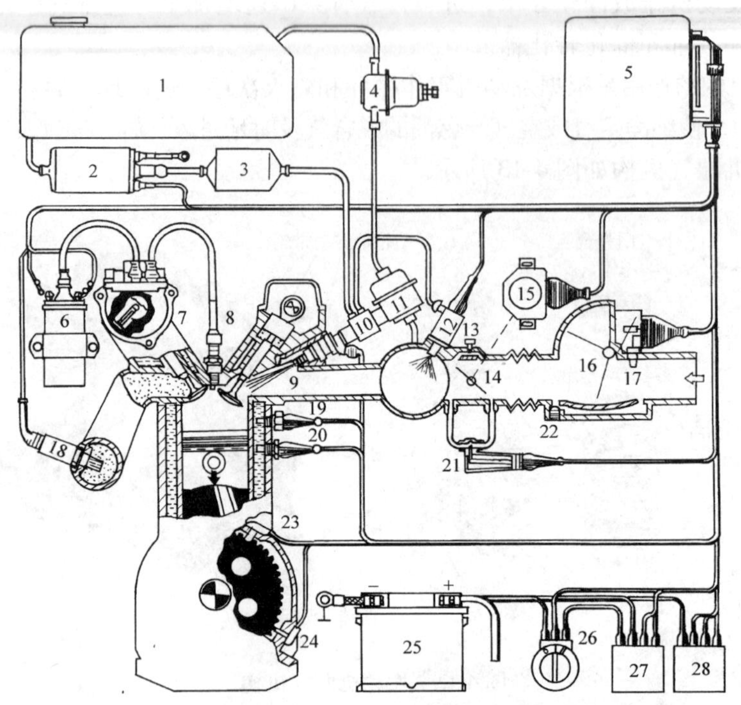

图 4-14 电子控制式汽油喷射系统(EFI)

1—燃油箱 2—电动燃油泵 3—燃油滤清器 4—燃油压力脉动阻尼器 5—电子控制单元(ECU) 6—点火线圈 7—高压分电器 8—火花塞 9—喷油器 10—燃油分配总管 11—燃油压力调节器 12—冷起动喷油器 13—怠速转速调节螺钉 14—节气门 15—节气门位置开关 16—空气流量传感器 17—进气温度传感器 18—氧传感器 19—热限时开关 20—冷却液温度传感器 21—辅助空气阀 22—怠速混合气浓度调节螺钉 23—曲轴位置传感器 24—转速传感器 25—蓄电池 26—点火开关 27—主继电器 28—油泵继电器

表 4-5 汽油机各工况对混合气浓度的要求

发动机工况	空燃比(A/F)	发动机工况	空燃比(A/F)
起动(0℃时)	约 2	中等负荷(经济车速)	15 ~ 18
起动(20℃时)	约 5	大负荷	12 ~ 13
怠速	约 11	加速	8
小负荷	12 ~ 13		

喷油器 9 是电控燃油喷射系统的一个重要的执行器，负责向进气管喷射汽油。其结构以轴针式电磁喷油器为例(见图 4-15)，主要由针阀 6、电磁线圈 3、弹簧 4 和壳体等组成。当电磁线圈中无电流通过时，喷油器针阀在弹簧力作用下

紧压在锥形密封阀座上；当电磁线圈通电时，产生磁场将衔铁连同针阀向上吸起，喷油口打开，燃油喷出。

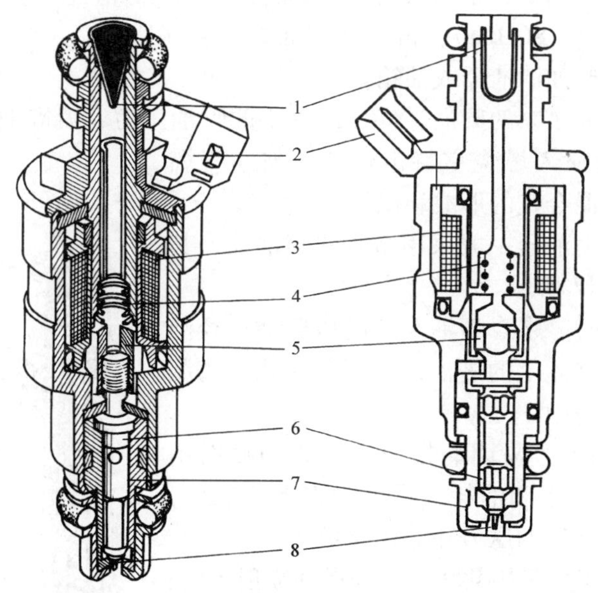

图 4-15　轴针式电磁喷油器

1—滤网　2—电控信号接头　3—电磁线圈　4—弹簧
5—衔铁　6—针阀　7—阀体　8—轴针

发动机工作时(见图 4-14)，电子控制单元(ECU)5 控制电动燃油泵 2 运转，汽油从燃油箱 1 吸出，经燃油滤清器 3、燃油分配总管 10 流入喷油器 9，其油压受燃油压力调节器 11 调节控制；与此同时，电子控制单元(ECU)5 根据节气门 14 的位置、空气流量传感器 16 和发动机转速、冷却液温度、进气温度等传感器输入的信号，与存储在 ROM 中的参考数据进行比较、分析、计算、判断，然后发出喷油脉冲指令，通过控制喷油时间的长短来控制喷油量，实现对可燃混合气浓度的精确控制。

(2) 柴油机燃料供给系统

柴油机燃料供给系统的作用是根据柴油机的不同工况要求，定时、定量产生高压油，并向气缸喷射。

柴油机燃料供给系统(见图 4-16)由低压油路和高压油路两部分组成。低压油路

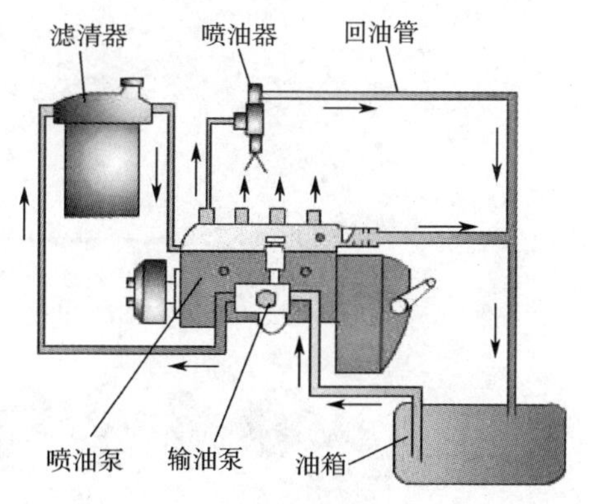

图 4-16　柴油机燃料供给系统

包括油箱、柴油滤清器和输油泵等部件，高压油路包括喷油泵、高压油管、调速器和喷油器等组成。

在输油泵的作用下，柴油从油箱被吸出，经柴油滤清器过滤，再送入喷油泵增压(压力可达60～80MPa)，再经高压油管到喷油器，喷入燃烧室。多余的柴油从回油管流回柴油滤清器或油箱。

喷油器将喷油泵来的柴油雾气，以一定的喷油压力、喷雾细度、喷油规律、射程和喷雾锥角喷入燃烧室特定位置，与空气燃烧，促进了可燃混合气的形成和燃烧。

车用柴油机喷油器一般采用多孔式喷油器，其基本构造如图4-17所示。

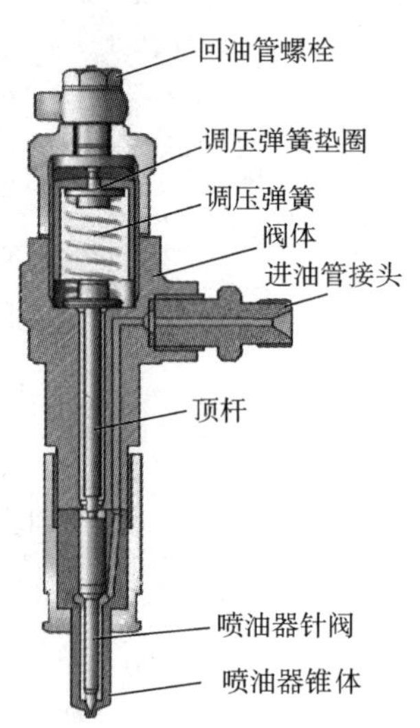

图4-17 喷油器基本结构

喷油器工作时，来自喷油泵的高压柴油，经油管接头进入喷油器体上的进油道，打开喷孔，高压柴油即喷入燃烧室中。

喷油器使用中容易因磨损而导致燃油喷射不良，影响发动机功率和油耗，严重时将无法工作，所以应定时检查其喷油压力和雾化质量。

现代柴油轿车多采用共轨式电控燃油喷射系统，其结构原理与电控汽油喷射系统类似，不再赘述。

5. 汽油机点火系统

汽油机点火系统的作用是在压缩上止点前的某一时刻，在火花塞电极间产生20kV以上的高压，准时、可靠地点燃气缸内可燃混合气。

现代汽车多用微机控制点火系统，主要由电源、点火开关、点火线圈组件、传感器、电控单元(ECU)、火花塞等组成(见图4-18)。

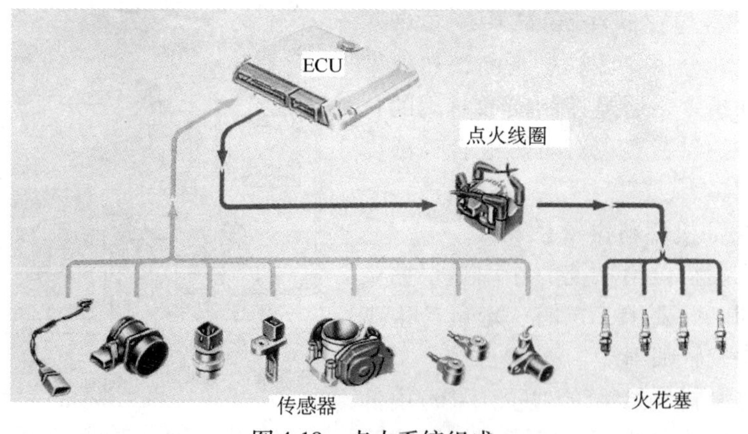

图4-18 点火系统组成

点火系统工作时，ECU 根据节气门位置、发动机转速、冷却液温度、进气温度、和爆燃等传感器输入的信号，与存储在 ROM 中的参考数据进行比较、分析、计算、判断，然后发出点火指令，通过火花塞点燃可燃混合气。

（1）电源　汽车电源由蓄电池和发电机并联组成，在发动机转速大于一定值时，由发电机向全车电器设备供电，并同时给蓄电池充电。当汽车上的用电设备同时启用，所需功率超过发电机的额定功率时，蓄电池和发电机同时向用电设备供电。当发动机低速运转或不运转时，发电机发出电压很低或不发电时，由蓄电池向全车电器设备供电。

① 蓄电池(见图 4-19)。蓄电池是一个化学电源。在充电时，靠内部的化学反应将电源的电能转变成化学能储存起来；用电时，再通过化学反应将化学能转变成电能，供给用电设备。

② 发电机。其结构如图 4-20 所示。工作时，发动机带轮带动发电机带轮转动，通过内部的电磁线圈切割磁力线，产生交流电，经二极管整流输出直流电。

图 4-19　蓄电池

图 4-20　发电机

（2）点火线圈(见图 4-21)　它相当于一个自耦变压器，一次绕组 7 所用的漆包线粗、匝数少，二次绕组 6 的漆包线细、匝数多，当一次绕组有电流通过时，通过互感和自感，二次绕组中便感应出高压，能将 12V 的低压直流电变换成 15 ~ 20kV 的高压直流电。

（3）火花塞　火花塞用来将高压电引入燃烧室，产生电火花，点燃混合气。

普通型火花塞如图 4-22 所示，主要由中心电极和侧电极组成。

火花塞中心电极和侧电极之间的间隙称为火花塞间隙。它对火花塞工作有很大的影响。间隙太小，则火花较弱，且容易因积炭产生漏电；间隙过大，所需击穿电压高，起动困难，且高速时易发生“缺火”现象。传统点火系统中火花塞间隙一般为 0. 6 ~ 0. 8mm 之间。

火花塞在使用中经常会出现烧蚀、火花间隙变化及积炭等问题，影响正常点火，应注意检查和维护。在拆装时要注意按规定旋紧转矩。

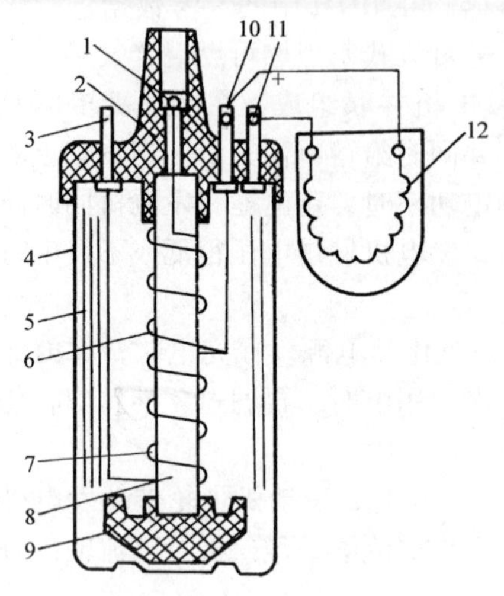

图 4-21 点火线圈

1—高压接线头 2—胶木盖 3—负极接线柱 4—外壳 5—导磁钢套 6—二次绕组 7——次绕组 8—铁心 9—绝缘座 10—起动机接线柱 11—正极接线柱 12—附加电阻

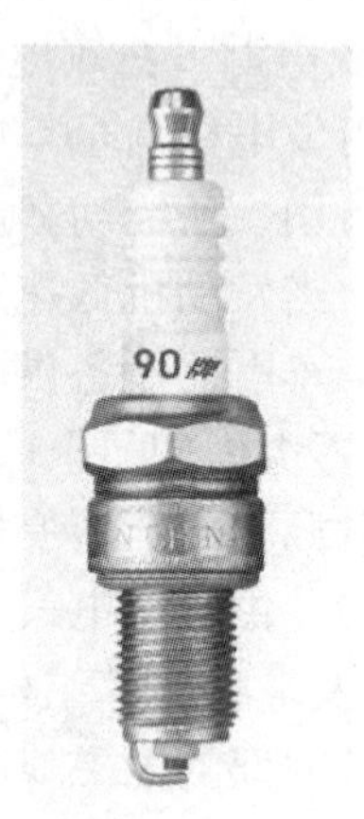

图 4-22 火花塞

6. 发动机冷却系统

发动机冷却系统的作用是对在高温条件下工作的发动机零件进行冷却，保证发动机在适宜的温度范围内工作。目前，汽车上广泛采用的水冷式发动机正常工作温度(冷却液温度)一般为 80 ~90℃。

冷却系统主要由冷却水泵、风扇、节温器、散热器等组成，如图 4-23 所示。

水套 8 是直接铸造在气缸体和气缸盖内相互连通的空腔，水套通过散热器进出水软管与固定在发动机前端的散热器 2 相连，冷却水泵 5 安装在水套与散热器之间。发动机工作时，水套和散热器内充满冷却液，曲轴通过传动带驱动水泵 5 工作，使冷却水在水套与散热器之间循环流动，冷却水流经气缸体和气缸盖内水套时带走发动机热量使发动机冷却，而流经散热器时将热量散发给大气。

风扇 4 安装在发动机与散热器之间，风扇转动产生强大的吸力，增大流经散热器的空气流量和速度，加强散热器的散热效果。

节温器 6 安装在发动机水套的进水口处(即散热器的出水口，轿车发动机多采用这种安装方式)，根据发动机工作温度，它可自动控制通向散热器和水泵的两个冷却水通路，以调节冷却强度。

当冷却液温度较低时，节温器主阀门关闭，副阀门打开，冷却液经水泵→发

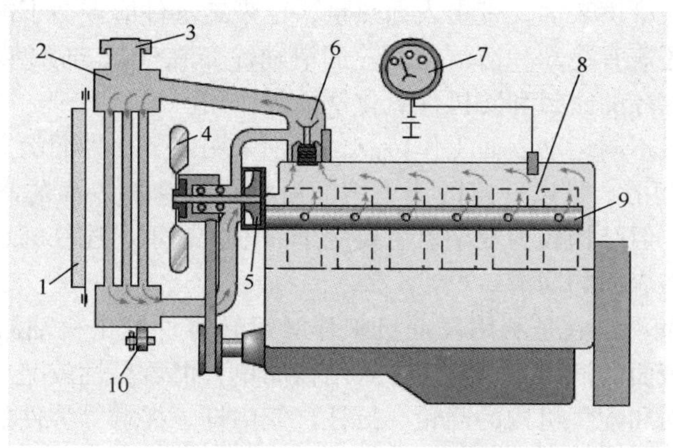

图 4-23　EQ6100—1 发动机冷却系统

1—百叶窗　2—散热器　3—散热器盖　4—风扇　5—冷却水泵
6—节温器　7—冷却液温度表　8—水套　9—分水管　10—放水开关

动机水套→节温器副阀门→水泵形成小循环(见图 4-24a)；当冷却液温度高到一定值时，节温器主阀门打开，冷却液经水泵→发动机水套→节温器主阀门→散热器→水泵形成大循环(见图 4-24b)。由于冷却液经过散热器冷却，使其温度下降，防止发动机过热。

汽车发动机常用的冷却液有水及加有防冻剂的防冻液。

直接用水作冷却液，具有简单方便的优点。但水沸点低，易蒸发，需经常添加。而且不宜添加河水、井水等含矿物质的水，以免产生水垢，影响冷却系散热不良。要求添加雨水、雪水或离子交换水，给冷却水添加造成困难。更应值得注意的是水在严寒冬季易结冰，需放水过夜，否则会造成水结冰时体积膨胀，胀裂机体、气缸盖的严重事故。

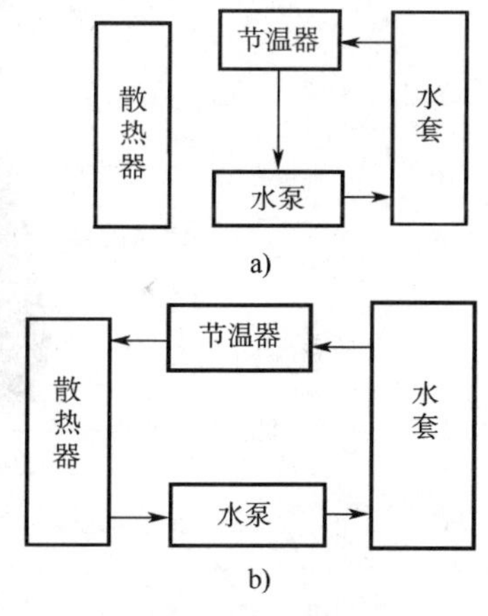

图 4-24　冷却液循环

a）小循环　b）大循环

现代轿车普遍采用防冻液，以提高冷却液的防冻和防沸的能力。例如桑塔纳系列轿车采用以乙二醇为基料的冷却液(乙二醇的质量占 45.6%、水的质量占 54.4%)，使其冰点在 -25℃以下，沸点在 106℃以上。

专用冷却液一般呈深绿色或深红色，有一定的毒性，使用时应注意。发现冷却液泄漏应及时检查添加。

7. 发动机润滑系统

润滑系统具有减轻机件磨损、减小摩擦损失、降低功率消耗的作用。除此之外，润滑油流经摩擦表面，带走表面热量，也带走零件磨损留下的磨屑，所以发动机润滑系统还兼有冷却和清洁功能。润滑油涂布在气缸与活塞和活塞环之间，还起着增加活塞环的密封和防机件氧化锈蚀的作用。

根据发动机不同运动表面工作特点，分别采用以下3种润滑方式：

（1）压力润滑　是以一定的压力把润滑油供入摩擦表面的润滑方式。这种方式润滑可靠，但结构较为复杂。主要用于曲轴主轴承、连杆轴承及凸轮轴承等负荷较大的摩擦表面的润滑。

（2）飞溅润滑　它是利用发动机工作时运转零件撞击机油溅起来的油滴或油雾润滑摩擦表面的润滑方式。该方式结构简单，但可靠性较差。主要用于负荷较轻的气缸壁面和配气机构的凸轮、挺柱、气门杆、摇臂等零件的工作表面。

（3）润滑脂润滑　通过定期加注润滑脂来润滑零件工作表面的方式。如水泵及发电机轴承等。

发动机润滑系统一般由油底壳、机油滤清器、机油泵、机油冷却器等组成，如图4-25所示。

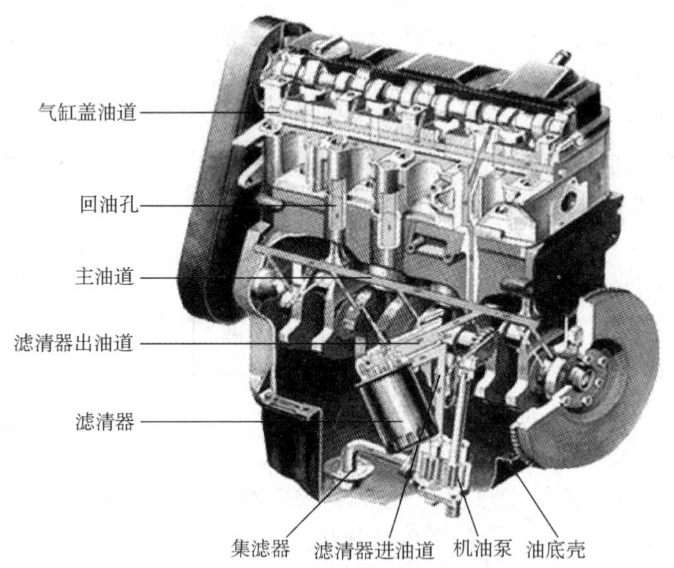

图4-25　发动机润滑系统

发动机工作时，润滑油从油底壳经集滤器被机油泵送入机油滤清器后进入发动机主油道，分多路进入各主轴承润滑(见图4-26)，然后，经曲轴上的斜油道，流向连杆轴承润滑，再从连杆大头油孔喷向气缸壁，润滑气缸、活塞、活塞环和活塞销，之后流回油底壳。

主油道中的部分润滑油经分油路通向凸轮润滑各凸轮轴轴承、凸轮、气门摇臂、气门杆等，再回油底壳。

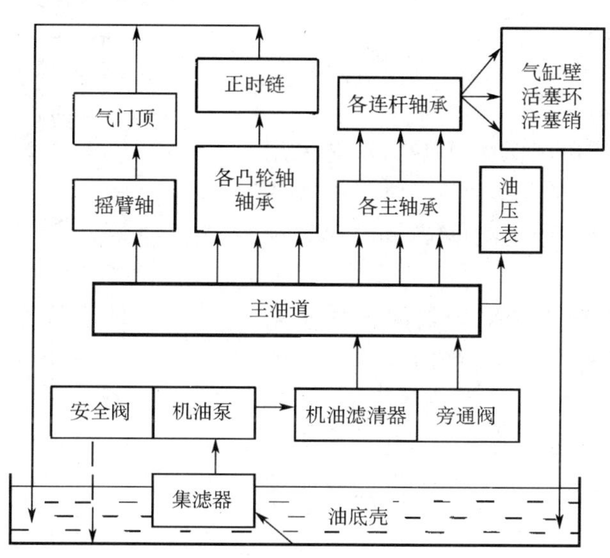

图 4-26　发动机润滑油路

8. 发动机起动系统

起动系统的作用是按发动机的要求提供一定的转矩，使发动机达到规定的转速，顺利完成起动过程。低温起动时，还应进行预热起动。

起动系统主要由蓄电池、起动机、起动继电器、点火开关、低温起动预热装置等组成(见图 4-27)。

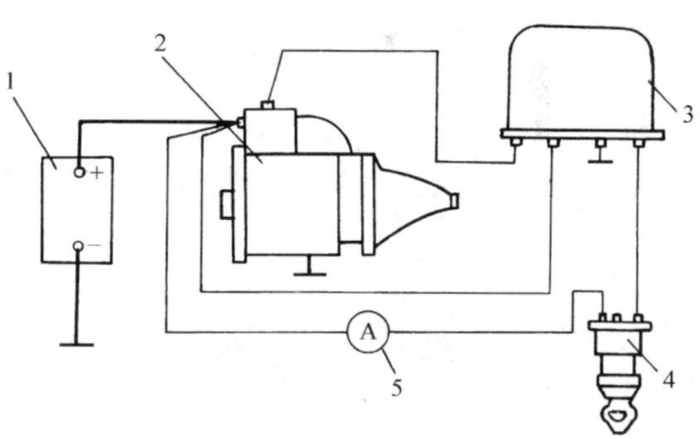

图 4-27　起动系统

1—蓄电池　2—起动机　3—起动继电器

4—点火开关　5—电流表

当点火开关 4 置于起动挡“Start”时，首先接通起动控制电路，电磁开关闭合，蓄电池电流经电磁开关流入起动机，并使其转动。同时，电磁开关还将驱动齿轮向外推出与发动机飞轮相啮合，带动发动机转动。当发动机完成着火并加速运转后，飞轮有反过来带动起动齿轮运转的趋势时，起动机上的单向离合器使起动机的驱动齿轮相对于起动机电枢轴空转(以保护起动机)。驾驶员及时将点火开关转到点火挡“IG”，切断起动机控制电路，驱动齿轮退回，起动机停止运转。

低温严寒气候，燃料汽化及燃烧困难(尤其是柴油)，机油粘度加大，蓄电池能量下降，造成发动机起动困难。为了确保发动机顺利起动，需要采取相应措施，常见的有预热空气、预热机油、预热冷却水、喷起动液、减压起动等。

目前普遍使用的发动机预热方法是采用对进入发动机的空气进行预热。常见的预热装置有电热塞、热敏电阻预热器和电火焰预热器。

现代汽车发动机多采用封闭式电热塞(见图4-28)，安装于燃烧室内。螺旋形电阻丝9焊于中心螺杆2与发热体钢套10底部，电阻丝周围充填有绝缘的氧化铝填充剂8，中心螺杆与外壳绝缘，外壳带密封圈装于气缸盖上。

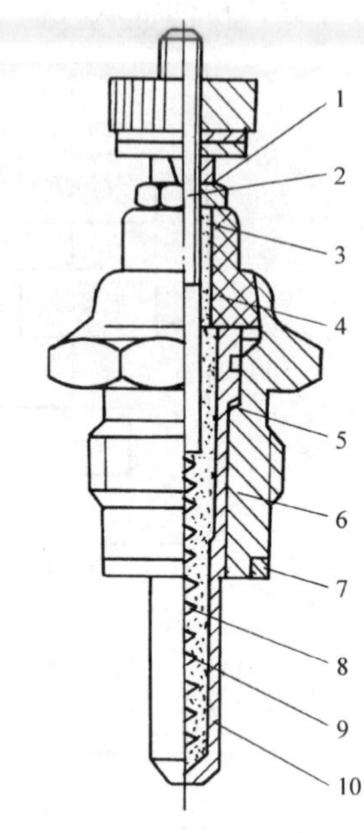

图4-28 电热塞结构示意图

1—固定螺母 2—中心螺杆 3—胶合剂 4—绝缘体 5—垫圈 6—外壳 7—密封垫圈 8—填充剂 9—电阻丝 10—发热体钢套

起动时，起动开关旋到预热挡，电流通过预热指示器，再到各缸预热塞，电阻丝通电后，金属钢套变得红热，加热燃烧室内空气。

也可以采用喷起动液方法帮助起动。起动液是由容易着火燃烧的燃料(乙醚、丙酮、石油醚等)组成，与压缩气体氮气一起储藏在专用喷射罐内(有商品出售)。使用时，取下空气滤清器(有的发动机设有起动液喷嘴)，将喷射罐出口对准进气管，轻压喷射罐单向阀，起动液喷出，随空气进入气缸，迅速着火燃烧，起动发动机。

4.3 汽车底盘基本结构

汽车底盘是整个汽车的基体，支承着发动机、车身等各种零部件，同时将发动机的动力进行传递和分配，并按驾驶员的意志行驶(加速、减速、转向、制动等)。它一般由传动系统、行驶系统、转向系统、制动系统四大系统组成见图4-29。

4.3.1 汽车传动系统

汽车传动系统的功用是将发动机发出的动力传给驱动车轮，并实现减速增矩等功能，它包括离合器、变速器、传动轴、驱动桥(含主减速器、差速器以及半轴等)(见图4-30)。

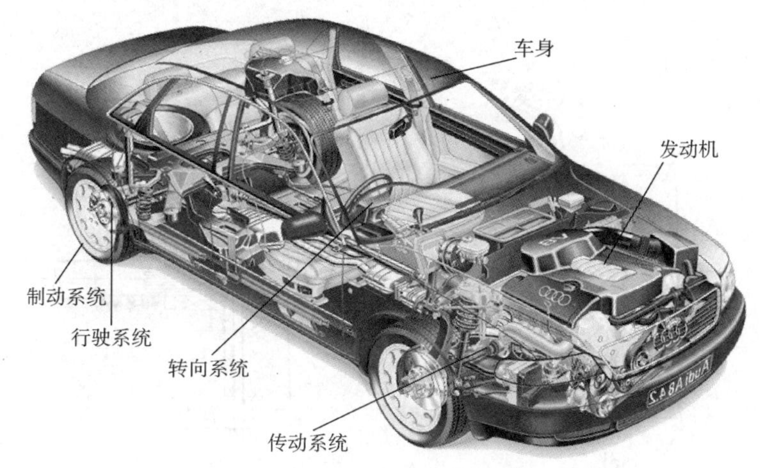

图 4-29　汽车底盘组成

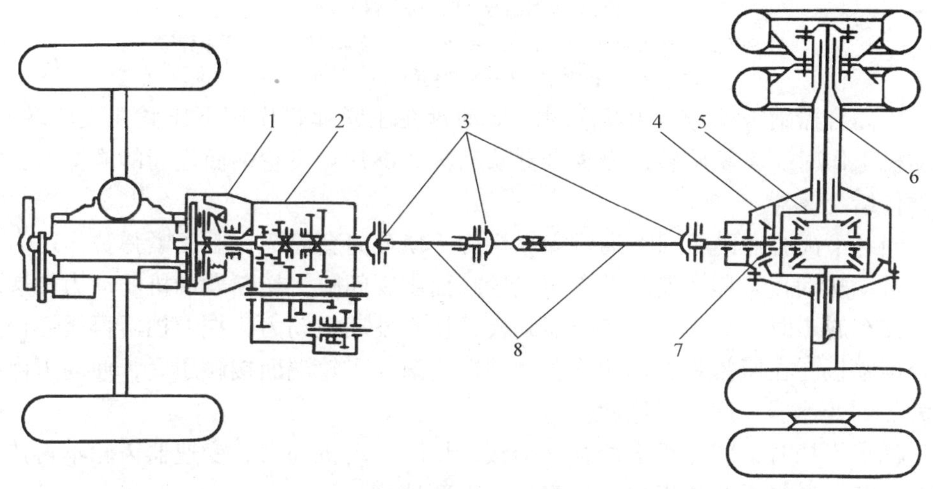

图 4-30　发动机前置后轮驱动传动系统的组成及布置示意图

1—离合器　2—变速器　3—万向节　4—驱动桥　5—差速器

6—半轴　7—主减速器　8—传动轴

1. 汽车离合器

离合器安装于发动机与变速器之间，用于暂时分离和平顺结合发动机的动力传递，保证汽车平稳起步，使换挡时工作平顺和防止传动系过载。

汽车上广泛采用的摩擦式离合器的基本结构及工作原理如图 4-31 所示。它主要由主动部分(飞轮 1)、从动部分(从动盘 2)、压紧机构(压紧弹簧 5)、分离机构(分离套筒 7)和操纵机构 4 五部分组成。从动盘一般采用高摩擦系数的耐热材料制成。

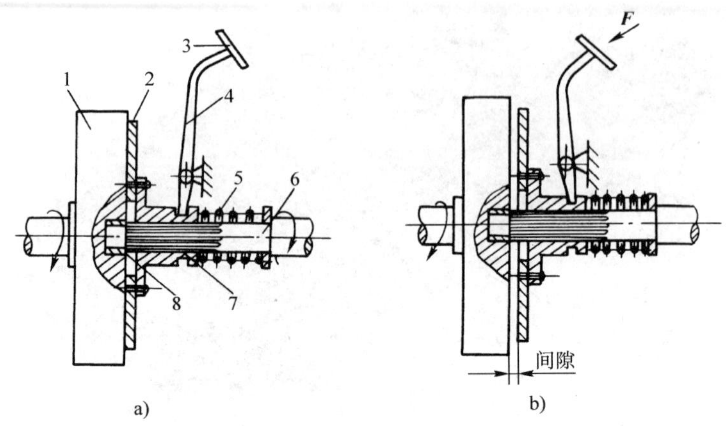

图 4-31 摩擦式离合器的基本结构及工作原理

a）离合器结合 b）离合器分离

1—飞轮 2—从动盘 3—离合器踏板 4—操纵机构 5—压紧弹簧

6—花键轴 7—分离套筒 8—轴承

当离合器踏板处于自由状态时，从动盘在压紧弹簧作用下压紧在飞轮端面。发动机工作时，飞轮旋转，靠离合器从动盘摩擦片与飞轮端面之间的摩擦力，将动力传给变速器。

当踩下离合器踏板时，通过操纵机构 4 使分离套筒 7 克服压紧弹簧作用力右移，带动从动盘右移，使从动盘与飞轮端面出现间隙，切断发动机的动力传递。

汽车起步时，应先踩下离合器踏板，切断发动机动力，挂上挡后再缓慢松开离合器踏板。在压紧弹簧作用下，从动盘逐渐与飞轮端面接触压紧，使动力由小到大传到变速器，达到平稳起步。

汽车换挡时，应先踩下离合器踏板，切断发动机动力，变速器齿轮不再传递转矩，容易退出原挡位齿轮，也容易挂上新挡位。

当汽车发动机过载时，超出从动盘所能传递的最大力转矩，则传动盘打滑，避免了传动系统与发动机产生扭转，保护了机件。

实际的离合器结构复杂得多，离合器的操纵机构也不单是机械式，有的采用液压式，如桑塔纳 2000GSi 型、奥迪 100 型等汽车都采用这种操纵机构。

有自动变速器的汽车则取消了离合器，使变速操作简单。

2. 汽车变速器

汽车变速器功用是改变传动比，以适应汽车在各种行驶条件下所需的牵引力和合适的行驶速度，实现倒车和利用空挡切断离合器与传动轴之间的动力传递，以便汽车换挡和发动机起动及怠速运转。

变速器类型繁多，按操纵方式分手动变速器和自动变速器。手动变速器靠驾驶员直接操纵变速杆进行换挡，换挡机构简单，工作可靠，但操作复杂；自动变速器能根据汽车的运行状况自动换挡，无离合器，通过加速踏板控制车速，操作简单，但结构复杂。

（1）手动变速器结构原理

由齿轮传动的原理可知，一对齿数不同的齿轮啮合传动时可以变速变矩（见图 4-32）。主动齿轮转速与从动齿轮转速之比值称为传动比。

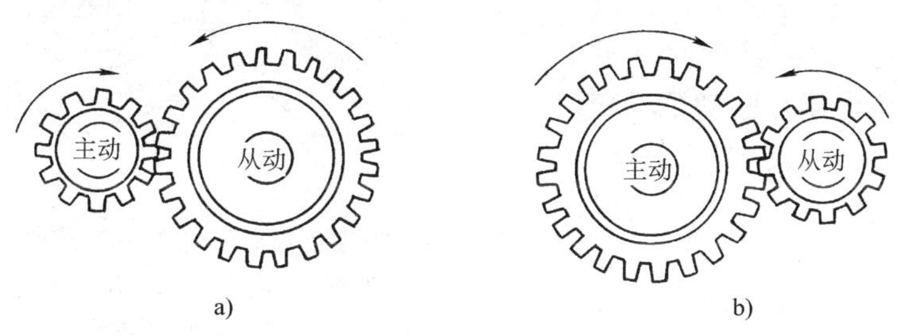

图 4-32　齿轮传动原理

a）减速传动　b）增速传动

汽车手动变速器就是通过多对不同齿数的齿轮啮合来实现传动比的变化。变速器传动比小的挡位称为高速挡，传动比大的挡位称为低速挡。齿轮安装在不同的平行轴上，有的齿轮与轴固定，有的齿轮空套在轴上，通过结合装置来实现动力的传递。根据主要轴的数目可分为两轴式和三轴式变速器。

（2）自动变速器结构原理

自动变速器（Automatic Transmission，AT）是指汽车行驶时，变速器的操纵和换挡操纵全部或部分实行自动化。与手动变速器相比，自动变速器具有操作简单省力、行车安全性好、生产率高、舒适性好、机件的使用寿命长、动力性和排放性能好等优点；但也存在结构复杂、精度高、成本高、传动效率低、维修困难等缺点。

目前轿车绝大部分自动变速器采用电子控制辅助液压控制系统完成换挡（见图 4-33），它主要由液力变矩器 1、行星齿轮变速器 2、液压控制系统 5、电子控制系统 4、变速器壳体 3 等组成。发动机的动力经液力变矩器变速变矩，再经过齿轮变速器进一步变速变矩输出动力。

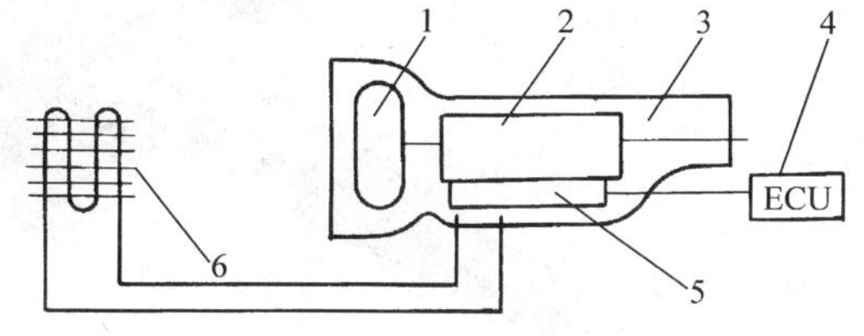

图 4-33　自动变速器

1—液力变矩器　2—行星齿轮变速器　3—变速器壳体

4—电子控制系统　5—液压控制系统

6—齿轮油冷却系统

齿轮变速器的传动则通过电子控制单元（ECU）控制，根据发动机的节气门开度、汽车车速等各种运转参数，按照预先设定的控制程序发出换挡等控制信号，通过各种电磁阀（换挡电磁阀、油压电磁阀等）来操纵阀体总成的工作，完成换挡等控制任务。由于其结构和工作原理复杂，在此不作深入介绍。

3. 汽车万向传动装置

万向传动装置的功用是在轴线相交且相对位置经常发生变化的两轴间传递动力，主要应用于连接变速器与驱动桥（见图4-34）或离合器与驱动桥、变速器与分动器、转向驱动桥、断开式驱动桥及连接转向操纵机构等。

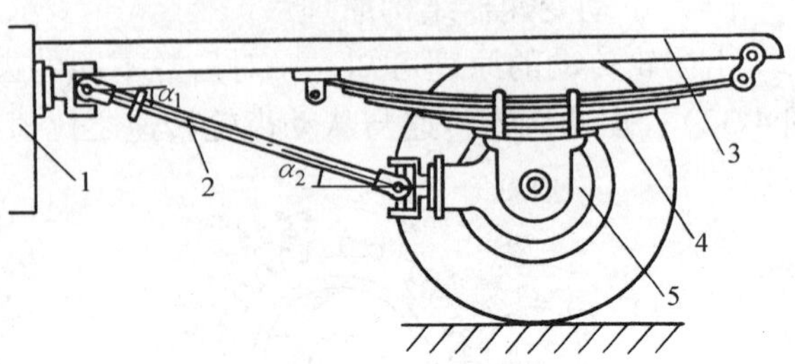

图4-34 变速器与驱动桥之间的万向传动装置

1—变速器 2—万向传动装置 3—车架

4—后悬架 5—驱动桥

万向传动装置一般由万向节和传动轴组成，当传动距离较远时，还需采用分段式传动轴，在中部加装中间支承。

4. 驱动桥

驱动桥由主减速器、差速器、半轴和驱动桥壳等组成。

（1）汽车主减速器 其功用是将万向传动装置传来的转矩增大，并降低转速。

主减速器大多由一对强度较大的准双曲面齿轮组成（见图4-35），其正确的安装与调整，对减少齿轮啮合冲击噪声，延长使用寿命关系密切。

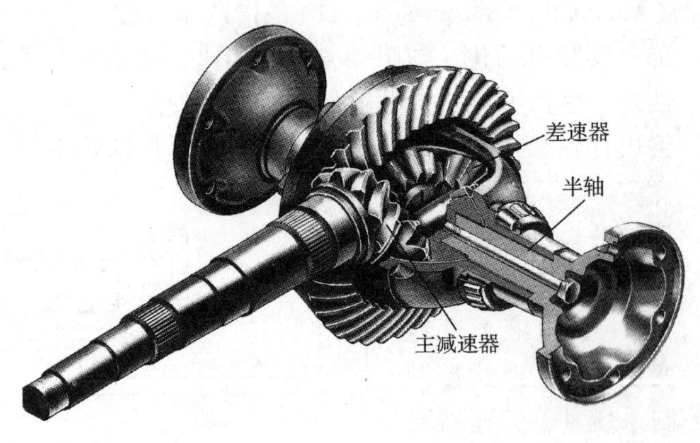

图4-35 主减速器与差速器

（2）汽车差速器 汽车转弯行驶时，内、外两侧车轮在同一时间内要移动不同的距离，外轮移动的距离比内轮大(见图 4-36)。差速器(见图 4-35)的作用就是将主减速器传来的动力传给左、右两半轴，并在转弯行驶时允许左、右半轴以不同转速旋转(差速)。

(3) 汽车半轴　半轴是在差速器和驱动轮之间传递动力的实心轴，内端一般制有外花键与半轴齿轮联接，外端与驱动轮的轮毂相联。

4.3.2　汽车行驶系

行驶系的作用是保证汽车的正常行驶，并对全车起支撑作用，它由车轮、车桥、车架、悬架等组成。

1. 车轮

车轮与轮胎组成车轮总成，习惯上简称之为车轮，通常由轮胎、轮辋和轮辐组成(见图 4-37)。

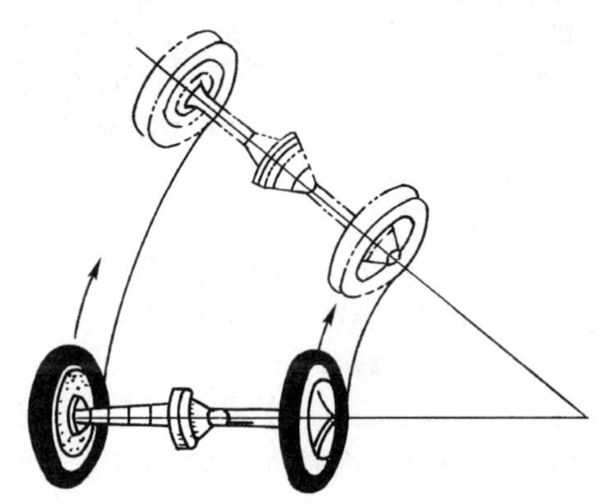

图 4-36　汽车转向时车轮运动示意图

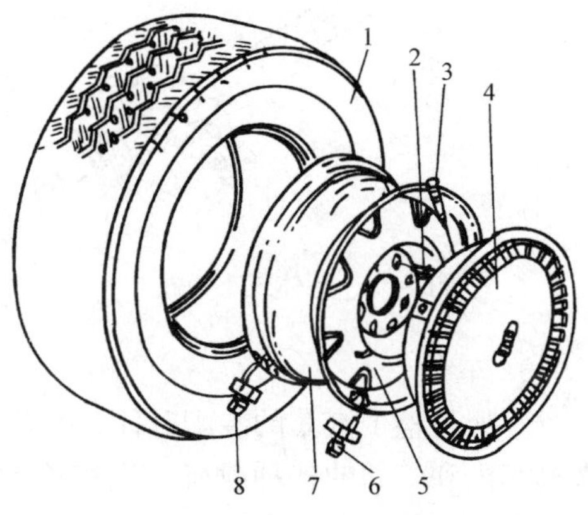

图 4-37　车轮和轮胎

1—轮胎　2—螺栓　3—气门嘴　4—饰罩
5—轮辐　6、8—平衡块　7—轮辋

轮胎按组件不同可分为有内胎轮胎和无内胎轮胎。有内胎轮胎的内胎上装有充、放气的气门嘴，无内胎轮胎空气直接充入外胎中，因此要求轮胎与轮辋之间有很好的密封性。无内胎轮胎的优点是：轮胎穿孔时，压力不会急剧下降，能安全地继续行驶，不存在因内、外胎之间摩擦和卡住而引起的损坏，气密性较好，可以直接通过轮辋散热，所以工作温度低，使用寿命较长，结构简单，质量较小。

轮胎按胎体结构不同可分为斜交轮胎和子午线轮胎。子午线轮胎帘布层帘线排列方向与轮胎的子午断面一致，使其强度得到充分利用，所以帘布层数可比普通斜交胎减少 40%~50%，胎体较柔软，接地面积大，附着性能好，对地面单位压力小，滚动阻力小，节省油耗。

轮胎的外胎两侧标志有规格、结构代号等，轿车轮胎还标有速度级别等代号，购置和安装轮胎时应予以注意。

2. 车桥

用于连接和安装左右车轮的车轴或车梁等部件称车桥，其功用是传递车架(承载式车身)与车轮之间各方向的作用力及其力矩。

车桥分为整体式和断开式两种。整体式车桥中部是刚性的实心或空心梁(见图4-38)；而断开式车桥为活动关节式结构，与独立悬架配用(见图4-39)。

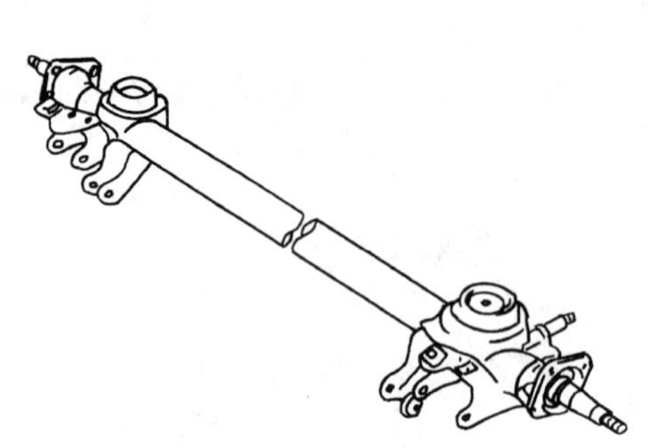

图4-38 整体式支持桥

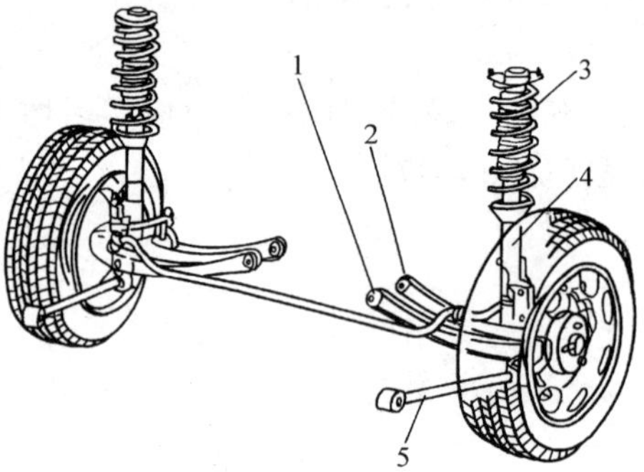

图4-39 断开式支持桥

1、2—摆臂 3—后悬架弹簧

4—减振器 5—纵拉杆

3. 车架

车架是整个汽车的装配基体，其作用主要是支承连接汽车的各零部件，承受来自车内和车外的各种载荷。汽车绝大多数部件(总成)都是固定安装在车架或通过车架连接来实现安装的。

4. 车轮定位

所谓车轮定位，就是汽车的每个车轮(或通过转向节)和车桥、车架的安装应保持一定的相对位置。传统车轮定位主要是指前轮定位，但越来越多的现代汽车同时对后轮定位即四轮定位。前轮定位参数有主销后倾、主销内倾、前轮外倾和前轮前束；后轮定位参数有后轮外倾和后轮前束。

在汽车的纵向平面内(汽车的侧面)，主销上部向后倾的一个角度γ，称为主销后倾角(见图4-40)。

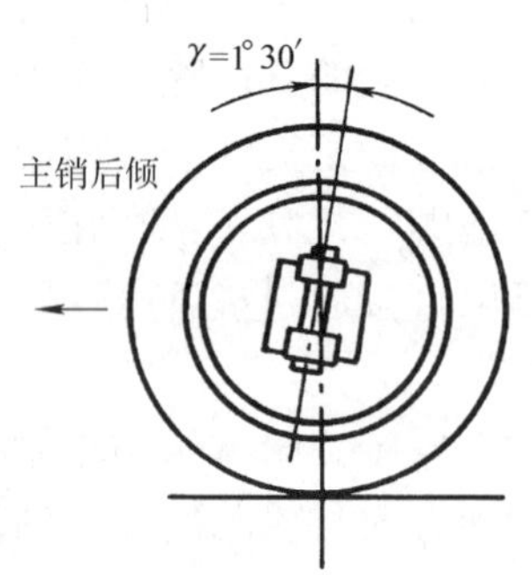

图4-40 主销后倾角

在汽车的横向平面内(汽车的前后方向)，主销上部向内倾斜一个角度，主销轴线与垂线之间的夹角β称为主销内倾角(见图4-41)。

在汽车的横平面内，前轮中心平面向外倾斜一个角度α(见图4-41)，称为前轮外倾角。轮胎呈现

“八”字形张开时称为负外倾。

俯视车轮，汽车的两前轮并不完全平行，在通过两前轮中心的水平面内，两前轮的前边缘距离 B 小于两前轮后边缘距离 A，$A-B$ 之差称为前轮前束（见图 4-42）。像内八字一样前端小后端大的称为前束，而像外八字一样后端小前端大的称为后束或负前束。

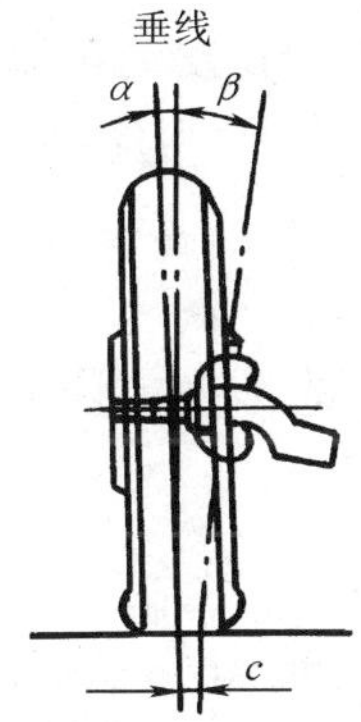

图 4-41　主销内倾和前轮外倾

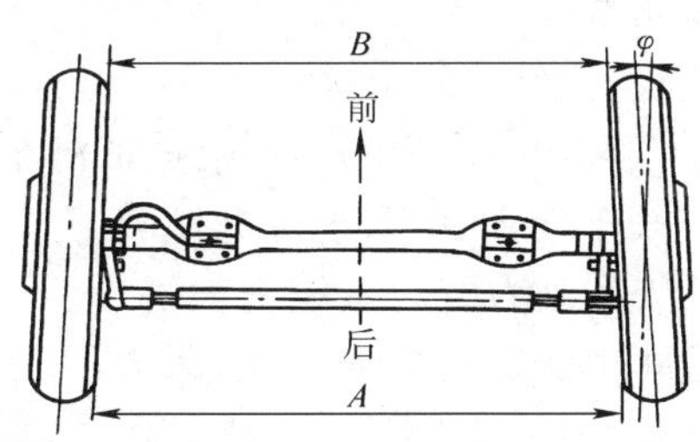

图 4-42　前轮前束

一般前束值为 0 ~ 12mm，有的汽车为与负前轮外倾角相配合，其前束也取负值即负前束（如上海桑塔纳轿车前束为 -1 ~ -3mm）。前轮前束可通过改变横拉杆的长度来调整。

上述各种车轮定位角，对轮胎磨损和操纵轻便性都有重要影响，在汽车使用中，由于车架和悬架的变形而在不断地发生变化，应该定期进行检查调整。

5. 汽车悬架

悬架就是车架（或车身）与车桥（或车轮）之间的一切传力连接装置的总称。其作用是把路面作用于车轮上的垂直反力、纵向反力（牵引力和制动力）和侧向反力以及这些反力所造成的转矩传递到车架（或车身）上，减少汽车振动，以保证汽车的正常行驶。

汽车悬架一般由弹性元件 1、减振器 2 和导向机构（横向稳定杆 4、摆臂 3 和 7、纵向推力杆 5 等）三部分组成，如图 4-43 所示。

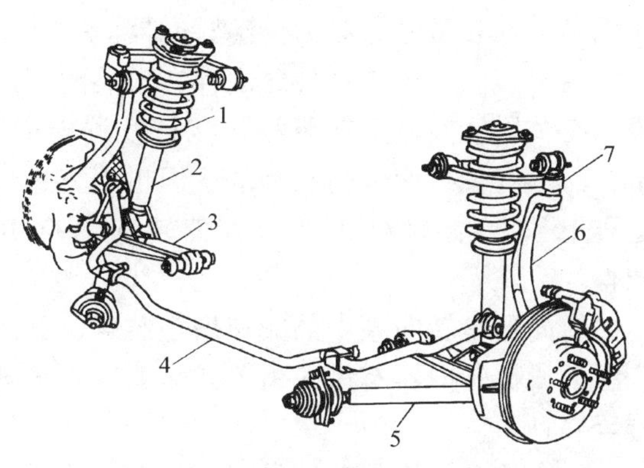

图 4-43　汽车悬架基本组成

1—弹性元件　2—减振器　3—下摆臂　4—横向稳定杆　5—纵向推力杆　6—转向节　7—上摆臂

按汽车悬架导向机构分，有非

独立悬架和独立悬架。非独立悬架的结构特点是两侧的车轮由一根整体式车桥相连，车轮连同车桥一起通过弹性悬架与车架(或车身)连接。当一侧车轮因道路不平而发生跳动时，必然引起另一侧车轮在汽车横向平面内发生摆动。

独立悬架的结构特点是车桥做成断开的，每一侧的车轮可以单独地通过弹性悬架与车架(或车身)连接。其优点是两侧车轮可以单独跳动，互不影响，在不平道路上可减少车架和车身的振动，并有助于消除转向轮不断偏摆的不良现象；悬架所受到的冲击载荷小，可以提高汽车的平均行驶速度；发动机总成的位置可以降低和前移，使汽车重心下降，提高了汽车行驶稳定性；但独立悬架结构复杂，制造成本高，保养维修不便，轮胎磨损较严重。

4.3.3 汽车转向系统

汽车转向系统的功用是保证汽车能够按驾驶员的意志改变或恢复行驶方向。

汽车转向系统分为机械转向系统和动力转向系统两大类。机械转向系统以驾驶员的体力作为转向能源，传力件都是机械的。动力转向系统以发动机或电动机的动力作为主要转向能源，转向轻松省力。

机械转向系统主要由转向操纵机构、转向器和转向传动机构组成(见图4-44)。

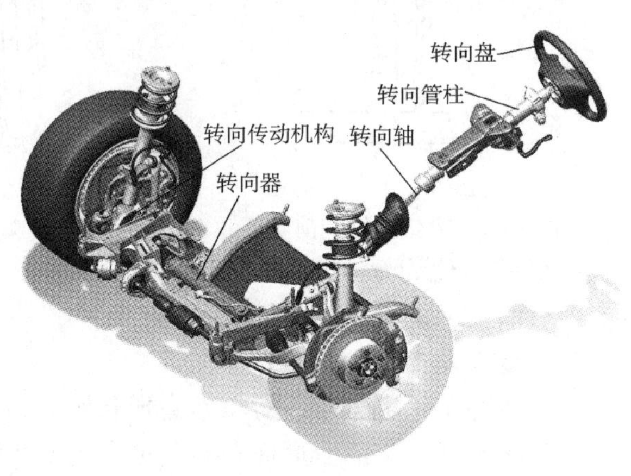

图4-44 机械转向系统

转向操纵机构包括转向盘、转向轴、转向管柱等。它们的作用是将驾驶员的操纵力传给转向器。

由于转向系各传动件之间存在着装配间隙，所以在转向盘转动过程的开始阶段，有一段转向盘空转行程，该行程称转向盘的自由行程，它对于缓和路面冲击，减少驾驶员疲劳是有利的，但也不宜过大，以避免影响转向灵敏性，一般不超过15°，当零件磨损严重到使转向盘自由行程超过25°～30°时，必须进行调整。

转向器是转向系中的减速增矩装置，并改变转向力矩的传动方向。目前应用广泛的机械转向器有齿轮齿条式转向器、循环球式转向器和蜗杆曲柄指销式转向器等几种。

转向传动机构的功用是将转向器输出的力和运动传给转向桥两侧的转向节，使两侧转向轮按要求的角度关系偏转，以保证汽车转向时各车轮与地面的相对滑动尽量小。

理想的转向系应使汽车在静止或低速行驶时，转向所需操纵力小，轻便省力；而在中高速行驶时，转向操纵力稍大，增加驾驶员的“路感”，提高操纵稳定性，保证高速行车的安全。传统的机械式转向系不能达到这个要求，而电子控制动力转向系可以满足。

4.3.4　汽车制动系统

1. 汽车制动系统的功用

使行驶中的汽车减速甚至停车，或使已经停下来的汽车保持不动，都称为汽车制动。实现汽车制动功能的一系列专门装置称为汽车制动系统。

2. 汽车制动系统分类

汽车制动系统分类见表 4-6。

表 4-6　汽车制动系统分类

分类方法	类型	特点
按功能分	行车制动	使行驶中的汽车减速或停车
	驻车制动	使汽车停在各种路面驻留原地不动
	应急制动	在行车制动系统失效后使用的制动系统
	辅助制动	增设的制动装置，以适应山区行驶及特殊用途汽车需要
按制动能源分	人力制动	以人力为唯一能源
	动力制动	以发动机动力转化为液压或气压制动
	伺服制动	兼用人力和发动机动力制动
按制动能量传输方式分	机械制动	以机械传输制动能量
	液压制动	以液压传输制动能量
	气压系统制动	以气压传输制动能量
	电磁制动	以电磁力传输制动能量
	组合制动	多种传输制动能量综合
按制动回路分	单回路	全车制动用一条制动回路
	双回路	全车制动用两条制动回路

3. 汽车制动系统基本组成与工作原理

(1) 汽车制动系统基本组成　以液压制动系统为例，它主要由车轮制动器和液压传动机构组成(见图 4-45)。车轮制动器由制动鼓 8、制动蹄 10、制动底板 11 等组成。制动鼓固定在车轮轮毂上，随车轮一同旋转，它的工作面是内圆柱面。固定不动的制动底板有两个支承销 12，支承着两个弧形制动蹄的下端。制动蹄的外圆面上装有摩擦片 9，上端用制动蹄回位弹簧 13 拉紧压靠在轮缸活塞 7 上。

液压传动机构主要由制动踏板1、推杆2、制动主缸4、制动轮缸6和油管5等组成。制动轮缸也安装在制动底板上，并用油管与车架上的制动主缸相连通。主缸活塞3可由驾驶员通过制动踏板来操纵。

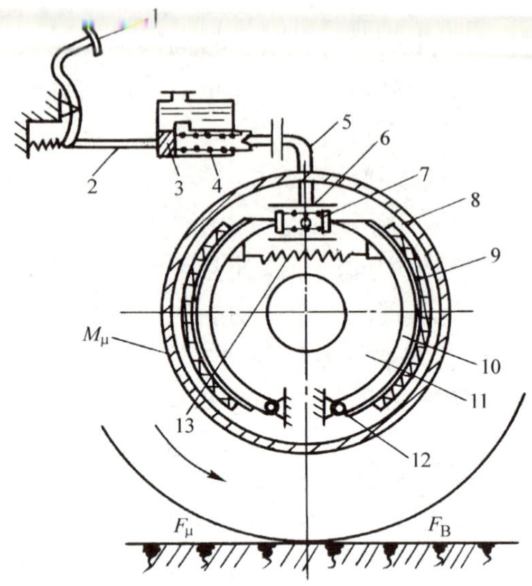

图4-45 制动系统工作原理示意图
1—制动踏板 2—推杆 3—主缸活塞 4—制动主缸 5—油管 6—制动轮缸 7—轮缸活塞 8—制动鼓 9—摩擦片 10—制动蹄 11—制动底板 12—支承销 13—制动蹄回位弹簧

（2）汽车制动系统基本工作原理 制动系统不工作时，制动鼓的内圆面与制动蹄摩擦片的外圆面之间保留有一定的间隙，使制动鼓可以随车轮自由旋转。

制动时，驾驶员踩下制动踏板，推杆2便推动主缸活塞3，使主缸4中的油液以一定压力流入制动轮缸6，通过轮缸活塞7使两制动蹄10的上端向外张开，从而使摩擦片压紧在制动鼓的内圆面上。这样，不旋转的制动蹄就对旋转着的制动鼓产生一个摩擦力矩M_μ，方向与车轮旋转方向相反，迫使车轮停止转动。

当松开制动踏板时，制动蹄回位弹簧13将制动蹄拉回原位，制动作用即行解除。

（3）汽车制动间隙与制动距离 制动器在不工作时，摩擦片与制动鼓之间的间隙称制动间隙。制动间隙应合适，如果制动间隙过小，就不易保证彻底解除制动，造成摩擦副的拖磨；过大又将使制动踏板行程太长，同时也会推迟制动器开始起作用的时刻。由于摩擦片与制动鼓磨损，导致制动间隙变大，制动距离变长，应定期进行检查调整。

制动距离是指驾驶员踩下制动踏板至车辆完全停住时汽车所行驶的距离。按国家标准规定，乘用车以50km/h初速度空载行驶的制动距离不得大于19m。

4. 汽车防抱死制动系统（ABS）

（1）ABS功用 防抱死制动系统（Anti-lock Braking System，ABS）是防止汽车制动时车轮抱死的装置，并把车轮的滑移率保持在最佳范围内，以保证车轮与地面有良好的纵向、横向附着力，有效防止制动时汽车侧滑、甩尾、失去转向等现象发生，提高了制动稳定性；同时，将制动力保持在最佳的范围内，缩短了制动距离。这样也减弱了轮胎与地面的剧烈摩擦，减少了轮胎的磨损。

试验和实践表明，当汽车曲线行驶制动只有前轮抱死时，由于前轮的转弯力基本为零，无法进行正常的转向操作，驾驶员无法控制汽车的运动方向，这时汽车将沿行驶曲线的切线方向滑行(见图 4-46a)；而只有后轮抱死时，后轮的侧向力接近于零，由于离心力和前轮转向力的作用，汽车不能保持原来的行驶方向，汽车将一面旋转一面沿曲线行驶即发生甩尾现象(见图 4-46b)；当所有的车轮全部抱死时，转弯力、侧向力均接近于零，汽车完全失去操纵性和方向稳定性，兼有前、后轮单独抱死时的两种运动(见图 4-46c)，即一面作与驾驶无关的不规则运动，一面沿曲线的切线方向滑行。

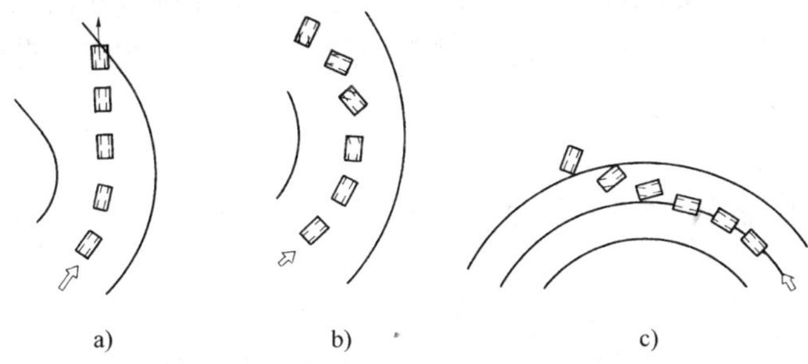

图 4-46　曲线行驶时车轮抱死的汽车运动情况

a) 前轮抱死　b) 后轮抱死　c) 所有车轮抱死

(2) ABS 基本组成与工作原理　ABS 由普通制动系统和电子控制系统两大部分组成。普通制动系统的组成和工作原理与传统制动系统相同，而电子控制系统由传感器、电子控制单元(ECU)和制动压力调节器等组成。

在汽车制动时，电子控制单元(ECU)根据传感器传递来的汽车行驶和制动信号，经过计算、比较和判断后，向执行器(制动压力调节器)发出控制指令，使车轮制动时滑移率保持在最佳范围内，始终处于理想的运动状态，以有效防止制动时汽车侧滑、甩尾、失去转向等现象发生，同时将制动力保持在最佳的范围内，缩短了制动距离。

在制动过程中，ABS 只在车速超过一定值时才起作用。ABS 具有自诊断功能，并能确保系统出现故障时，常规制动系统仍能正常工作。

5. 驱动防滑系统(ASR)

(1) ASR 的作用　当汽车在冰雪路面行驶时，驱动轮很容易发生滑转，这是由于汽车的驱动力大于地面附着力的结果。一旦车轮滑转，车轮的横向附着力几乎为零，将发生侧滑等现象。对于后轮驱动汽车，驱动轮滑转将使汽车发生不规则的旋转；对前轮驱动汽车，会使方向失去控制。

汽车驱动防滑系统(Anti Slip Regulation, ASR)，又称牵引力控制系统

(TRC)，其作用就是防止汽车在起步、加速和低附着系数路面行驶时驱动轮的滑转，以提高汽车的牵引性和操纵稳定性。

(2) ASR的基本工作原理 为了防止滑转，必须适当降低驱动力，大幅度提高侧向力，增大抵抗侧滑的能力。目前，常采用以下两种方法防止驱动轮的滑转。

① 发动机输出转矩调整方式 通常通过控制节气门开度和点火提前角的方式调节发动机的输出转矩，从而使驱动车轮的转速迅速降低，或者使两侧驱动车轮的驱动力矩进行调节。

② 驱动轮制动控制方式 当驱动轮发生滑转时，对滑转的车轮施加一定的制动力，使车轮的滑转率控制在合适的范围内。制动控制方式比发动机控制方式反应速度快，能有效地防止汽车起步时或从高附着路面突然进入低附着路面时的车轮空转。

4.4 汽车车身与电器基本结构

4.4.1 汽车车身

汽车车身是供驾驶员操作，以及容纳乘客和货物的场所。其主要作用是为乘员提供安全、舒适的乘坐环境，隔绝振动和噪声，不受外界恶劣气候的影响。同时车身也是一件精致的艺术品，给人以美感享受，反映现代的风貌、民族的传统以及独特的企业形象。

汽车车身(见图4-47)主要由车身本体、开启件(各种门、窗、行李箱和车顶盖等)、附件(各种座椅、内外饰、仪表电器、刮水器、洗涤器、风窗除霜装置、空调等)和安全保护装置(保险杠、安全带、安全气囊等)组成，货车及专用车辆还有货箱及专用设备。

图4-47 汽车车身

1. 车门门锁

现代轿车普遍采用电控式中央门锁，可以车内、车外集中控制所有车门，它在车门钥匙上配置无线电发射装置，在车内配置无线电接收装置，构成无线电摇控中央门锁。有的电控式中央门锁还具有服务、报警、防盗等多种功能。

2. 刮水器

用于清除玻璃外表面的雨水、雪及灰尘的装置，以保证驾驶员在雨雪天行驶有良好视野。现代汽车都采用电动机驱动的电动刮水器。

3. 风窗洗涤器

其功用是将清洁的水或洗涤液喷射到风窗玻璃上，并在刮水器的作用下清洗风窗玻璃上的尘土和污物，使驾驶员有良好的视野。风窗洗涤器主要由洗涤液泵、洗涤液罐和喷嘴等组成。

4. 风窗除霜(雾)装置

其作用是在较冷的季节，有雨、雪或雾的天气，防止水蒸气在风窗玻璃上凝结成细小的水滴甚至结冰。它是在装有空调或暖风装置的汽车上，通过风道向前面及侧面风窗玻璃吹热风以加热玻璃、防止水分凝结。后风窗玻璃的除霜常常是利用电热丝加热来实现。

5. 安全带

安全带用于乘员由于惯性而急剧向前冲撞时产生束紧力，保护乘员避免发生碰撞事故。

安全带的布置形式很多，用得最多的是三点式安全带(见图 4-48)。

6. 安全气囊

(1) 安全气囊作用　安全气囊(Supplemental Restraint System, SRS)是为减少汽车在发生碰撞时因巨大的惯性对乘员造成伤害而设置的。统计表明，交通事故中，头部受伤占 66% 左右，使用安全气囊，可减少头部受伤率 30%～50%，面部受伤率 70%～80%。

图 4-48　三点式安全带

(2) 安全气囊类型　按照安全气囊安装的位置分有正面(见图 4-49)、侧面和顶部安全气囊。正面安全气囊安装在驾驶员和乘客的正面，对汽车正面碰撞起安全保护作用，有较高的装车率。正面安全气囊一般安装在转向盘中央的衬盖内，副驾驶一侧安装在仪表板上，有的车辆还在仪表板下方安置了膝部免受伤害的安全气囊。侧面和顶部安全气囊分别安装在驾驶员、乘客的侧面和顶部，对汽车侧面碰撞和汽车翻倾起安全保护作用。

(3) 安全气囊基本组成　安全气囊主要由碰撞传感器、气体发生器、气囊、安全带收紧器、控制装置以及显示装置等组成(见图4-50)。

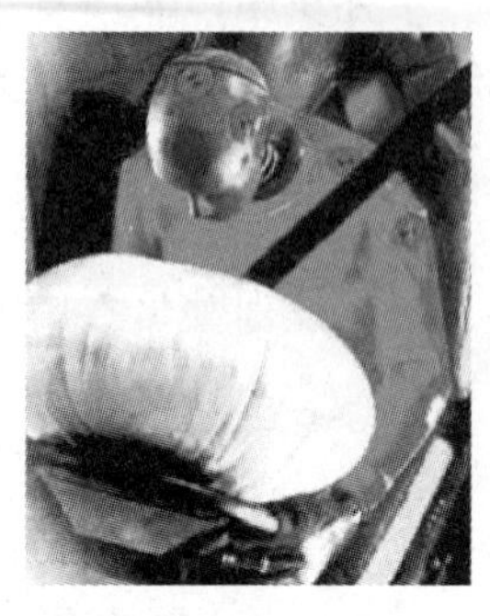

图4-49 正面安全气囊

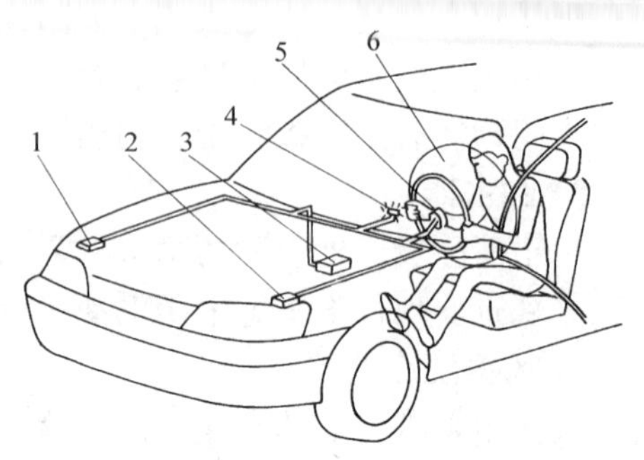

图4-50 安全气囊组成与车上的布置
1—右前方传感器 2—左前方传感器
3—中部传感器总成 4—气囊指示灯
5—气体发生器 6—气囊

碰撞传感器对汽车碰撞强度作出检验，并将其转化为电子信号传送给电控单元。碰撞传感器分为安装于汽车左、右翼子板下或前保险杠内侧的前安全气囊传感器(侧向安全气囊传感器安装在车门或门柱上)和装于气囊控制装置中的安全传感器两类。

气体发生器用来产生气体，安装于气囊下，能在极短的时间内(30 ms内)将气体充满整个气囊。气体的产生方法主要有高压储气式、固体推进剂式和混合式三种方式。

气囊一般用尼龙布制成，在尼龙布上开有排气的小孔，以便在气囊充气后就进行排气，使气囊逐渐变软，加强缓冲作用和不至于影响人员活动。安全气囊只能使用一次，用完即报废。

控制装置采用电子控制，是安全气囊的控制中心。当接收到传感器的碰撞信号后，进行分析判断，发出指令，引爆气体发生器。

(4) 安全气囊的工作原理 当汽车发生碰撞时，碰撞强度通过传感器转化为电信号，被电控装置接收，进行分析，发出相应指令，由执行器执行。轻度碰撞时，电控装置指令执行器收紧安全带，保护乘员；碰撞达到一定程度，电控装置指令引爆气体发生器，安全气囊急速膨胀，挡住驾驶员或乘员的身体，起到缓冲保护作用。之后安全气囊小孔排气，使气囊逐渐变软，加强缓冲作用。其工作过程如图4-51所示。

安全气囊应注意与安全带同时使用，才能发挥更好作用。同时注意平时保养维修时，不要重度碰撞安全气囊的各传感器，以免引起误触发，造成不必要的损失。

图 4-51　安全气囊的工作过程
a）触发前　b）充气膨胀　c）头部陷入　d）气囊压扁

4.4.2　汽车空调系统

1. 汽车空调系统的作用

汽车空调系统是实现对车厢内空气进行制冷、加热、换气和空气净化的装置。它可以为乘员提供舒适的乘车环境，降低驾驶员的疲劳强度，提高行车安全。

2. 汽车空调系统的基本组成及工作原理

空调系统主要由制冷系统、供暖系统、通风和空气净化装置及控制系统组成。

（1）制冷系统　汽车空调制冷系统由压缩机、冷凝器、膨胀阀、储液干燥器、蒸发器等组成（见图 4-52）。

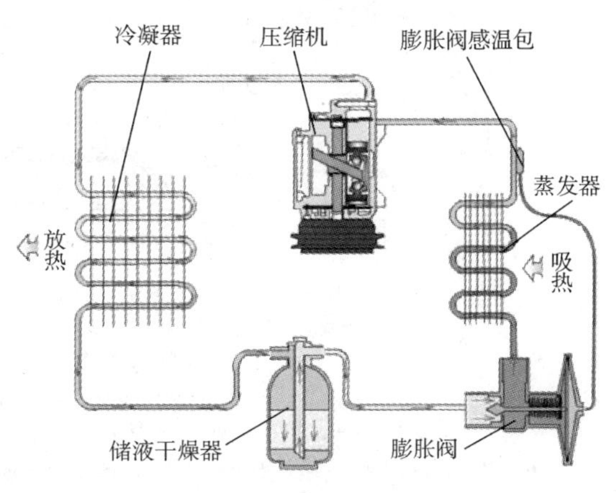

图 4-52　制冷系统

制冷系统工作时，压缩机由发动机带轮带动，将蒸发器中因吸热而汽化的低压制冷剂蒸气吸入后，压缩成高温高压制冷剂气体，经高压管送入冷凝器，经冷凝器冷却使高温高压的制冷剂气体冷凝成中温高压制冷剂液体，送入储液干燥器中除去水分和杂质，然后送入膨胀阀，经膨胀阀节流降压，变为低温低压液态制冷剂后进入蒸发器。当鼓风机将空气吹过蒸发器表面时，液态制冷剂汽化吸热，从而降低车内温度。汽化后的制冷剂再次被压缩机吸入，重复上述过程。

（2）供暖系统　一般采用发动机工作时冷却液供暖，称为水暖式暖风装置。水暖式暖风装置主要由加热器、鼓风机、蒸发器等组成（见图 4-53）。

（3）通风装置　分自然通风和强制通风两种。自然通风利用汽车行驶时车内外的空气压力差，通过进、出风口进行自然换气；强制通风利用鼓风机对车内空气进行置换。

（4）空气净化装置　常用的空气净化装置有灰尘滤清器、电子集尘器及负离子发生器等，安装在空调器总成内。

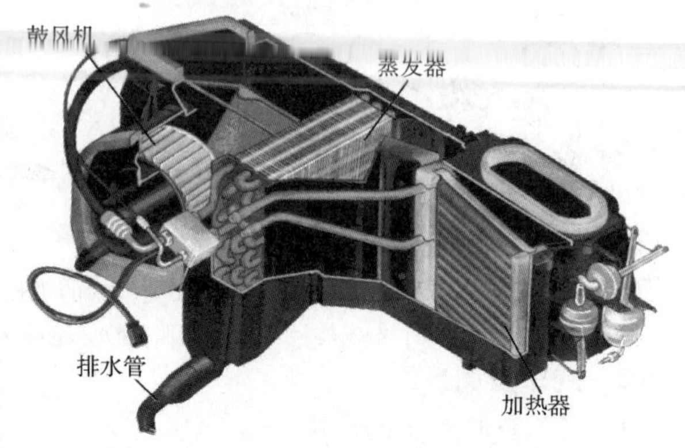

图 4-53　水暖式暖风装置

4.4.3　汽车仪表

1. 汽车仪表系统的作用

汽车仪表系统包括各种仪表和指示灯(见图 4-54)，用来反映汽车的一些重要运行状态参数，必要时发出警示，保证汽车可靠而安全的行驶，驾驶员行车时应该给予注意。

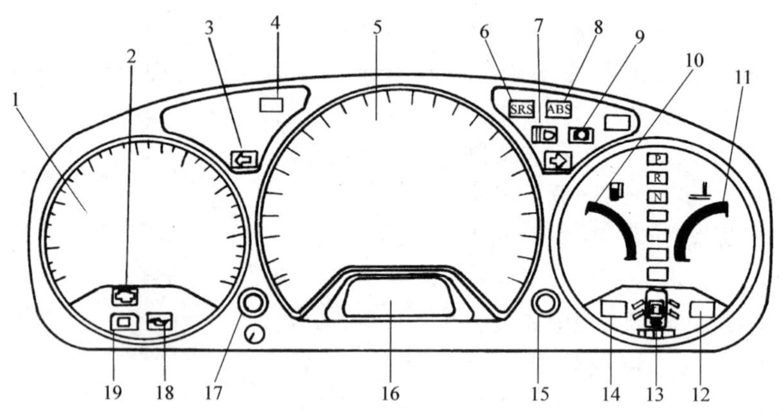

图 4-54　广州本田雅格轿车仪表板

1—转速表　2—故障指示灯　3—转向信号灯　4—巡航控制指示灯　5—车速表　6—SRS 指示灯　7—远光指示灯　8—ABS 制动指示灯　9—驻车制动与制动系统指示灯　10—燃油表　11—冷却液温度表　12—座椅安全带提示灯　13—车门和制动灯监视器　14—低燃油指示灯　15—行程选择/复位按钮　16—里程表　17—亮度调节　18—低机油压力指示灯　19—充电系统指示灯

2. 汽车仪表系统组成

汽车常用仪表及报警灯见表 4-7。

3. 仪表板常见符号

仪表板上常见符号的含义如图 4-55 所示。

表 4-7　汽车常用仪表系统

仪表系统		功　用
充放电显示系统	电流表	指示蓄电池充电或放电的电流值
	电压表	指示蓄电池充电或放电的电压值
	充电指示灯	指示蓄电池充电或放电
机油压力显示系统	机油压力表	指示发动机主油道中机油压力大小
	机油压力报警灯或蜂鸣器	机油压力过低时报警
燃油量显示系统	燃油表	指示汽车燃油箱内储存燃油量的多少
	液面报警灯	燃油箱内燃油量过少时报警
冷却液温度显示系统	冷却液温度表	指示发动机水套中冷却液温度的高低
	冷却液温度报警灯或蜂鸣器	冷却液温度过高时报警
车速里程显示系统	车速表	指示汽车行驶速度
	里程表	指示汽车累计行驶里程
	转速表	指示发动机转速的高低

图 4-55　仪表板上常见符号的含义

4.4.4　汽车照明系统

1. 照明系统的功用

保证汽车在夜间及能见度较低的情况下安全、高速行驶，改善车内驾乘环境，便于交通安全管理和车辆使用、检修。

2. 照明系统组成

由电源、照明装置及其控制部分组成。控制部分包括各种灯光开关、继电器等。照明装置包括车外照明、车内照明和工作照明三部分，其具体组成与作用见表4-8所示。

表4-8　汽车照明装置组成及作用

照明装置		作　用
车外照明装置	前照灯	夜间行驶时照明，可发出远光和近光两种光束
	前小灯（视宽灯）	夜间视宽、近距离照明等
	后灯	红色，警示作用，兼作牌照灯
	雾灯	黄色，在有雾、下雪、暴雨或尘埃弥漫时行车照明，具有信号作用
	倒车灯	倒车时车后照明，并起信号作用
	牌照灯	照明汽车后牌照
车内照明装置	仪表灯	仪表板照明
	阅读灯	乘客阅读照明
	行李箱灯	夜间行李箱门打开时照明
	发动机罩灯	夜间发动机罩打开时照亮发动机

4.4.5　汽车信号装置

1. 信号装置的作用

通过灯光和音响等手段，向行人和车辆发出警告，以保障行车安全。

2. 信号装置的组成

常见的汽车信号装置有喇叭音响信号装置（电喇叭、气喇叭等）、转向信号装置（转向灯、闪光器）、制动信号装置（制动灯、制动开关）、倒车信号装置（倒车信号灯、蜂鸣器）和危险警告信号装置等。

（1）电喇叭结构与工作原理　电喇叭在所有汽车上都安装，分有触点和无触点两类。

触点式电喇叭有筒形、螺旋形和盆形等不同的结构形式。盆形电喇叭具有尺寸小，指向性好等特点，被现代汽车广泛应用。其结构如图4-56所示。

按下电喇叭按钮10，线圈2通电后产生磁力，吸动上铁心及衔铁下移，使膜片下拱，衔铁下移中将触点顶开，线圈电路被切断，其磁力消失，上铁心、衔铁及膜片又在触点和膜片自身弹力的作用下复位，触点又闭合。触点闭合后，线圈又通电产生磁力吸下上铁心和衔铁。如此循环，使膜片振动，产生较低频率的

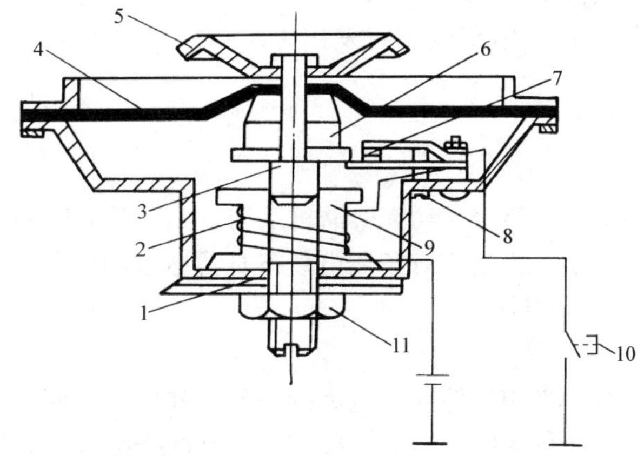

图4-56 盆形触点式电喇叭的结构
1—下铁心 2—线圈 3—上铁心 4—膜片 5—共鸣板 6—衔铁 7—触点
8—调整螺钉 9—铁心 10—按钮 11—锁紧螺母

振动，促使共鸣板产生谐振。发出音量适中、和谐悦耳的声音。

盆形电喇叭音调的高低取决于其膜片的振动频率。通过改变上、下铁心之间的间隙来改变膜片的振动频率。需要调整音调时，松开锁紧螺母11，旋动下铁心1，旋入下铁心时，上下铁心之间的间隙减小，音调升高；旋出下铁心则使音调降低。调至合适的音调后，旋紧锁紧螺母即可。

盆形电喇叭音量的高低取决于线圈电流，通过线圈的电流大，膜片振动也大，喇叭发出的音量也就大。线圈电流可以通过调整螺钉8来调整触点的接触压力。调整螺钉旋出，触点接触压力增大，电喇叭音量增大；螺钉旋入则会抵消部分触点臂自身弹性，使电喇叭音量减小。

触点式电喇叭的触点容易烧蚀和氧化，工作不稳定，故障率较高，现代汽车广泛采用无触点电喇叭，即用晶体管代替触点，不存在触点烧蚀问题。

为使电喇叭声音更加悦耳，有的汽车上设置了双音(高、低音)喇叭或三音(高、中、低)喇叭，由于通过喇叭按钮的电流较大，一般采用喇叭继电器，以减小通过喇叭按钮的工作电流。

(2) 转向信号装置　用于显示汽车的转弯方向，由转向灯、转向灯开关和闪光器等组成。

转向灯安装于车身前端和后端的左右两侧，驾驶员转向时，通过转向灯开关，控制转向灯闪烁，发出警示。转向灯闪烁靠闪光器来完成。

(3) 制动信号装置　用于汽车制动时发出警示信号。它由制动信号灯、信号灯开关和制动灯断线报警开关等组成。

制动信号灯安装在汽车尾部，当驾驶员踩下制动踏板时，制动信号灯发出强烈红光警示。为了增强显示效果，有的汽车设有高位制动灯。

（4）倒车信号装置 用于倒车时发出警示信号。它由倒车信号灯和倒车蜂鸣器组成。

4.4.6 汽车电路特点

1. 低电压

汽车一般采用12V，部分大功率柴油机采用24V。低电压的优点是安全、电源简单，但电功率较小，不适应汽车用电设备日益增多的要求，酝酿中的汽车电系电压标准是42V/14V电压体系。

2. 单线制

由于电压低，汽车采用机体作为电流的一条公共回路，所以从电源向用电设备一般只用一条导线，称单线制。部分要求比较高的线路也有采用双线制。

3. 并联制

所有低压用电设备均采用并联制，电压相同。

4. 负极搭铁

现代汽车都采用负极搭铁，即蓄电池的负极直接与机体连接。

本 章 小 结

1）汽车是由动力驱动，一般具有四个或四个以上车轮的非轨道承载车辆，主要用于载运人、货物及其他的一些特殊用途。

2）汽车按用途分有乘用车和商用车两大类。乘用车主要用于载运乘客及其随身行李物品，包括驾驶员座位在内最多不超过9个座位；商用车主要用于商业用途，运送人员和货物。

3）汽车由发动机、底盘和车身三大部分组成。

4）发动机是汽车的动力。其结构是在一个机体上安装一个机构（曲柄连杆机构）和六大系统（换气系统、燃料供给系统、润滑系统、冷却系统、点火系统和起动系统）。柴油机则为五大系统，没有点火系统。

5）底盘负责将发动机的动力进行传递和分配，并按驾驶员的要求进行行驶（加速、减速、转向、制动等）。它一般由传动系统、行驶系统、转向系统、制动系统等组成。

6）车身是驾驶员操作和容纳乘客及货物的场所。一般由车身本体、开启件（各种门、窗、行李箱和车顶盖等）、附件（各种座椅、内外饰、仪表电器、刮水器、洗涤器、风窗除霜装置、空调等）和安全保护装置（保险杠、安全带、安全气囊等）组成，货车及专用车辆还有货箱及专用设备。

【习题与思考题】

1. 观察一辆汽车，辨认出发动机、底盘和车身位置。
2. 观察一台四冲程发动机，看看它的结构和工作情况。
3. 观察一辆汽车，辨认出传动系统、行驶系统、转向系统、制动系统四大系统。
4. 观察一辆汽车，辨认出有哪些安全装置。
5. 观察一辆汽车，看仪表盘有哪些装置。

第 5 章　新型汽车技术

教学目标与要求

1）理解电动汽车（蓄电池电动汽车、混合动力电动汽车、燃料电池汽车）的特点、分类、基本结构与工作原理。

2）理解燃气汽车（压缩天然气汽车、液化石油气汽车）的特点、分类、基本结构与工作原理。

3）知道其他代用燃料（醇类、二甲醚、灵活燃料等）汽车的特点。

4）知道太阳能汽车的基本结构与工作原理。

5）理解直喷汽油机的基本结构与工作原理。

6）理解汽车安全及智能控制新技术。

7）理解智能交通运输系统。

围绕汽车节能、环保和安全需要，世界各国都在大力开发新型汽车和技术，相继开发了电动汽车、燃气汽车、太阳能汽车、直喷汽油机等新型汽车和大批新技术。

我国 2004 年颁布实施的“汽车产业发展政策”也明确提出“积极开展电动汽车、车用动力电池等新型动力的研究和产业化，重点发展混合动力汽车技术和轿车柴油发动机技术”，“国家支持研究开发醇燃料、天然气、混合燃料、氢燃料等新型车用燃料”。

5.1　电动汽车

5.1.1　电动汽车的特点及类型

1. 电动汽车的特点

电动汽车是依靠电能驱动的车辆（见图 5-1）。与传统的燃油动力汽车相比较，电动汽车具有如下几个特点。

1）能广泛地利用各种能源（电、油、煤、太阳能、水力能等）。

2）能量的利用率高。

3）零排放(依靠电能驱动)。

4）制动能量再生回收(汽车制动时,利用制动的惯性能量发电)。

5）结构简单、维修使用方便。

6）目前，动力电池寿命短，一次充电后的续驶里程短，价格较贵。

2. 电动汽车的类型

根据所使用的基本动力能源不同，电动汽车可分为以下三类：

(1）蓄电池电动汽车(EV)　指利用蓄电池作为动力，用电动机驱动的汽车。不包括无轨电车及在车站、码头或厂内使用的电动叉车和普通的蓄电池车。

(2）混合动力电动汽车(HEV)　它是介于内燃机汽车和电动汽车之间的一种车型。它使用两种以上的动力源，能按照不同的道路交通条件，进行动力源组合或转换。图 5-2 所示为日本丰田“先驱”混合动力轿车。

图 5-1　电动汽车

图 5-2　丰田“先驱”混合动力轿车

(3）燃料电池电动汽车(FCEV)　它是通过电化学反应将燃料的化学能直接转变为电能的高效率发电装置。图 5-3 所示为日本本田 FCX—V4 燃料电池汽车。

图 5-3　本田 FCX—V4 燃料电池汽车

5.1.2　蓄电池电动汽车的基本结构与工作原理

1. 基本结构

蓄电池电动汽车主要由电池组、控制系统、驱动系统及安全保护系统等组成(见图 5-4)。

(1）电池组　电池组是蓄电池电动汽车的能源，目前广泛应用的电池有铅酸蓄电池、镍-氢蓄电池、镍-镉蓄电池等。它们均是由若干单体电池组成，每个单体电池都是由正极板、负极板、装在正极板和负极板之间的隔板、电解质和正负接线柱组成。

（2）控制系统　其主要作用是对动力电池组进行管理和对电动机进行控制。

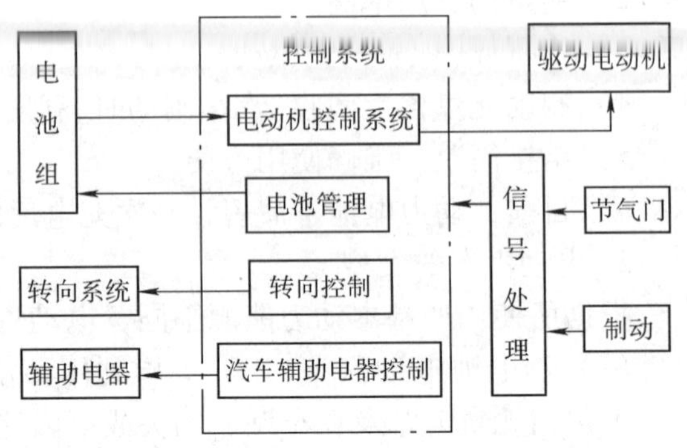

图 5-4　蓄电池电动汽车结构组成

对动力电池组的管理包括对动力电池组的充电与放电时的电流、电压、放电深度、再生制动反馈电流（汽车制动时，利用电动机旋转零件转动或制动的惯性能量发电，经逆变器变交流为直流，对电池组充电的电流）、电池的自放电率、电池温度等进行控制。

（3）驱动系统　驱动电动机是 EV 的动力装置，这也是 EV 与内燃机汽车的根本不同之处。现代 EV 所采用的驱动电动机主要是交流异步电动机、永磁电动机、直流电动机等。

EV 的驱动系统有集中驱动系统和轮毂驱动系统两大类。图 5-5 所示为由两个永磁电动机组成的双电动机集中驱动系统，左右两个永磁电动机直接通过半轴带动车轮转动，左右两个电动机由中央控制器的电控差速模块控制，形成机电一体化的差速器。图 5-6 所示为由独立电动机驱动的轮毂驱动系统，电动机可以布置在两个前轮、两个后轮或 4 个车轮的轮毂中，成为前轮驱动、后轮驱动或四轮驱动的 EV。

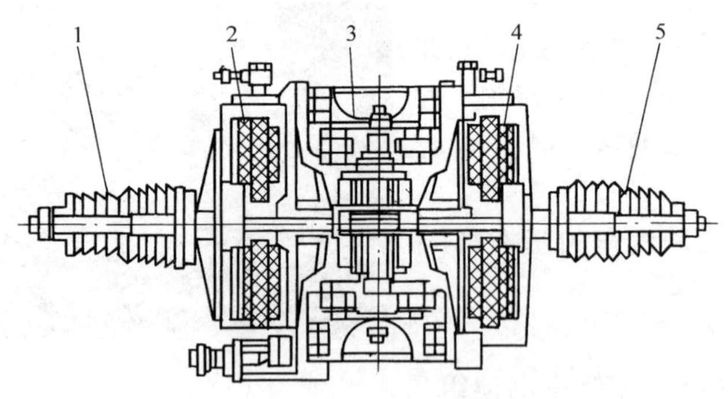

图 5-5　双电动机集中驱动系统

1—左半轴　2—左驱动电动机　3—电控差速器

4—右驱动电动机　5—右半轴

（4）安全保护系统　EV 的动力电池组具有 96～312V 的高压直流电，人触电时会造成生命危险，因此必须设置安全保护系统。另外在撞车、翻车或线路发生短路时，应有应急处理装置。

2. EV 的工作原理

在 EV 中保存了加速踏板、制动踏板和各种操纵手柄等，在电动汽车工作时，传感器将加速踏板、制动踏板机械位移的行程量转换为电信号，输入中央控制器。经中央控制器处理后发出驱动信号，控制逆变器的工作状态，从而达到对电动汽车工况的控制。当汽车行驶时，电池组输出的直流电经逆变器变为交流电后供入交流电动机，电动机输出的转矩经传动系统驱动车轮。

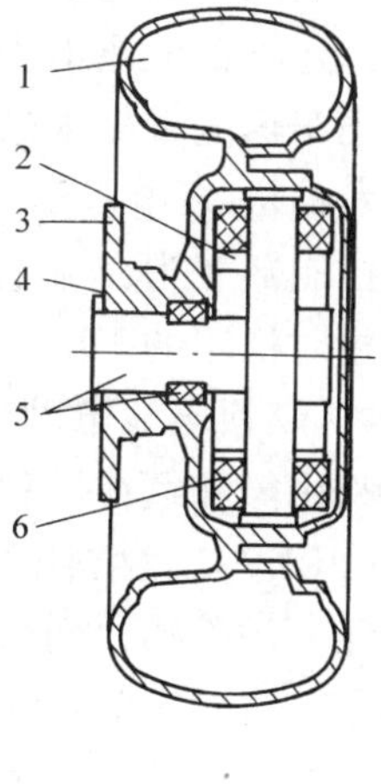

图 5-6　轮毂驱动系统
1—轮胎　2—永久磁铁
3—制动盘　4—衬套
5—轮轴　6—电动机线圈绕组

5.1.3　混合动力电动汽车的基本结构与工作原理

混合动力电动汽车按其能量耦合方式的不同可分为串联、并联和混联三种方式。

混合动力电动汽车的基本结构主要由控制系统、驱动系统、辅助动力系统和电池组等部分构成。

以串联混合动力电动汽车(见图 5-7)为例，介绍一下混合动力电动汽车的工作原理。

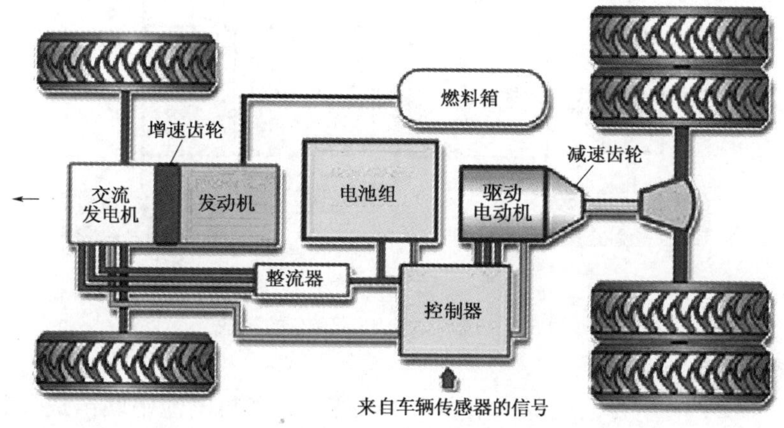

图 5-7　串联混合动力电动汽车基本结构

在车辆开始行驶时，蓄电池组处于电量饱满状态，其能量输出可以满足车辆要求，辅助动力系统不需要工作，蓄电池组输出的直流电经控制器变为交流电后供入驱动电动机，驱动电动机输出的转矩经变速器、传动轴及驱动桥驱动车轮。

蓄电池组的电量低于60%时，辅助动力系统起动，为驱动系统提供能量的同时，还给蓄电池组进行充电。

当车辆能量需求较大时，辅助动力系统与蓄电池组同时为驱动系统提供能量，发动机-发电机组产生的交流电经整流器变为直流电，和电池组输出的直流电经控制器变为交流电后供入驱动电动机。由于蓄电池组的存在，发动机工作在一个相对稳定的工况，使其排放得到改善。

5.1.4　燃料电池电动汽车的基本结构与工作原理

利用氢和氧在燃料电池中的反应发电作为动力的电动汽车称为燃料电池电动汽车(FCEV)。燃料电池拥有其他动力系统没有的独特优点：产生电能的过程不产生任何污染物，而且氢作为一种能源，尽管是以水这样的化合物存在，但是取之不尽。这对于节约矿物资源并减少二氧化碳排放十分重要。

按氢气供给方式的不同，燃料电池汽车分为改质型和非改质型两种。利用车载改质装置制造氢气，再供给燃料电池的称为改质型；由车载氢气直接供应燃料电池的称为非改质型。

1. 燃料电池电动汽车的基本组成

它主要由燃料电池组、控制系统、驱动系统、辅助动力系统和蓄电池组等部分构成(见图5-8)。

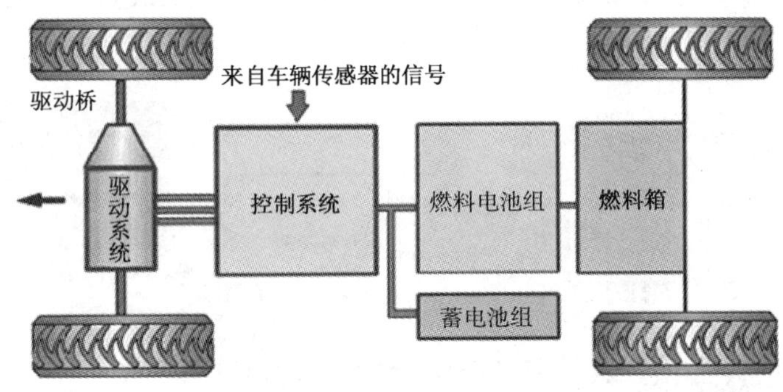

图5-8　燃料电池电动汽车的组成

(1) 燃料电池组

它是FCEV的主要电流源，由多个1V以下的燃料电池串联组成，是一种将储存在燃料和氧化剂中的化学能通过电极反应直接转化为电能的发电装置。

燃料电池工作时，外界不断供给负极氢气，供给正极空气(见图5-9)，在催化剂(铂、多孔石墨等)的作用下，产生如下反应：

负极　$2H_2 \longrightarrow 4H^+ + 4e^-$

正极　$O_2 + 4H^+ + 4e^- \longrightarrow 2H_2O$

负极经催化剂作用，氢原子中的电子被分离出来，在正极吸引下，在外电路形成电流，失去电子的氢离子，在正极与氧及电子结合为水，氧可从空气中获得，只要不断地供给氢气和带走水，燃料电池就可不断供给电能。

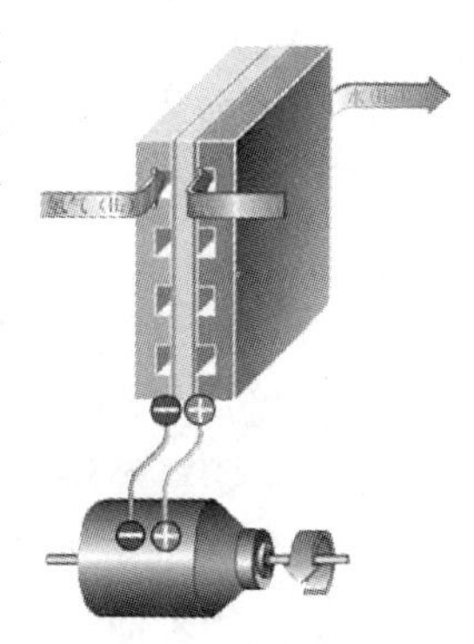

图 5-9　燃料电池工作原理

(2) 燃料电池控制系统　用于控制燃料电池的反应过程(起动、反应、输出电能的调整、停止等)，一般用燃料电池管理系统模块对燃料电池状态进行监控和检查。

(3) 驱动系统　燃料电池的电流需要经过专用的大功率动力 DC/DC 转换器，将燃料电池产生的直流电转换为稳压的直流电流，然后经过逆变器转换为交流电输送给驱动电动机，驱动车轮转动。

(4) 辅助动力系统　通常在 FCEV 上还要装配一个蓄电池组作为辅助电源，其作用：①用于 FCEV 快速起动；②用于储存 FCEV 在再生制动时反馈的电能；③为电动汽车控制系统、照明系统等电气设备提供低压电源。

2. 燃料电池电动汽车的工作原理

在电动汽车开始行驶时，蓄电池组处于电量饱满状态，其能量输出可以满足汽车起动要求，由其为驱动系统提供能量，并对燃料电池进行预热，燃料电池动力系统不需要工作；当氢气供给足够时，燃料电池动力系统起动，由燃料电池动力系统为驱动系统提供能量；当车辆能量需求较大时，燃料电池动力系统与蓄电池组同时为驱动系统提供能量；当车辆能量需求较小时，燃料电池动力系统为驱动系统提供能量的同时，还给蓄电池组进行充电。

5.2　燃气汽车

以燃气为燃料的汽车称为燃气汽车(见图 5-10)。目前常用的燃气汽车有压缩天然气汽车(CNGV)和液化石油气汽车(LPGV)，它们分别以压缩天然气和液化石油气为燃料。

图 5-10　燃气汽车

5.2.1　CNGV 和 LPGV 的特点

1. 优点

(1) 有害气体排放低　天然气和液化石油气在常温下为气态，容易与空气混合形成均匀的可燃混合气，燃烧完全，可以大幅度减少 CO、HC 和微粒的排放。另外，天然气和液化石油气的火焰温度低，因此 NO_x 的排放量也相应减少。

（2）热效率高　天然气辛烷值高达130，液化石油气的辛烷值也在100左右，因此，燃用天然气或液化石油气可提高发动机的压缩比，从而获得较高的发动机热效率。

（3）冷起动性能和低温运转性能良好　在暖机期间无需加浓混合气。

（4）可以燃用稀混合气　其燃烧界限宽，稀燃特性优越，可以减少 NO_x 的生成和改善燃料经济性。

（5）延长润滑油更换周期　因其不稀释润滑油，可以延长润滑油更换周期和发动机使用寿命。

2. 缺点

1）储运性能差。因为天然气在常温、常压下是气体，所以体积大，储运性能差。目前广泛采用将天然气压缩到20MPa高压或将石油气压缩到1.6MPa，充入车用气瓶内储运的办法，但这些气瓶既增加了汽车自重，又减少了载货空间。

2）一次充气的续驶里程短。

3）动力性能下降。CNG(压缩天然气)或LPG(液化石油气)均呈气态进入气缸，使发动机充气系数降低；另外，与汽油或柴油相比，CNG或LPG的理论混合气热值小，因此，燃用CNG或LPG将使发动机功率下降。

5.2.2　CNGV和LPGV的基本结构与原理

CNGV或LPGV的发动机，多数是在原汽油机或柴油机的基础上改装而成，其总体结构与化油器式汽油机基本相同，只是燃料供给系统有所不同，因此这里只讨论CNG和LPG供给系统。

1. LPG供给系统

它主要由储液罐、燃料控制电磁阀、调节器、混合器等组成(见图5-11)。

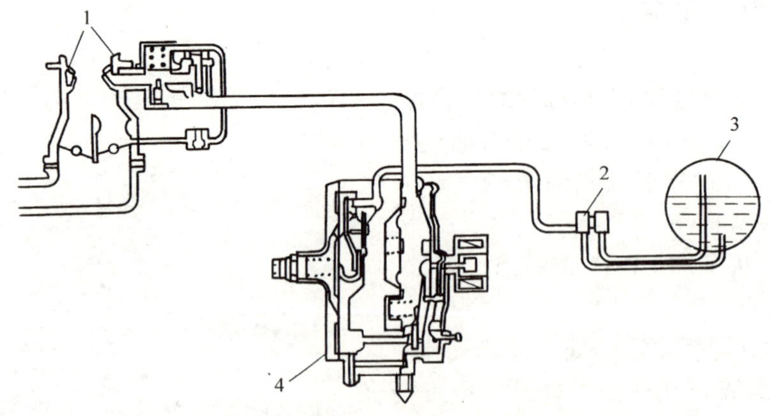

图5-11　LPG供给系统

1—混合器　2—燃料控制电磁阀　3—储液罐　4—调节器

液化石油气以液态储存在储液罐 3 中，发动机工作时，燃料控制电磁阀 2 打开，由储液罐流出的液化石油气经调节器 4 调压、计量后以气态输送到混合器 1，与空气混合后被吸入气缸，经火花塞点火燃烧。

储液罐是一般高压容器。轿车的储液罐常安装在后行李箱内。

燃料控制电磁阀的功用是：当发动机停止工作时自动切断燃料供给，而发动机工作时电磁阀打开，并可根据温度的变化自动实现气体或液体的切换。

调节器的功用是对输送给混合器的燃料进行减压和计量。它主要由初级气室和次级气室组成。发动机工作时，来自燃料控制电磁阀的燃料经主控制阀、初级气室、次级气室供给混合器。

混合器的功用是使调节器输送来的气态燃料与空气混合，并送往气缸。在调节器内，由于主控制阀和次级气室控制阀的节流减压作用，使次级气室内的燃料压力等于甚至小于大气压力，这样可保证混合器主供给装置的燃料供给量随节气门开度变化而变化。

2. CNG 供给系统

CNG 燃料供给系统与 LPG 燃料供给系统相近。只是系统的压力较高，可达 20MPa，因此对储气罐及管路阀门等的要求很高。系统高压检测压力要达到 25 ~ 30MPa，所以调压器部分相对复杂，分高压调节器和低压调节器。高压调节器使 CNG 压力降到 0.25MPa 左右，低压调节器再使气体压力调整到 0.097 ~ 0.098MPa。其余部分与 LPG 燃料供给系统相同。

如图 5-12 所示，CNG 储存于容量为 50L 的车用气瓶 1 内，压力为 20MPa。

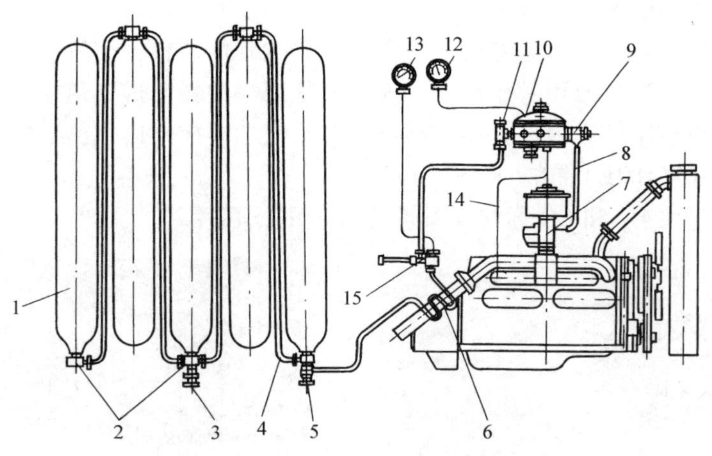

图 5-12 CNG 供给系统的基本组成

1—车用气瓶 2—连通阀 3—充气阀 4—CNG 高压管路 5—输出阀
6—预热阀 7—混合器 8—CNG 低压管路 9—计量器 10—调节器
11—滤清器 12—低压表 13—高压表 14—真空软管 15—截止阀

通过每个气瓶上的连通阀2及高压管路4将各气瓶连通。CNG从最后一个气瓶上的输出阀5流出，经预热阀6、截止阀15及滤清器11进入调节器10。在调节器内，CNG的压力下降到大气压力。低压的CNG经计量器9和CNG低压管路8进入混合器7，在混合器中与空气混合后进入气缸。

CNG供给系统的调节器及混合器的结构和工作原理与LPG供给系统的调节器及混合器基本相同。

5.3 代用燃料汽车

代用燃料是指代替现有的汽油和柴油的燃料，如醇燃料、二甲基醚、气体燃料、氢及生物燃料等。它们既可以节约能源，又有效降低排放，所以又称之为清洁燃料。

5.3.1 醇类燃料汽车

醇燃料是指甲醇(CH_3OH)及乙醇(C_2H_5OH)，也包括丙醇、丁醇及其异构物等。原料极其丰富，生产工艺成熟。甲醇及乙醇的理化性质及燃烧性能能较好地适应汽车使用的要求。

甲醇汽车(见图5-13)有奥托(Auto)型和狄塞尔(Diesel)型两种。在汽油机基础上改用醇燃料的发动机称为奥托型醇燃料发动机，在柴油机基础上改用醇燃料的发动机称为狄塞尔型醇燃料发动机。奥托型甲醇汽车技术成熟，排放气体和汽油机相当；狄塞尔型甲醇汽车和柴油车相比，NO_x排放少、黑烟小，但冷起动性能差，可以添加甲醛予以改善。

汽油机使用醇燃料时虽然可以使用化油器或其他装置，使醇与空气形成混合气，然而现代汽油车改用醇燃料时，大部分是用喷油器向进气道或气缸内喷入醇燃料；柴油机使用醇燃料还是用原高压油泵及喷油器向缸内供给醇燃料。

5.3.2 二甲醚(DME)汽车(见图5-14)

二甲醚是由H_2和CO通过化学反应合成的，可用煤、天然气、生物质或石

图5-13 甲醇汽车

图5-14 二甲醚汽车

油等作原料生产，也可以在汽车上安装车载催化甲醇器，由甲醇转换成二甲醚。二甲醚既可以作为甲醇燃料汽车的着火改善剂，又可以单独作为柴油机的清洁燃料使用。作为柴油车的燃料，二甲醚燃烧时排气烟度及微粒排放很低，并可以使用 EGR 降低 NO_x，使用氧化催化剂时，CO 及 HC 也很低，比较容易达到超低排放标准。

5.3.3　灵活燃料汽车(FFV)(见图 5-15)

灵活燃料汽车(Flexible Fuel Vehicle,FFV)也可以称为变燃料汽车(Variable Fuel Vehicle,VFV)，主要是指能使用纯汽油、纯醇燃料以及不同比例的汽油及醇燃料的混合燃料汽车。根据试验研究结果表明，含有 85% 甲醇或乙醇及 15% 汽油的混合燃料(M85 或 E85)的综合性能较好。

图 5-15　灵活燃料汽车

5.3.4　氢燃料汽车

使用气态氢或液态氢作为燃料的汽车称为氢燃料汽车。

1. 使用气态氢燃料的汽车

(1) 缸外混合　气态氢与空气在气缸外的混合器中形成可燃混合气，然后在进气行程送入气缸由火花塞或电热塞引燃。由于氢的分子量很小、体积大，因此机外混合的容积效率低，功率只有原来石油燃料发动机的 80% 左右，而且容易在进气管中产生回火现象，汽车的综合性能难以达到高的水平。

(2) 缸内混合　通过喷氢器将气态氢在压缩行程、进气门关闭以后喷入缸内。由于压缩行程开始后，气缸内气体的压力逐步上升，在压缩行程初期、中期或末期喷入缸内的氢气的压力也必须是不同的，压力高低需要与缸内气体压力相适应。

2. 使用液态氢的汽车

为了减小金属氢化物储氢及高压储氢方法所带来的装置外形尺寸及重量大的缺点，有些汽车使用液态氢作燃料，并用喷氢器直接将液态氢喷入缸内。

日本研制的液氢汽车的供氢系统如图 5-16 所示。由直流电动机驱动的液氢泵将液氢油

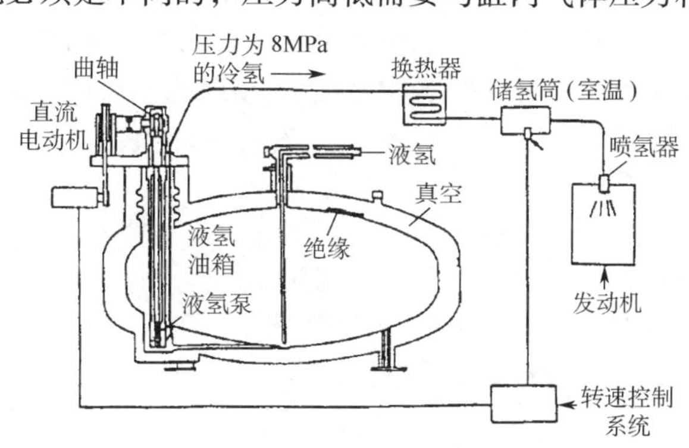

图 5-16　液氢汽车供氢系统

箱的氢抽出，液态氢迅速由液态变成气态，经高压输油管送入热交换器提高氢的温度，然后保持在室温左右的氢气由储氢筒经喷油器在高压作用下喷人发动机的燃烧室中。在储氢筒中安装有压力传感器，将储氢筒中压力变化的情况传给转速控制系统，转速控制系统改变直流电动机的转速，从而改变向储氢筒供给的氢的质量的多少。

5.3.5 其他生物燃料

由于多数生物燃料的性质与柴油较接近，所以主要在柴油机上进行研究与应用。在发动机中既有使用纯生物燃料的，也有和汽油、柴油等混合使用的。

1. 桉树油燃料

桉树油可以用作汽油机的燃料。在二冲程汽油机上掺烧40%以下的桉树油，其功率及比油耗与原汽油机基本一样；如果掺烧60%以上的桉树油，则要加大供油量；全部使用桉树油时，则低温起动困难。随着掺烧桉树油量的增大，排气中 NO_x、HC 及 CO 有所降低；桉树油的胶质较多，氧化稳定性差，对供油系零件及发动机寿命有一定影响。

2. 松节油燃料

松节油的辛烷值较高，十六烷值较低，较适合作汽油机的燃料。掺烧25%(容积比)的松节油的试验结果表明，其最大功率与用纯汽油时相当，比油耗在高负荷时比纯汽油时低，其余工况则高于纯汽油。排气中CO的含量也高于纯汽油时的含量，火花塞及润滑油易被污染。

3. 菜籽油及棉籽油

菜籽油的热值较高，凝点及粘度较低，氧化诱导期长，与空气接触不易形成堵塞油路的薄膜，较适合在柴油机中使用。柴油机使用100%的菜籽油试验时，最大功率不低于使用柴油时，质量油耗率比燃用柴油时高13%左右，热效率相差不大。在高负荷最佳燃烧状态下，燃用菜籽油的热效率比燃用柴油还略高。其排气的温度及烟度与燃用柴油时相接近。

棉籽油也适合于柴油机使用。在195柴油机上试验表明，燃用100%棉籽油时发动机具有良好的动力性能，在加大喷油泵循环供油量时，可以达到用纯柴油时的最大功率，并有较好的超负荷能力，热效率较高；但在低负荷时，热效率较低。

除上述生物燃料外，人们还对向日葵油、豆油、黑皂树油等作为发动机燃料进行了大量试验研究，并取得了一定成果。

5.4 太阳能汽车

太阳能汽车(见图5-17)是将太阳能转化为电能的汽车。太阳能是取之不尽、价格低廉、零污染的理想能源，缺点是要依赖天气，且能量转换效率低，造价高。

5.4.1　太阳能汽车的基本组成

它主要由太阳能电池组、自动阳光跟踪系统、驱动系统、控制器等组成。

1. 太阳能电池组

它是太阳能汽车的核心，由一定数量的单体电池串联或并联组成电池方阵。

图 5-17　太阳能汽车

太阳能单体电池由半导体材料制成，当太阳光照射在该半导体材料时，半导体的电子-空穴对被激发，形成“势垒”，也就是 P-N 结(见图 5-18)。

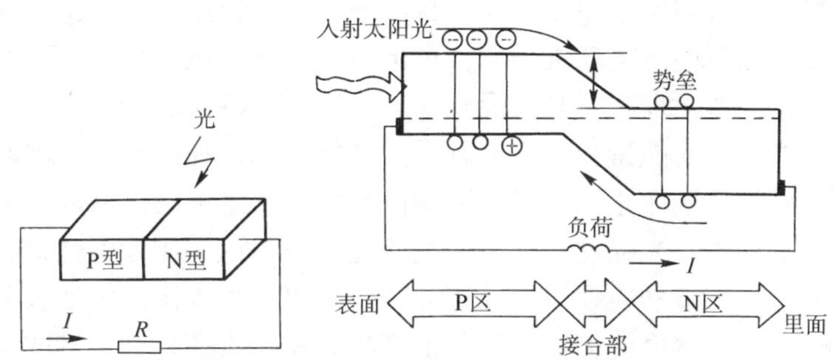

图 5-18　太阳能电池的工作原理

由于势垒的存在，在 P 型层产生的电子向 N 型层移动而带正电，在 N 型层产生的空穴向 P 型层移动而带负电，于是在半导体元件的两端产生 P 型层为正的电压，即形成了太阳能电池。

太阳能电池的电流大小与太阳光照射强度的大小和太阳能电池面积的大小成正比。车用太阳能电池将很多太阳能电池排列组合成太阳能电池板(见图 5-19)，

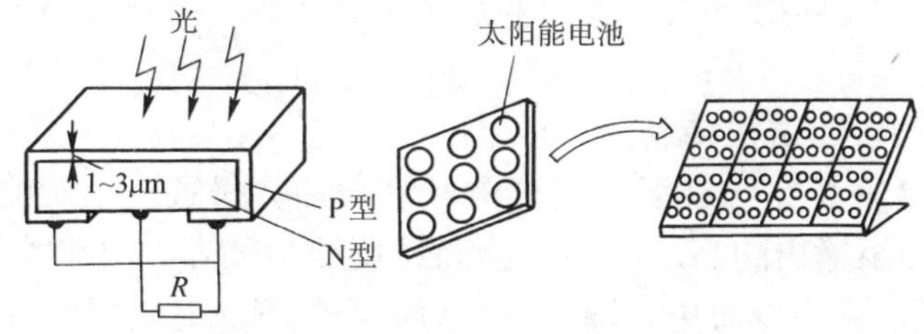

图 5-19　太阳能电池和太阳能电池板

以产生所需要的大电流和高电压。

2. 向日自动跟踪器

太阳能电池能量的多少取决于太阳电池板接收太阳辐射能量的数量，由于相对位置的不断变化，太阳电池板接受太阳辐射能量也在不断变化。向日跟踪器的作用就是保持太阳电池板正对着太阳，最大限度提高太阳电池板接受太阳辐射能的能力。

3. 驱动系统

太阳能汽车采用的驱动电动机主要有交流异步电动机、永磁电动机、直流电动机，其驱动系统与EV基本相同。

4. 控制器

主要实现对太阳能电磁组进行管理和对电动机的控制，其作用与EV控制系统相同。

5.4.2 太阳能汽车的工作原理

太阳能汽车由太阳能电池板在向日自动跟踪器的控制下始终正对着太阳接受太阳光，并转换成电能向电动机供电，再由电动机驱动汽车行驶。它实际上是一种电动汽车，其工作原理与串联式混合动力汽车(SHEV)基本相同。

由于太阳能电池的能量较小，而且受天气的影响，在阴天、下雨时，太阳能电池的转换效率降低或停止，所以太阳能汽车往往与蓄电池组共同组成太阳能混合动力电动汽车。当阳光强烈，转换为电能充足时，由太阳能电池板将太阳能转换为电能后，通过充电器向动力电池组充电，也可以由太阳能电池板直接提供电能，通过电流变换器将电流输送到驱动电动机，驱动汽车行驶。其驱动模式相当于串联式混合动力电动汽车(SHEV)。一般采用智能控制系统来控制其运行。当阳光较弱或阴天时，则靠蓄电池组对外供电。

5.5 缸内直接喷射式汽油机

汽油机缸内直接喷射(Gasoline Direct Injection,GDI)是把汽油直接喷射到气缸内，该技术的出现使汽油机技术进入了一个崭新的时代，它可能在21世纪取代传统的汽油机缸外喷射，成为理想的燃烧方式。图5-20所示为奥迪直接喷射式汽油机。

5.5.1 GDI发动机的结构特点

1）喷油器被安装在气缸上，直接向气缸喷油，每缸一个旋流喷油器(见图5-21)，高压汽油泵输出的高压汽油供给高压旋流喷油器，喷出旋流油雾，可使雾化的汽油在燃烧室内分布更合理，对缩短混合气形成时间更为有利。此外，喷油器的喷射方式可根据燃烧方式调节。

图 5-20　奥迪直接喷射式汽油机

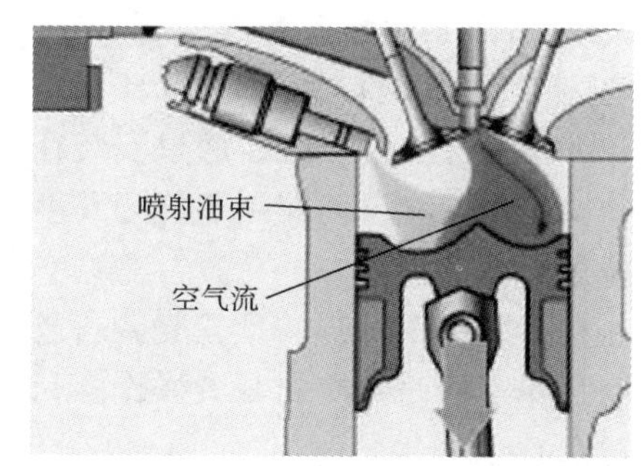

图 5-21　直接喷射式汽油机工作原理

2）采用高压汽油泵，其喷射压力可达 5MPa。

3）直立或螺旋式进气管道，进气阻力更小，提高了充气效率，利用进气涡流使火花塞附近的混合气浓度高于其他部分的混合气浓度，形成分层可燃混合气，实现分层燃烧，降低了最高燃烧温度，减少了 NO_x 的排放量，使发动机的动力性、经济性和排放性能得到提高。

4）弯曲顶面活塞　GDI 发动机采用独特的弯曲顶面活塞，使喷油器喷出的油雾形成纵向涡流，并有较多的油雾停留在火花塞附近，保证在火花塞附近的混合气有较高的浓度，以便将混合气点燃实现分层燃烧。火花塞附近的混合气被点燃后，再利用涡流使火焰迅速传播，即使是很稀的混合气，也能保证火焰的正常传播。

5.5.2　GDI 发动机的工作特点

GDI 发动机能根据发动机不同的工况，采用不同的燃烧方式：

（1）超稀混合气燃烧方式　小负荷工况采用超稀混合气燃烧方式。在压缩行程后期将汽油喷入气缸，并利用弯曲顶面活塞形成的挤压涡流，在火花塞附近形成较浓的混合气层，但在整个气缸内的混合气为超稀混合气，空燃比为 25 ~ 40。

（2）稀混合气燃烧方式　中等负荷工况采用稀混合气燃烧方式。在进气行程将汽油喷入气缸，整个气缸内的混合气为稀混合气，空燃比为 20 ~ 25。

（3）浓混合气燃烧方式　大负荷工况采用浓混合气燃烧方式。在进气行程喷入气缸，并利用压缩行程产生的挤气涡流形成均匀的混合气，但整个气缸内的混合气为浓混合气，空燃比约为 12.5，比理论混合气（空燃比为 14.7）稍浓。

5.6 其他汽车新技术

5.6.1 汽车安全新技术

1. 车距自动保持系统

在车辆行驶过程中，通过安装在车身前部的微波雷达传感器实现车间距离的自动检测，并能自动控制节气门开度和制动装置，与前方车辆保持设定的间距防止撞车。

在系统工作时，一旦驾驶者自己操作制动系统或节气门开度时，控制就会被自动解除，从而方便驾驶者操作。目前，日产汽车公司已将这种系统用到了其高级轿车 CTNA 上。

2. 紧急制动辅助装置(EBA)

许多驾驶员对紧急制动会产生恐慌的情绪，从而导致制动反应得太晚。紧急制动辅助装置(见图5-22)通过测定驾驶员踩踏制动踏板的速率来理解它的制动行为，如果察觉到制动踏板的制动压力急骤增加，EBA 会在几毫秒内启动全部制动力，其速度要比大多数驾驶员移动脚的速度快得多，可显著缩短紧急制动距离，并有助于防止在停停走走的交通中发生追尾事故。

3. 车道偏离报警系统

美国高速公路交通安全局称，由于疏忽大意、打瞌睡和其他因素使汽车无意识变道导致了美国55%的致命交通事故。

车道偏离报警系统(见图5-23)可以通过在后视镜中安装小型摄像机来识别车道标识。如果轿车偏离车道而且没有使用转向灯，视听报警信号就会闪烁，提醒驾驶员注意。

图5-22 紧急制动辅助装置

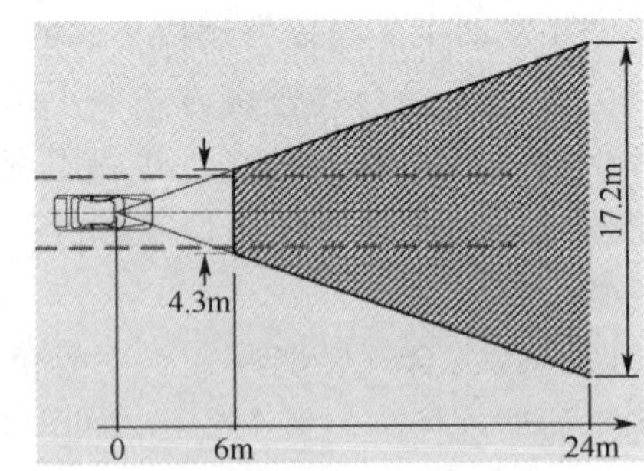

图5-23 车道偏离报警系统

4. 汽车电子稳定程序(ESP)

ESP 是英文 Electronic Stability Program 的缩写，是能有效避免车辆侧滑的电子稳定程序。

据德国保险联合会的一份事故调查报告显示：在所有的汽车事故中，约有25%的事故都是由车辆发生侧滑引起的。

电子稳定程序是一项主动安全系统，它包含了ABS和TCS，因此它能防止车轮在制动时抱死（ABS）、在启动时打滑（TCS）。ESP系统按照25次/s的频率检测驾驶员的行驶意图和车辆的实际行驶情况。发现有紧急情况（如车辆侧滑）时，它会迅速反应，通过液压调节器调节每个车轮的制动压力；如有可能，还会干预发动机和传动系统。

5. 周边车辆危险报警系统（见图5-24）

周边车辆危险报警系统通过车载微波雷达和摄像系统随时对周围车辆的运行状态进行监视，当发现周围的车辆与自己的车辆距离过近时，会自动发出警报，提醒驾驶员注意。

6. 下坡控制系统（HDC）

HDC系统利用防抱死制动电路分别向四个车轮施加制动力，从而在下坡时控制汽车速度在预定的范围内，最低速度目前可达4km/h，踩踏加速踏板可提高目标速度，而施加制动力则可降低目标速度。使用HDC时，应先将变速杆旁的开关打开。

7. 侧面撞击保护系统（SIPS）

统计表明，在所有的车辆碰撞模式中，侧面碰撞的机率占了1/3。

侧面撞击保护系统（Side Impact Protect System，SIPS）（见图5-25）的主要功能是将撞击力分散，以保护车身的完整性。

图5-24 周边车辆危险报警系统

图5-25 侧面撞击保护系统

SIPS的设计原理是将乘员区设计成一刚体区，使车辆承受侧面撞击时能将撞击力分散，保持车身的完整性。

8. 驾驶员状态监测系统

驾驶员状态监测系统可对驾驶员在驾驶过程中的精神状态进行监控。通过安装在驾驶员前面的传感器，随时对驾驶员的操作、眼睛的活动进行监视，当发现异常时会报警，严重情况下会自动关闭发动机，以保持驾驶的安全性。

5.6.2 汽车的智能化技术

1. 汽车自动导航系统

导航技术以前作为一种尖端军事技术在军事领域应用，20 世纪 80 年代开始应用于汽车，目前，汽车导航系统中所采用的技术主要有 GPS 卫星导航技术、航位推算(Dead Reckoning)、地图匹配(Map Mapping)等，其中，在全世界 200 种左右的汽车导航系统中有 2/3 以上采用 GPS 卫星导航技术和航位推算技术。

通过车载的电子地图和 GPS 接受机(见图 5-26)，自动显示车辆的行驶位置，车载电子地图可对驾驶员选择的目的地给出最佳的行驶路线，为人们的驾驶提供帮助。另外，通过这一技术的采用还可以方便地实现特殊车辆的跟踪、监视，以及对被盗车辆的定位查找。

图 5-26 GPS 卫星导航

2. 汽车自动驾驶技术

车辆的自动驾驶是 ITS(智能交通系统)的一个重要研究目标，为达到这一目标，美国已在圣地亚哥的一段长 7.6km 的洲际高速公路上进行了实验：在路面下每隔一定距离埋设专用磁铁，在车辆的前后保险杠上配置磁铁传感器，接受路面专用磁铁的信息反馈；车辆行驶由微机和传感器监控，交通信息通过车辆和路旁微机系统交流；实现自动驾驶后，车辆的行驶速度可达到 200km/h，车辆之间的车距也可大大缩短。

当车辆在电磁高速公路上行驶时，其驾驶、转向、停车完全由微机及相应支持系统自动完成，因此当汽车在电磁高速公路行驶时，即使不懂驾驶技术的人也能轻松上路。

3. 车载网络及声控技术

随着汽车功能的增加，车内不仅装有收音机、CD 机、车载电话等系统，驾驶员还可借助车内设备通过卫星通信设备联通计算机网络，进行上网和收发邮件工作，在这种情况下，进行声音控制就成了必然的选择，驾驶员只要发出相应的命令，就可完成这些操作，从而大大提高了方便性。目前，世界性的大汽车公司如通用、奔驰、雪铁龙等已推出了类似的声控产品。

为了不影响驾驶员驾驶车辆，现代汽车广泛采用蓝牙技术（见图5-27）进行无线通话、手机免提通话。

4. 电子自动控制悬架系统（见图5-28）

图5-27　车载网络技术

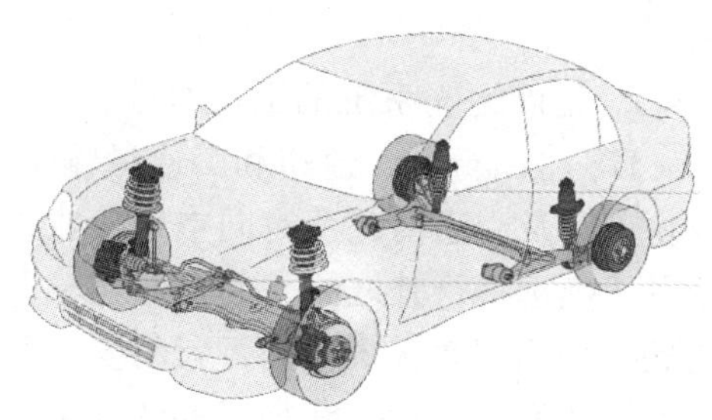

图5-28　电子自动控制悬架系统

该系统可进一步提高车辆行驶中的稳定性，通过车身上安装的多点传感器不断地将道路状况信息传给计算机，计算机根据这些信息分析作出反应，控制车辆的振动，使汽车稳定行驶。

5.6.3　智能运输系统

1. 智能运输系统的组成

智能运输系统（Intelligent Transportation System, ITS），主要包括智能信息服务子系统、智能车辆子系统、智能道路子系统和智能交通子系统4个方面（见图5-29）。它

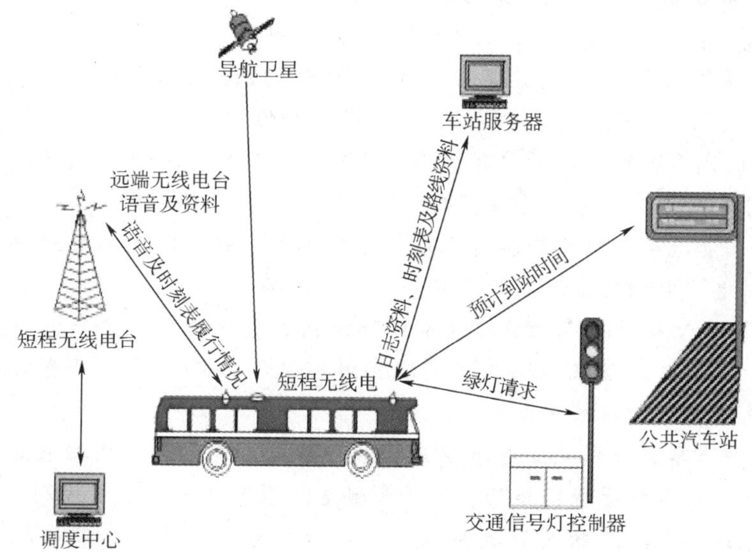

图5-29　智能运输系统

是通过采用先进的电子技术、信息技术、通信技术等高新技术，对传统的交通运输系统及管理体制进行改造，从而形成一种信息化、智能化、社会化的新型现代交通系统。

它是21世纪现代化交通运输体系的重要发展方向，其巨大的市场容量更决定了这是一项新兴的、大规模的国家产业，而且是21世纪全球几项最大产业之一。

2. 智能运输系统的工作原理

ITS将出行者、道路和交通运输工具三者作为一个整体系统来综合考虑。系统将道路及交通情况及时向空中接收设备发送，并且及时传递给出行者，指导出行者正确选择行驶线路，使交通运输基础设施得以发挥最大效能，车辆堵塞和交通拥挤得到有效解决，出行者的安全度和舒适度得到明显改善，并通过节约能源和保护环境使全社会获得巨大的社会经济效益。

本章小结

1）电动汽车是依靠电能驱动的车辆，它具有零排放的优点。按其使用的动力源不同可分为三类：蓄电池电动汽车、混合动力电动汽车和燃料电池电动汽车。

2）混合动力电动汽车是将电力驱动与辅助动力驱动结合起来，充分发挥两者各自的优势及两者相结合产生的优势的车辆。

3）燃料电池汽车是应用燃料电池作为动力的电动汽车。氢燃料电池工作时，外界不断供给负极氢气、供给正极空气，在催化剂作用下，氢原子中的电子被分离出来，在外电路形成电流，就可不断供给电能。

4）以压缩天然气和液化石油气作为燃料的汽车，称为压缩天然气汽车(CNGV)和液化石油气汽车(LPGV)，它们是一种低污染汽车。

5）其他代用燃料汽车主要有醇类燃料汽车、二甲醚(DME)汽车、灵活燃料汽车(FFV)等，其共同特点是能有效地降低汽车有害气体排放。

6）太阳能汽车是将太阳能转化为电能的汽车，由太阳能电池组成供电系统向电动机供电，电动机驱动汽车行驶。

7）GDI发动机是把汽油直接喷射到气缸内。它实现了混合气的稀薄燃烧和分层燃烧，能根据发动机不同工况实现稀薄燃烧和分层燃烧，可有效地降低油耗，减少有害气体的排放量。

8）其他汽车新技术主要有车距自动保持系统、紧急制动辅助装置、车道偏离报警系统、汽车电子稳定程序、周边车辆危险报警系统、下坡控制系统、侧面撞击保护系统、驾驶员状态监测系统、汽车自动导航系统、车载网络及声控技术、智能运输系统等。

【习题与思考题】

1. 名词解释：EV、HEV、FCEV、CNGV、LPGV、燃料电池、太阳能电池、太阳能汽车、直喷式汽油机、稀薄燃烧。

2. 上网检索我国电动汽车的发展现状，并给出自己的观点。

3. 检索直喷式汽油机的发展动态，分析其前景。

4. 了解当地的汽车交通控制状况，提出建议。

第 6 章　汽车选购与上牌

教学目标与要求

1）理解汽车主要性能指标。
2）掌握汽车选购的基本原则。
3）学会新车的挑选验收。
4）知道汽车上牌程序。

6.1　汽车主要技术参数

选购汽车，首先要了解汽车的主要技术参数，包括尺寸参数、质量参数和性能指标等。

6.1.1　汽车主要尺寸参数

汽车的主要尺寸参数包括轴距、轮距、总长、总宽、总高、前悬、后悬等（见图 6-1）。

1. 轴距 L

轴距指车轴之间的距离。对双轴汽车，轴距就是前、后轴之间的距离；对三

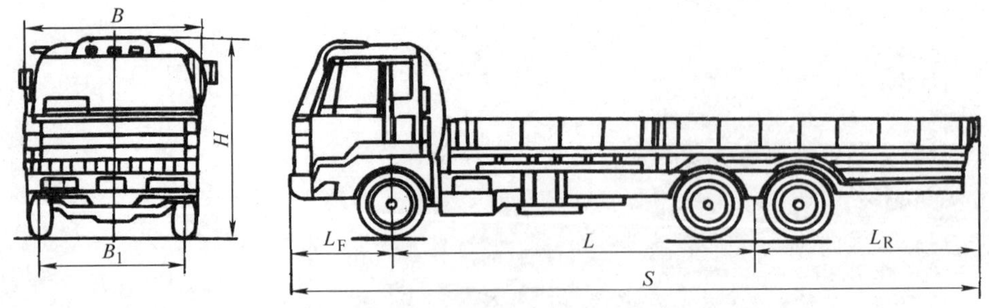

图 6-1　汽车主要尺寸参数

S—总长　B—总宽　H—总高　L—轴距　B_1—前轮距　L_F—前悬　L_R—后悬

轴汽车，轴距是指前轴与中轴之间的距离和前轴与后轴之间的距离的平均值。

汽车轴距短，汽车总长就短，质量就小，最小转弯半径和纵向通过半径也小，机动灵活，一般普通轿车及轻型载货汽车轴距较短。但轴距过短会导致车厢长度不足或后悬过长，汽车行驶时纵向振动过大，汽车加速、制动或上坡时轴荷转移过大而导致其制动性和操纵稳定性变坏，以及万向节传动的夹角过大等。所以一般货车、中高级轿车轴距较长。

2. 前、后轮轮距 B_1、B_2

汽车轮距对总宽、总质量、横向稳定性和机动性都有较大影响。轮距愈大，则悬架的角度愈大，汽车的横向稳定性愈好。但轮距过大，会使汽车的总宽和总质量过大。

3. 汽车的外廓尺寸

汽车的外廓尺寸指总长 S、总宽 B 和总高 H。我国对公路车辆的限制尺寸是：总高≤4m，总宽(不包括后视镜)≤2.5m，左、右后视镜等突出部分的侧向尺寸总共≤250mm；总长对于载货汽车及越野汽车≤12m，牵引汽车带半挂车≤16m，汽车拖带挂车≤20m，挂车≤8m，大客车≤12m，铰接式大客车≤18m。

4. 汽车的前悬和后悬 L_F、L_R

汽车前悬：汽车前端至前轮中心之悬置部分。前悬处要布置发动机、弹簧前支架、车身前部、保险杠和转向器等，要有足够的纵向布置空间。前悬也不宜过长，否则会使汽车的接近角过小而影响通过性。

汽车后悬：汽车后端至汽车后轮中心之悬置部分。后悬长度主要与货厢长度、轴距及轴荷分配有关。后悬也不宜过长，否则会使汽车的离去角过小而引起上、下坡时刮地，同时转弯也不灵活。

6.1.2　汽车的质量参数

汽车的质量参数主要指汽车的装载质量、总质量、整备质量利用系数和轴荷分配等。

1. 汽车的装载质量

乘用车：以座位数计算，包括驾驶员座位在内最多不超过 9 个座位。

商用车中的客车：以载客量计。

商用车中的载货汽车：以其在良好的硬路面上行驶时所装载货物质量的最大限额(t)计。超载将导致车辆早期损坏，制动距离变长，甚至造成交通事故。

2. 汽车的整备质量

汽车的整备质量指汽车在加满燃料、润滑油、工作液(如制动液)及发动机冷却液并装备(随车工具及备胎等)齐全后但未载人、载货时的总质量。整备质量越小的汽车，燃油消耗越少，经济性越好。

3. 汽车的总质量

汽车的总质量指已整备完好、装备齐全并按规定载满客、货时的汽车质量。

4. 汽车的整备质量利用系数

汽车的整备质量利用系数指载货汽车的装载量与其整备质量之比。它表明单位汽车整备质量所承受的汽车装载质量。此系数愈大表明该车型的材料利用率及设计与工艺水平愈高。

5. 汽车的轴荷分配

汽车的轴荷分配指汽车空载和满载时的整车质量分配到各个车轴上的百分比。它对汽车的牵引性、通过性、制动性、操纵性和稳定性等主要性能以及轮胎的寿命，都有很大的影响。

6.1.3 汽车主要性能指标

汽车主要性能指标有汽车的动力性能(最高车速、加速时间、爬坡性能)、经济性能(汽车的燃料消耗量)、制动性能(汽车的制动距离)、通过性能(最小转弯半径、汽车的最小离地间隙、接近角、离去角、纵向通过角)、操纵稳定性、汽车有害气体排放、噪声和起动性能等。

1. 汽车的最高车速

汽车的最高车速指在水平良好路面(混凝土或沥青)上和规定载质量条件下汽车所能达到的最高车速(km/h)，它是汽车的一个重要动力指标。目前普通轿车最高车速一般为150~200km/h。

2. 汽车的加速时间

汽车的加速时间指汽车加速到一定车速所需要的时间。常用原地起步加速时间与超车加速时间表示。它也是汽车动力性能的重要指标。轿车常用0~100km/h的换挡加速时间来评价，如普通轿车为10~15s。

3. 汽车的爬坡性能

汽车的爬坡性能指汽车满载在良好路面等速行驶的最大爬坡度。一般要求在30%(即16.7°)左右。越野车要求更高，一般在60%(即31°)左右。

4. 发动机的有效功率

发动机曲轴输出的功率称为有效功率。

发动机制造厂按国家规定所标定的发动机有效功率称为标定功率。发动机名称牌上标明的功率就是标定功率。我国内燃机功率标定分为四级，见表6-1。

表6-1 我国内燃机功率标定

分级	含义	应用
15min功率	在标准环境条件下，内燃机能连续稳定运转15min时的最大有效功率	汽车等
1h功率	在标准环境条件下，内燃机能连续稳定运转1h时的最大有效功率	工程机械、拖拉机等

（续）

分　　级	含　　义	应　　用
12h 功率	在标准环境条件下，内燃机能连续稳定运转 12h 时的最大有效功率	部分拖拉机和电站等
持续功率	在标准环境条件下，内燃机能长期连续稳定运转的最大有效功率	铁路机车、船舶和发电机组等

对于相同排量的发动机，功率越大，动力性能越好。为了衡量不同发动机的动力性能，发动机还常采用升功率作比较。它是指发动机在标定工况下每升气缸工作容积所发出的有效功率。升功率越大，发动机动力性能越好。

5. 汽车的燃料消耗量

通常以百公里油耗衡量，即汽车在良好的水平硬路面以一定载荷（轿车半载、货车满载）及最高挡等速行驶时的百公里燃料消耗量，单位为 L/100km。它是汽车的燃料经济性常用的评价指标。

6. 最小转弯半径

当转向盘转到极限位置、汽车以最低稳定车速转向行驶时，外侧转向轮的中心平面在支承平面上滚过的轨迹圆半径 R（见图 6-2）。它表征了汽车能够通过狭窄弯曲地面的能力。最小转弯半径越小，汽车的机动性越好。轿车的最小转弯半径一般约为轴距的 2～2.5 倍。

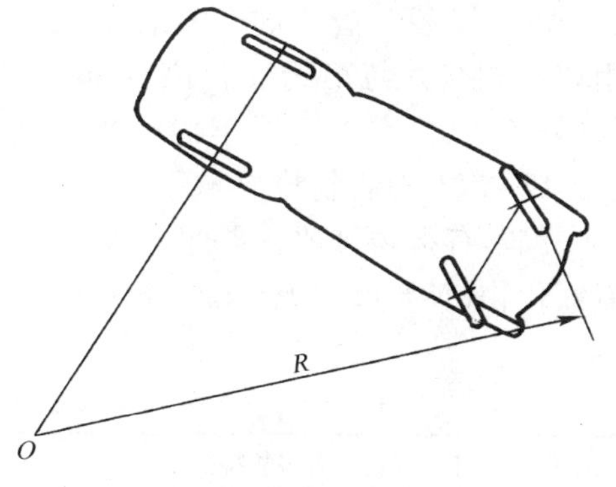

图 6-2　汽车最小转弯半径

7. 汽车的制动距离

汽车的制动距离指汽车在良好的试验跑道上在规定的车速下紧急制动（紧急制动时踏板力对乘用车要求≤500N；对其他车要求≤700N）时，由踩制动踏板起到完全停车时的距离。按 GB 7258—2004 新标准要求，乘用车空载以 50km/h 初速度的制动距离应≤19m，不同类型的汽车有不同的制动距离要求。

8. 汽车的最小离地间隙

汽车的最小离地间隙指汽车满载、静止时，平直地面与汽车上的中间区域最低点之间的距离 h（图 6-3）。它反映了汽车无碰撞地通过地面凸起的能力。

9. 接近角 γ_1

接近角指汽车满载、静止时，前端突出点向前轮所引切线与地面间夹角（见图 6-3）。γ_1 越大，越不易发生汽车前端触及地面，通过性越好。

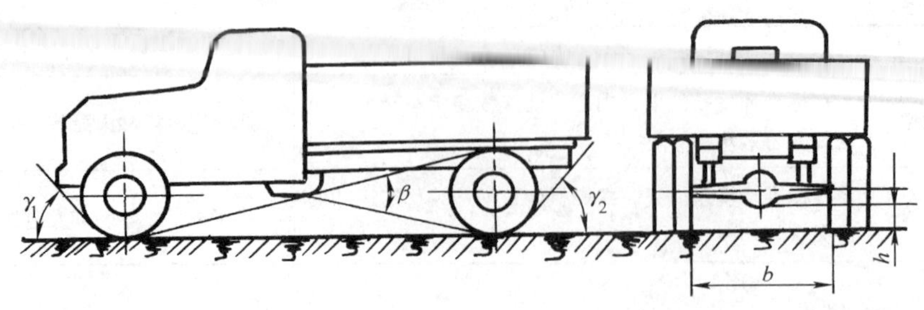

图 6-3 汽车通过性指标

h—最小离地间隙 b—两侧轮胎内缘间距 γ_1—接近角

γ_2—离去角 β—纵向通过角

10. 离去角 γ_2

离去角指汽车满载、静止时，后端突出点向后轮所引切线与地面间的夹角（见图 6-3）。γ_2 越大，越不易发生汽车后端触及地面，通过性越好。

11. 纵向通过角 β

汽车满载、静止时，垂直于汽车纵向中心平面，分别与前、后车轮轮胎相切，相交并与车轮底盘刚性部件（除车轮）接触的两个平面形成的最小锐角（图 6-3）。它决定了车辆所能通过的最陡坡度。β 越大，汽车通过性越好。

12. 汽车有害物排放

汽车有害物排放主要来自发动机，有一氧化碳（CO）、碳氢化合物（HC）、氮氧化物（NO_x）、二氧化硫（SO_2）、醛类和微粒（含炭烟）等，其主要危害见表 6-2。

表 6-2 发动机主要有害物排放及危害

有害排放	有害物特征	危害
CO	无色、无臭、有毒气体	使人出现恶心、头晕、疲劳等缺氧症状，严重时窒息死亡
NO_x	赤褐色带刺激性的气体	伤害心、肝、肾。与光化学反应生成臭氧和醛等
HC	刺激性的气体	破坏造血机能，造成贫血、神经衰弱，降低肺对传染病的抵抗力。与光化学反应生成臭氧和醛等
光化学烟雾	HC 与 NO_x 在阳光作用下所形成的烟雾，有刺激性	降低大气可见度，伤害眼睛、咽喉，影响植物生长
醛类	较强的刺激性臭味	伤害眼睛、上呼吸道、中枢神经
微粒	炭烟等	伤害肺组织
SO_2	无色、刺激性气体	刺激鼻喉，引起咳嗽、胸闷、支气管炎等

据资料介绍，目前世界汽车每年排向大气中的有害物质高达 7 亿多吨，严重污染了大气，已形成公害。为此，各国都制定了相应的汽车排放标准，我国排放标准参照欧洲法规体系，2000 年开始执行 EU Ⅰ标准，2003 年开始执行 EU Ⅱ标准。2005 年 12 月 30 日起，正式执行国家第三、四阶段机动车排放标准（相当于 EUⅢ号、EUⅣ号排放标准）。自 2007 年 1 月 1 日起，对轻型柴油车实施国Ⅳ排放标准。汽车排放是汽车年检时的一个重要项目。

13. 噪声

噪声是汽车工作时发出的一种声强和频率无一定规律的声音。它不仅损害人的听觉器官，还伤害神经系统、心血管系统、消化系统和内分泌系统，容易使人性情烦躁，反应迟钝，甚至耳聋，诱发高血压和神经系统的疾病，应该给予控制。我国的噪声标准中规定，汽车驾驶员耳旁的噪声≤90dB(A)。

14. 起动性能

起动性能是表征汽车发动机起动难易的指标。发动机起动性能好，便于汽车起步行驶，同时减少了起动时的功率消耗和发动机的磨损。

起动性能一般以一定条件下的起动时间长短来衡量。我国标准规定，不采用特殊的低温起动措施，汽油机在 -10℃、柴油机在 -5℃以下的气温条件下起动，能在 15s 以内达到自行运转。

15. 可靠性和耐久性

可靠性是指发动机在规定的运转条件下，具有持续工作、不会因为故障而影响正常运转的能力。可靠性一般以保证期内的不停车故障数、停车故障数、更换主要零件和重要零件数等具体指标来衡量。

耐久性是指发动机在规定的运转条件下，长期工作而不大修的性能。耐久性一般以发动机从开始使用到第一次大修前累计运转的时间表示。

6.1.4　汽车发动机速度特性曲线

全面评价汽车动力性能、经济性能时经常采用发动机速度特性曲线。

1. 发动机速度特性曲线的含义

发动机速度特性曲线是指当燃料供给调节机构（如汽油机的节气门）位置不变时，发动机性能指标（转矩、功率、燃油消耗率等）随转速的改变而变化的关系曲线，如图 6-4 所示。

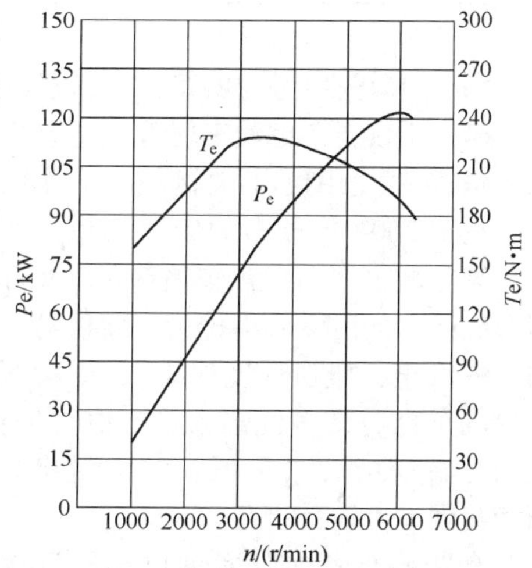

图 6-4　发动机特性曲线

当燃料供给调节机构固定在全负荷位置（如汽油机节气门全开位置）时，所测得的速度特性曲线称为外特性曲线或全负荷速度特性曲线。

2. 发动机速度特性曲线的应用

从外特性曲线可以找出该发动机的最大功率、转矩及对应的转速等。如图6-4所示，发动机的最大功率及对应的转速是123kW/6000r/min，最大转矩及对应的转速是225N·m、3500r/min。

使用时，若要获得较大的功率，发动机转速就应该高一些；而要发挥最大转矩，则应该适当降低发动机的转速。

6.2 汽车选型

随着我国家用汽车逐渐普及，购买到称心如意的汽车是广大车主的愿望，这里对选购家庭轿车的基本原则和方法提供一些看法，供参考。

6.2.1 确定购车档次

汽车档次分微型轿车、普通级轿车、中级轿车、中高级轿车和高级轿车等，其对应的排量和价格如表6-3所示。

表6-3 汽车档次对应的排量和价格

汽车档次	发动机排量/L	参考价格/万元	车辆性能	购车目的	适用家庭
微型轿车	≤1	≤5	一般	代步	经济一般
普通轿车	1~1.6	5~10	较好	代步、公务	经济中等
中级轿车	1.6~2.5	10~15	好	公务、代步	经济较好
中高级轿车	2.5~4	15~25	豪华	公务、代步	经济好
高级轿车	≥4	≥25	超豪华	公务、享乐	经济很好

购车时首先应考虑购车目的和家庭的经济条件，量力而行。在考虑汽车费用支出时，不仅要考虑汽车售价，还应综合考虑附加费(包括车辆购置税、牌证费、保险费、车船使用税、日常的使用费等)。高档车各方面的收费都较高。

我国2004年颁布的新“汽车产业发展政策”提出“引导汽车消费者购买和使用低能耗、低污染、小排量、新能源、新动力的汽车，加强环境保护”，对购买小排量汽车也有许多优惠政策，值得提倡。我国奇瑞QQ汽车(见图6-5)大量出口欧洲和美国，也很受欢迎。

图6-5 奇瑞QQ汽车

有些购车者面临着进口车的选择问题。社会上流传有“日系车省油、德系车安全、法系车时尚、美系车大气”的说法，其有一定历史背景，可以参考。

一般而言，美国车系（通用、福特、克莱斯勒）材质优良、动力强劲、乘坐舒适、驾驶安全，但油耗偏高。近年美国汽车公司也吸收了日本车系的理念和技术，推出了一些针对中国消费特点的经济实用型轿车，例如目前畅销的欧宝系列及福特蒙迪欧等。

欧洲车系底盘扎实、悬架系统较好、注重操纵性、追求驾驶乐趣、制造工艺精良。德国汽车的刚劲沉稳、法国汽车超凡的操控性、意大利汽车出色的高性能，一直为世人称道。

日本车系轻巧美观、造型新颖、油耗低、使用效率高、注重经济性、装饰做工细腻，灌注了东方人精微细腻的心理特征，在为乘员着想方面做得无微不至。无论是车门缝隙的大小、漆面的光滑平整度还是车厢的焊接工艺，日本汽车都非常出色。

相同排量和配置的进口车，由于关税原因，价格一般比国产车高，各种其他税费及日后的配件及使用费等都较高，应全面考虑。现在世界主要汽车大公司都来我国合资，并根据我国实际情况设计车型，生产出来的汽车质量都比较好。

6.2.2 确定汽车款式

现代汽车根据不同人要求，设计有不同款式供选择，个性化强，用户可以根据自己喜欢的款式，随意选择。不同车款特点如下所示。

1. 三厢车（见图6-6）

三厢车的车尾有密封的行李箱，在空气调节及音响分布方面更有利于乘客，乘客之间交谈时也比较方便。缺点是扁阔的行李箱放不下较大件的行李，而且乘客在行车时，也照顾不到放在行李箱的东西。

2. 两厢车（见图6-7）

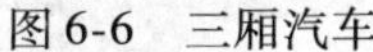

图6-6 三厢汽车

图6-7 两厢汽车

两厢车的车尾没有行李箱，所以摆放简单行李的位置是在后座位靠背的后面，使车身的长度缩短了很多，转向更加灵活；此外，在停车时不用估计行李箱的长度，所以容易预算位置，给初学驾驶者带来不少的方便。

3. MPV和SUV汽车

MPV(Multi-Purpose Vehicle)汽车(见图6-8)就是“多用途客车”，它可以作家用车，也可以用作商务车，还可以用作休闲旅行车，甚至可被当作小货车来使用，它兼具了轿车的舒适性和小型客车的较大空间，一般为单厢式结构，即俗称的“子弹头”。

SUV(Sports Utility Vehicles)汽车(见图6-9)是指造型新颖的多功能越野车，它不仅具有MPV的多功能性，而且还有越野车的越野性。

图6-8 MPV汽车

图6-9 SUV汽车

MPV和SUV汽车都具有车身较高，视野较广阔，座位较高，坐在上面，就好像坐在客厅的椅子上一样，身体与腿部成90°，令长途行车也不易感觉疲倦。

4. 轿跑车(见图6-10)

兼有轿车和跑车的特点，一方面强调要善于奔跑、具有运动性，另一方面又不能丢掉轿车载人、实用的功能。

轿跑车可以在轿车基础上增添跑车元素(像丰田锐志、马6轿跑车、奔驰CLS)，也可以是跑车基础上套用轿车的实用性元素(像四门跑车RX-8、玛莎拉蒂Quattroport等)。

6.2.3 汽车颜色选择

1. 颜色与心理感觉

汽车的颜色五花八门(见图6-11、文前彩页图6-12~图6-17)，不同颜色给人的感觉不同。

图6-10 轿跑车

图6-11 银灰色汽车

银灰色最能反映汽车本质的颜色，看见银灰色就想起了金属材料，整体感很强。美国杜邦的调查结果显示，银色汽车最具人气，也最具运动感。

白色给人以明快、活泼、清洁、朴实大方的感觉，容易与外界环境相吻合而协调。另外，白色是膨胀色，容易使小车显大。日本汽车在 20 世纪 80 年代有白色代表高级的说法，白色车的销量曾经占到过总销量的 70%。另外，白色车相对中性，对性别要求不高。

黑色是一种矛盾的颜色，既代表保守和自尊，又代表新潮和性感，给人以庄重、尊贵、严肃的感觉。黑色也容易与外界环境相吻合。黑色一直是公务车最受青睐的颜色，高档汽车用黑色显得气派十足，但低档车最好不要选用黑色。

红色给人以跳跃、兴奋、欢乐的感觉。红色是放大色，同样可以使小车显大。阳光下感觉如同一团火焰，非常提神，用于跑车或运动型车非常适合。

蓝色给人感觉是清爽、清凉、冷静、豪华和气派。

黄色给人以欢快、温暖、活泼的感觉。黄色是扩大色，在环境视野中很显眼，跑车选用黄色非常适合，小型车用黄色也非常适合。出租车和工程抢险车的黄色，一是便于管理，二是便于人们及早地发现，可与其他汽车区别。私用车选用黄色的不多。

绿色有较好的可视性，这是大自然中森林的色彩，也是春天的色彩。小型汽车选绿色很有个性，但豪华型车如果选用绿色，有点不伦不类的感觉。

实际汽车生产企业一般都准备了很多种颜色可供选择，如捷达汽车高达 16 种，有些高档车更是准备了几十种颜色。选车时可以向销售商索取该车的色彩样本，选择自己钟爱的颜色，据此向销售商订货。

2. 颜色与行车安全

国内外大量科学研究表明，不同外表颜色汽车发生撞车等交通事故的几率不同。如图 6-18 所示，黑色汽车交通事故率最大，而银灰色最安全。

专家解析认为，首先，颜色是有进退性的，即所谓的前进色和后退色。例如，有红色、黄色、蓝色、黑色共 4 部轿车与你保持相同的距离，你就会觉得红色车和黄色车要离自己近一些，是前进色；而蓝色和黑色的轿车看上去较远，是后退色。前进色的视觉效果要比后退色好，看起来要近一些，驾驶员就会早一点时间察觉到危险情况。

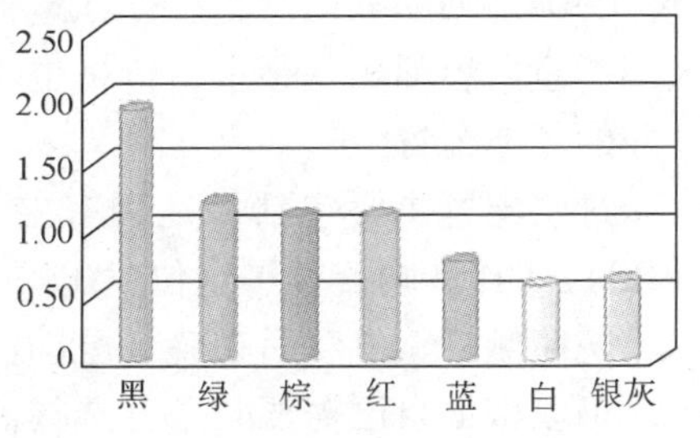

图 6-18　汽车颜色与行车安全

其次，颜色有胀缩性，即膨胀色和收缩色。如将相同车身涂上不同的颜色，会产生体积大小不同的感觉。如黄色看起来感觉大一些，是膨胀色；而同样体积的黑色、蓝色感觉小一些，是收缩色。收缩色看起来比实际要小，尤其是傍晚和下雨天，常不为别的车辆和行人注意而诱发事故；黄色等为膨胀色，看起来比实际要大，不论远近都很容易引起注意。

6.2.4 比较汽车性能

汽车好坏的本质在于性能，应该从厂商提供的说明书，初步了解车辆的性能，主要使用性能指标如下：

1. 发动机

发动机是汽车的“心脏”，它的性能决定了整车的动力性能、经济性能和排放性能。

一般发动机排量大，额定功率就大，牵引力就大，车速也会高。但百公里燃油消耗也高，从汽车说明书上可以直接看出上述指标，应该要求“马儿跑得快，又要马儿少吃草”。

2. 底盘

汽车的底盘直接影响到车辆的行驶安全、稳定性、舒适性和操作方便性，也影响到汽车的动力经济性能。

汽车底盘的变速器有手动和自动两种类型可供选择。自动变速器(自动波)的汽车少了一个离合器，左脚完全解放出来，驾驶起来轻松多了，不用分心去换挡，思想集中，行车事故相对减少。对于驾驶经验不足者、女性和老年人等，采用自动变速器的汽车就有很大的优越性。但使用自动变速器的汽车的价格要比使用手动变速器汽车的高，百公里油耗也稍高，加速要慢一些。所以，熟练的驾驶员较多选用手动变速器。

3. 车身

车身款式多样，可以从外观直接了解。车身总体尺寸(总长、总宽、总高、轴距、轮距等)在汽车说明书上都有标出。相同外形尺寸的车辆，轴距和轮距越大，车身稳定性越好，车内空间越大。缺点是占地面积大、转弯半径大、质量大、油耗高。

车身的设计还与油耗有很大关系，流线形越好的车空气阻力越小，越省油。

6.2.5 比较汽车的配置

一个系列的家用汽车，往往包括很多具体型号，它们之间可能外型没有很大区别，但内容却相差很多，价格也不尽相同。其价格区别在于除发动机与变速箱之外的其他配置。

这些配置主要包括：是否有空调装置、防抱死制动装置(ABS)、安全气囊(SRS)、CD音响、卫星定位(GPS)、倒车雷达、铝合金轮毂、金属漆、助力转向、防撞侧杆、电动后视镜、电动门窗、天窗、防盗设施以及水杯托架、储物箱等，可以根据自己需要与条件选择。

安全配置要优先要考虑。ABS、安全气囊(SRS)已经成为乘用车的必须配置。一些性格比较急躁的人，也应该充分考虑汽车的安全配置。

真皮座椅气派、美观、凉爽、透气性好、易于擦洗，适于南方炎热地区使用；但北方寒冷地方就很少有人选用了，因为它又凉又滑，转弯时有一种容易滑出去的感觉。所以，北方人喜欢选用绒面或布面座椅。中国幅员辽阔，客观环境千差万别，挑选汽车时也要区别对待。

CD音响不可没有，但也不必要求太高。高保真音乐越动听，越容易分散驾驶时的注意力，增加出事的可能性。

6.2.6 比较汽车的售后服务

车辆的售后服务是购车考虑的一个重要的环节，因为日后车辆的保养和维修要延续几年甚至十几年时间，良好的售后服务会给你带来许多方便。

对比售后服务，一是要看所在的地区有多少您所确定购买的品牌汽车的专业维修点，维修点多，说明厂家重视售后服务，同时也可以有更多选择的余地；二是看这些专业维修点的维修水平、服务态度、价格标准。可以亲自前往专业维修点感受一下他们的服务，看看厂商给予他们何种授权及评价。

保修期长短是售后服务的重要内容。汽车在保修期内，厂家负责免费维修，只要不是人为因素，一般连维修配件都是免费的。

保修期分保修年数和行驶里程数两种，要分析比较。对于出租车、营运车来说，应按行驶里程数保修；而对私家车来说，应按保修年数保修。这也是选车时不能不考虑的一个因素。

6.2.7 比较他人对汽车的评价

1. 请教专家

专家主要是指有经验的汽车修理工、驾驶员、销售人员、专业老师、管理人员等，他们常年与汽车打交道，所以最有发言权。

2. 请教身边购车者

可以向身边购车者咨询，如：最近跑长途了吗，路上时速多少，买来多久进的修理厂，修理厂的态度、价格好吗，夏天开空调时凉快吗，开空调油耗多少，到野外去过吗，山道上跑得怎么样等。

3. 查询网上车友论坛

形形色色的有车族(包括无车的网民)在网站上发布了无数的帖子，语言生动、口无遮拦，信息量之大，任何媒体无可比拟，可以作为一个参照，当然，对于网上的信息必须注意筛选。

4. 留意新闻媒体的报道

近年来，新闻媒体对于汽车的报道越来越多，通常新闻媒体的报道正面为多，注意将不同媒体不同来源的消息放在一起分析，可得出结论。

还有一种方法，就是注意股市和股价的变化。我国主要的汽车制造企业都是上市公司，业绩会比较准确地反映到年报中，从而影响股价的变化。

6.3 新车的选购

选定了品牌、车型后，面临的应是怎样挑选和验收新车了，准车主们可参照以下步骤验收：

1. 查看出厂日期

出厂日期是标志该车从生产线上完成装配的日期。它往往被注明在发动机盖下面的一块小铝牌上。如果看到这个日期与买车的日期十分接近，说明该车较新。另外，新车的里程表上显示的行驶了10～20km是正常的，可以认定为是“零公里”的新车。

2. 查看轮胎

零公里新车的轮胎，是完全没有磨损的，包括轮胎制造过程中产生的细小痕迹以及刺状的突起。

3. 观察“跑冒滴漏”

打开发动机盖，观察发动机气缸体和气缸盖、油底壳之间有无润滑油渗漏，散热器周围有无水渍，蓄电池桩头附近有无污染和锈蚀，空调管路的接口处有无尘土沾粘。

观察底盘，检查转向节附近有无渗油，驱动轴的防尘套是否完好，减振器周围有无尘土粘连，减振的橡胶零件有无变形，变速器和后桥的外壳是否有渗漏的油迹，或观察地面是否有滴油的痕迹。

4. 检查车门

试试车门开启是否灵活，听听车门开合时的声音。关门时，如果发出沉闷的砰砰声音，说明车门工艺精湛，密封性良好；如果关门时，发出清脆的啪啪声，说明车门工艺不好，密封性差。

5. 观察车身

应首先注意发动机盖、行李箱盖以及车门装配的几何尺寸是否准确，缝隙是否均匀；边角有无漆溜或鼓包；线条是否清晰明快。从侧面迎着光线观察，这样，可以了解车身的弧线是否圆滑、棱线是否笔直。

6. 车内检查

坐进驾驶室，试试门窗升降是否平顺，角落边缘有无锈迹，座位有无污垢。用手晃动转向盘，上下不能有窜动现象，左右转动转向盘，应该有一定自由行程，这个自由行程要符合使用说明书的要求，一般不超过15°。检查仪表板及仪表装配是否工整，有没有歪斜现象；试试工具箱、烟灰缸以及车内其他小装置的开合是否顺畅。

7. 检查汽车电器

检查蓄电池的液面高度和电液比重是否符合规定。看看蓄电池的正、负极桩头是否洁净。

打开电源钥匙的第一挡，仪表板上所有的指示灯应该全亮。油量指针应该有上升的变化。检查灯光时，先打开故障报警开关，此时，所有的灯光均应有节奏地闪动；拨动转向灯开关和雾灯开关，检查灯光是否完好；挂倒挡，倒挡灯应该亮起；踩下制动踏板，制动灯应该亮。

检查刮水器，在中、低、高各速度上应工作正常，喷水清洁器出水应畅通。

按动喇叭，声音应该柔和动听。

打开收录机，听音响效果。先开到最小声音，听音响对细小声音的分辨能力；然后，开到最大声音，听喇叭是否失真。

8. 试车

试车是购车的关键环节，包括察看、驾驶、检验等项目，请个修理技师或有开车经验的人一同挑选最好。

1）静止状态下，检查一下加速踏板是否反应灵敏；离合器踏板是否过硬过沉；离合器踏板和制动踏板是否有一定的自由行程，这个自由行程是否符合使用说明书要求；踏下制动踏板到极限，有无继续向下的感觉，如果有，说明制动油路有问题。三个踏板均应回位迅速无卡滞的现象。

2）起动发动机，看看发动机在怠速时是否平稳，有无不规则颤动，转速表的指针是否上下晃动，晃动厉害，说明怠速不稳。观察转速表指示的转速是否符合说明书要求；加大节气门，发动机的声音应该是由小到大的平稳轰鸣。其中如果有极细小的金属敲击声或沉闷的碰撞声，都可能是发动机致命的缺陷。可以多试几台车，互相区别一下它们发动机的声音，选一辆声音最小、最柔和的。

3）在颠簸的道路上打开窗户，倾听底盘、减振器是否出现异响。

4）突然加大节气门开度，看看发动机的反应快慢，车子是否有“推背感”，如果有，说明加速性能良好。

5）轻轻转动转向盘，其反映应该及时灵敏。如果感觉很沉，很费力，或者自由行程过大，反映迟缓，说明转向机有问题。向左右转弯后，让它自己转回，看看是否朝正直方向前进，如果不能回到正直方向或者出现跑偏现象，说明转向机或前轮的前束有问题。

6）检查制动，轻轻踏下制动踏板，看看是否反应灵敏，反应迟缓或过于灵敏都不好。紧急制动后，方向应仍能保持正直。

6.4 汽车上牌

许多新车主对汽车上牌不太了解，认为是很麻烦的事情，其实只要了解上牌程序，并不繁琐。图6-19所示为汽车牌照办理的一般流程。

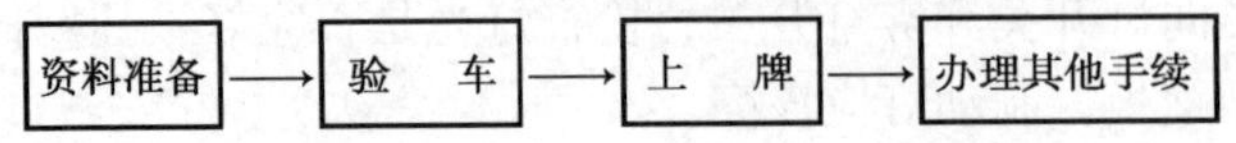

图6-19　汽车牌照办理的一般流程

1. 资料准备

提供个人身份证、购车发票、车辆合格证；占地证明(停车泊位证明)。

2. 验车上牌

1）进行发票的工商验证。

2）车辆进行刑侦、外观、车辆尾气等检验，合格后由检测站总检交警签字。

3）去购置费征稽处购买车辆购置附加费。

4）对车辆进行保险(保险单)。

5）办理车辆选号手续。车辆号牌的取得有三种方式：一是在机动车登记系统自动生成的若干个号码中选一个号码；二是通过“自编自选”方式选号；三是通过竞拍方式选号。

以上手续办好后，需在占地证手续办理7天后方能拿车辆牌照(需用户本人同去)。上牌后照相，3天后拿行驶证。

3. 其他手续

包括购置费征稽处建立档案；交养路费；交纳车船使用税。

本章小结

1）汽车主要性能指标包括尺寸参数(轴距、轮距、总长、总宽、总高、前悬、后悬等)、质量参数(装载质量、总质量、整备质量利用系数和轴荷分配等)和主要性能指标(最高车速、加速时间、爬坡性能、发动机有效功率、百公里油耗量、制动距离、最小转弯半径、最小离地间隙、接近角、离去角、纵向通过角、有害气体排放、噪声、起动性能、可靠性和耐久性等)。

2）汽车选购应根据购车目的、家庭的经济条件、个人爱好和环境特征等综合考虑。

3）新车挑选验收时，应请有经验的汽车修理工、驾驶员等进行新车的全面检查和试车。

4）汽车上牌的流程是资料准备→验车上牌→买保险→交费等。

【习题与思考题】

1. 如何从汽车使用说明书看出汽车的动力、经济等性能如何？
2. 跟随一个购车者，看他（她）是如何选购汽车的。
3. 您最喜欢的一款汽车是什么，讲讲理由。
4. 调查一辆中排量的轿车一年的各种使用费用是多少。

第 7 章　汽车驾驶与考证

教学目标与要求

1）掌握汽车驾驶的基本操作。
2）掌握我国道路交通安全法规。
3）了解汽车驾驶考试。
4）了解汽车驾驶节油技术。
5）了解汽车道路驾驶应急处理。

7.1　汽车驾驶的基本操作

7.1.1　汽车主要操纵机构使用

不同型号汽车的操纵机构及其使用有所不同，这里以上海桑塔纳 2000GSi 汽车为例，介绍汽车主要操纵机构的使用方法。

1. 汽车座椅的使用

汽车座椅可以通过相关的拨杆或按钮（见图 7-1）进行前后、上下及角度等调整，使驾驶感到舒适轻松。其一般调整步骤如下：

（1）座椅的前后调整　调整座椅与踏板的距离，使脚向下踩住制动踏板至最深处时腿部仍要有一定的弯曲，感到自然轻松。

图 7-1　座椅的调整

（2）座椅的上下调整　上下调整座椅，使司机的目光平视时视线能够落在前风窗玻璃的中线上。同时，注意头部离车顶部要有一个拳头左右的距离，手握转向盘的高度大约低于肩部 10cm 左右为宜。

（3）座椅靠背角度调整　调整靠背倾斜度，注意不可过于倾斜，否则影响操控汽车。

（4）腰部支撑调整 腰部支撑调整的标准是：让座椅支撑住腰，向后靠时不要让腰部悬空。这样的位置可以最大程度上减少驾驶过程中的疲劳。有些座椅没有腰部支撑的功能，可以垫个小垫子支在腰后。

（5）头枕调整 头枕的最佳位置是头枕的中心线恰好与眼眉在一条线上，尽可能的让后脑勺和头枕完全接触。

2. 汽车安全带的使用(见图 7-2)

（1）系上安全带 缓慢拉出安全带舌片，将其通过胸前，然后将其插入座椅侧的锁止机构，直至听到啮合声(拉动检查)。

（2）取下安全带 按下锁止机构上的桔黄色按钮以取出安全带，舌片会弹出。用手将舌片送向车门使回位器卷起安全带。挡板会将舌片保持在合适的位置。

3. 驻车制动器的使用(见图 7-3)

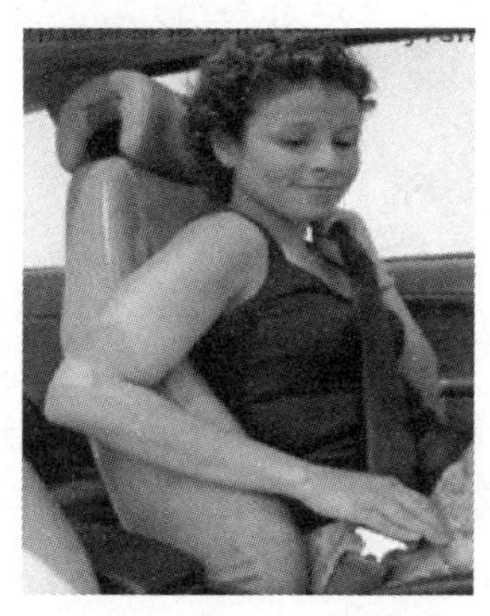

图 7-2 汽车安全带的使用

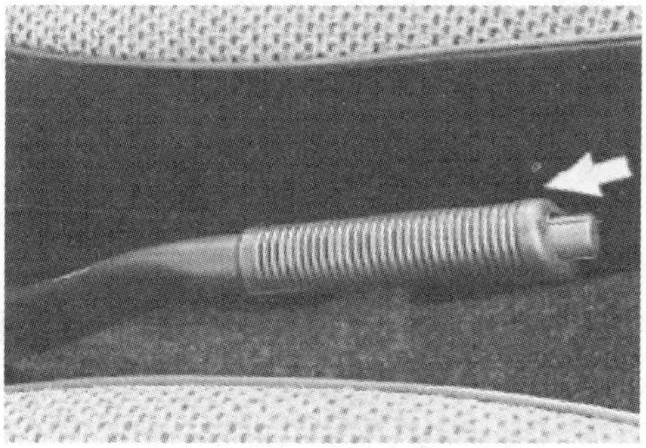

图 7-3 驻车制动器的使用

（1）制动 将手柄向上拉，必须紧紧地拉到最高位置，以防汽车自动滑移。如果在接通点火开关时使用驻车制动器，制动警告信号灯会发亮。

（2）松制动 将手柄略朝上拉，按下锁钮并将驻车制动杆向下推到底。

4. 离合器踏板的使用

离合器踏板位置如图 7-4 所示，它由左脚控制。要求踩离合器要踩到底，放离合器要缓慢，以免汽车起步冲击。对于配置自动变速器的汽车，则没有离合器踏板。

5. 制动踏板的使用(见图 7-4)

制动踏板用来施行汽车制动，由右脚控制。非紧急情况下，不要进行紧急制动，一般采用点刹车。

6. 加速踏板的使用(见图 7-4)

加速踏板俗称油门，用来控制发动机节气门(发动机转速)，由右脚控制(右脚掌轻放于加速踏板2/3处）。根据道路、车载及环境情况确定节气门开度的大小。

7. 转向盘的使用

转向盘用于转向，就像驾驶员的指挥棒。

使用时，左手轻握转向盘左上方，右手轻握转向盘右上方，左手和右手大拇指自然伸直靠于转向盘轮缘上部，其余4指应由外向内轻握（见图7-5）。

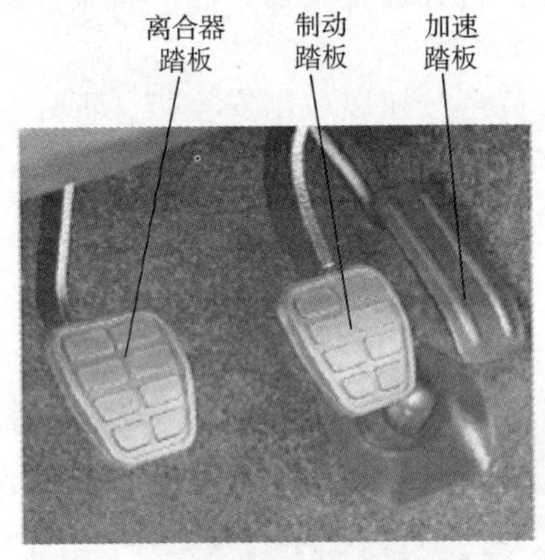

图7-4　汽车离合器、制动及加速踏板

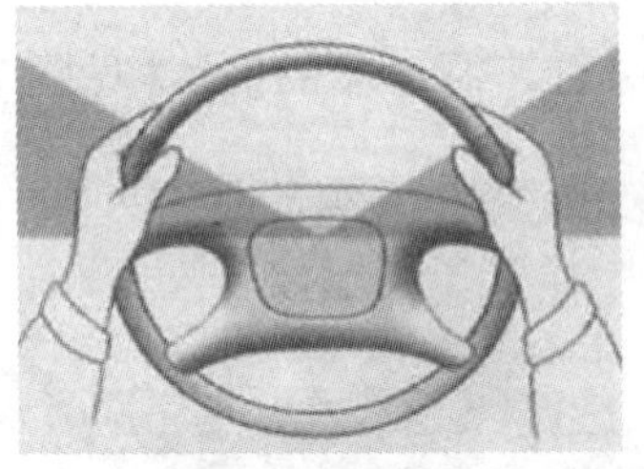

图7-5　汽车转向盘的使用

在平直的道路上使用转向盘时，应避免不必要的晃动；如果转向盘受路面凸凹的影响时，应紧握转向盘，以免转向盘受车辆的猛烈震动而回转，击伤手指或手腕；若车头向左（右）偏斜时，应向右（左）修正方向，待车头接近回到行驶线时，再逐渐将转向盘回正。此时应牢记打回方向的原则：打多少回多少，少打少回，慢打慢回，大打大回，快打快回。

8. 点火开关的使用

桑塔纳2000GSi汽车的点火开关有3个位置（见图7-6）。

当处于位置1时，点火开关断开。拔出点火开关钥匙并转动转向盘直到听见锁紧销的啮合声，即可锁住转向盘。

当处于位置2时，点火开关接通。如点火开关钥匙在匙孔内不易转动或根本不能转动，应将转向盘轻轻地往复转动以放开锁紧销。

当处于位置3时，可以起动发动机。在此位置，前照灯、刮水器、风窗加热

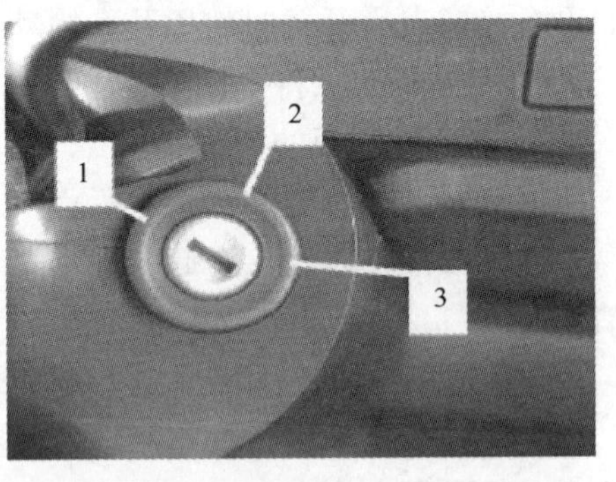

图7-6　桑塔纳2000GSi汽车点火开关
1—点火开关断开　2—点火开关接通
3—起动发动机

装置开关均被切断。

在重新起动起动机前，应将点火开关钥匙转到位置 1。

9. 变速器操纵杆的使用

变速器用于改变汽车行驶速度，分手动和自动变速器两种类型。

(1) 手动变速器　桑塔纳 2000GSi 汽车手动变速杆如图 7-7 所示，有 5 个前进挡和 1 个倒挡。

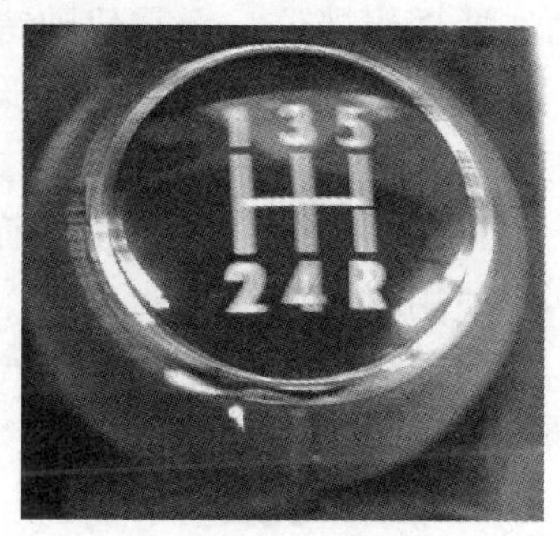

图 7-7　桑塔纳 2000GSi 汽车手动变速杆
1—1 挡　2—2 挡　3—3 挡
4—4 挡　5—5 挡　R—倒挡

手动变速器换挡动作依次为：踩离合同时松加速踏板→从原挡位经空挡拨入另一挡位→适当踩加速踏板→松离合器。挂入倒挡时，应在车辆静止时，将换挡手柄按下，再挂入倒挡。

汽车行驶时，请不要将手始终放在换挡手柄上，否则手上的压力会传到变速箱内换挡拨叉上，造成拨叉过早磨损。

(2) 自动变速器　自动变速器一般有 6～7 个挡位，从前到后依次排列，分别为：P(驻停车挡)、R(倒挡)、N(空挡)、D(前进挡)，而有的前进挡中包括 D、3、2、1 挡(见图 7-8)，有的车型前进挡只有 3 个挡位(D、2、1)；若装备四挡变速器，则另有一个超速选择开关(OD)接通超速挡。

P 挡和 N 挡都是使发动机和车轮传动系统脱离运转。所不同的是在发动机停止运转的时候，挂 N 挡可以随意推动车辆；挂 P 挡时，利用机械锁销把传动轴锁固在变速器壳上，起制动车辆作用，不能随意推动车辆，而且车辆只有在 P 挡时才能拔出点火开关钥匙。P 挡起动是经常使用的模式，N 挡起动用于行驶中熄火后起动。

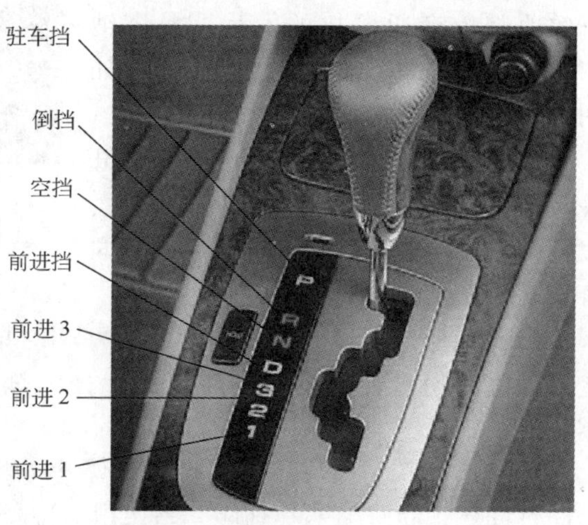

图 7-8　自动变速杆

前进挡的设置规律是：高挡位向下兼容，低挡位不能自动向上换挡。即：若选择 D 挡，变速器可在 1 挡与 4 挡之间根据车辆的速度与使用条件自动选择合理挡位，自动升挡、降挡；若选择 2 挡，就只能在 1 挡与 2 挡间自动变换，而不能升到 2 挡以上，1 挡、2 挡有发动机制动功能。

自动挡汽车正确的驾驶方法是将变速杆放在 P 挡后起动发动机，需要踩下制动踏板，才可由 P 挡转入其他挡位；起步时要将变速杆推到较低挡位（即 2、1 或 3 挡），待车速提高到一定程度后，再转入 D 挡进入正常行驶，这时车辆能自动选择理想挡位，无需驾驶者操心。

车辆行驶中可以手动从低速挡向高速挡换挡，但从高速挡往低速挡换挡则要在一定速度范围内进行。

若在高速公路上高速巡航时，可选用 OD 挡，可节省燃油。

使用时还应注意：

1）当车辆下长坡时，严禁 N 挡滑行，应换入 2 挡或 1 挡，借用发动机制动，可避免制动器过热失效，也容易控制车速，避免事故。

2）倒挡与前进挡的转换一定要在车辆停止状态下进行，绝对不能在车轮转动时挂入 R 挡。

10. 转向信号灯及变光拨杆的使用

汽车转向信号灯及变光拨杆用于接通左、右转向信号灯，指示汽车转弯方向，或进行汽车前照灯近光、远光变换、发出变换车道信号、停车指示等，给路上行进人员和车辆提供指示，可以有效地避免交通事故的发生。桑塔纳 2000GSi 汽车转向信号灯及变光拨杆如图 7-9 所示。

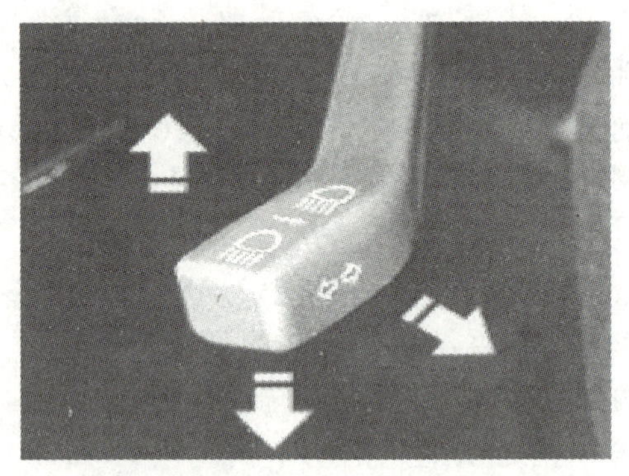

图 7-9 桑塔纳 2000GSi 汽车转向信号灯及变光拨杆

（1）转向信号灯的使用　在点火开关接通后，当拨杆朝上时右转向灯亮，拨杆朝下时左转向灯亮。转向后，转向灯自动熄灭。

（2）前照灯近光、远光变换　拨杆朝右抬起，可以进行前照灯近光、远光变换。拨杆朝右轻轻抬起，前照灯远光闪烁，当作用力解除后拨杆自动回到零位。

（3）变换车道信号　可根据车辆需要变换的车道操作拨杆，其操作方法与转向灯操作相同，但不必到底，当作用力排除后，拨杆自动回位。

（4）停车灯 在点火开关关闭之后，拨杆向上，右停车灯亮；拨杆向下，左停车灯亮。

11. 风窗刮水及洗涤系统的使用

图 7-10 所示为桑塔纳 2000GSi 汽车风窗刮水及洗涤系统共用拨杆，用于操

纵风窗刮水器运动和洗窗装置。

（1）风窗刮水系统的使用 桑塔纳 2000GSi 汽车设有 0、1、2、3 四个挡位，手柄处于 0 挡时刮水器停止运动；处于 1 挡时，刮水器点动刮水；处于 2 挡时，快速刮水；处于 3 挡时，间隙刮水(每 6s 工作一次)。冰冻季节起动刮水器开关前，应检查刮水片是否与玻璃冻在一起。

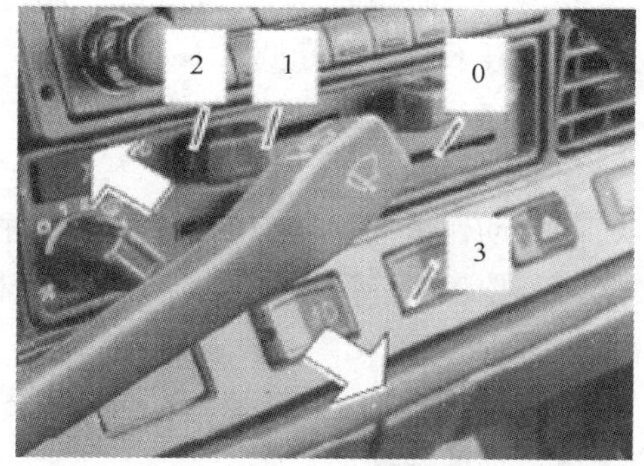

图 7-10 桑塔纳 2000GSi 汽车风窗刮水及洗涤系统共用拨杆

0—刮水器停止 1—刮水器点动

2—快速刮水 3—间隙刮水

（2）自动洗窗装置的使用

朝上抬起刮水开关拨杆，刮水器及洗窗器即开始工作。复原拨杆，洗窗器停止而刮水器继续工作约 4s。

12. 暖风、通风及空调的使用

现代汽车都安装有暖风、通风及空调装置，用于清洁空气和调节汽车内部温度。图 7-11 所示为桑塔纳 2000GSi 汽车暖风、通风及空调控制装置，使用方法如下：

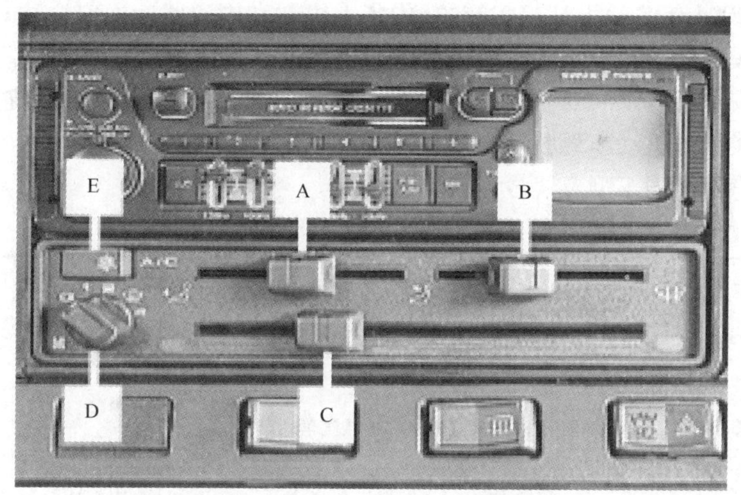

图 7-11 桑塔纳 2000GSi 汽车暖风、通风及空调控制装置

A、B—调节空气分布 C—温度选择

D—鼓风机转速调节旋钮 E—空调 A/C 开关

1）打开开关 E，空调开始工作。

2）旋转开关 D，可以调节鼓风机的转速。

3）左右拉动拨杆 A 和 B，可以开闭各出风口，调节空气在车箱里的分布。

4）左右拉动拨杆C，可以进行温度选择。向右拉动拨杆C，温度提高；向左拉动拨杆C，温度降低。

7.1.2　汽车驾驶基本操作

1. 起步

起步动作依次为：踩离合器→挂空挡→发动汽车→踩离合器→挂一挡→打左转向灯→按喇叭→适当加速→缓松离合器→松驻车制动器(俗称手刹)。

2. 换挡

换挡动作依次为：踩离合器同时松加速踏板→从原挡位经空挡拨入另一挡位→适当加速→松离合器。

3. 停车

停车动作依次为：踩离合器同时松加速踏板(速度较快时适当制动)→制动→拉驻车制动器→挂空挡→松离合、松制动。

7.2　汽车驾驶考试

7.2.1　汽车驾驶考试概述

根据2004年5月1日起实施的《中华人民共和国道路交通安全法》第十九条规定，驾驶机动车，应当依法取得机动车驾驶证。申请机动车驾驶证，应当符合国务院公安部门规定的驾驶许可条件；经考试合格后，由公安机关交通管理部门发给相应类别的机动车驾驶证。

我国汽车准驾车型及代号见表7-1。

表7-1　准驾车型及代号

<table>
<tr><th>准驾车型</th><th>代号</th><th>准驾的车辆</th><th>准予驾驶的其他准驾车型</th></tr>
<tr><td>大型客车</td><td>A1</td><td>大型载客汽车</td><td>A3、B1、B2、C1、C2、C3、C4、N</td></tr>
<tr><td>牵引车</td><td>A2</td><td>重型、中型全挂、半挂汽车列车</td><td>B1、B2、C1、C2、C3、C4、N</td></tr>
<tr><td>城市公交车</td><td>A3</td><td>核载10人以上的城市公共汽车</td><td>C1、C2、C3、C4</td></tr>
<tr><td>中型客车</td><td>B1</td><td>中型载客汽车(含核载10人以上、19人以下的城市公共汽车)</td><td rowspan="2">C1、C2、C3、C4、N</td></tr>
<tr><td>大型载货汽车</td><td>B2</td><td>重型、中型载货汽车；大、重、中型专项作业车</td></tr>
<tr><td>小型汽车</td><td>C1</td><td>小型、微型载客汽车以及轻型、微型载货汽车；轻、小、微型专项作业车</td><td>C2、C3、C4</td></tr>
</table>

（续）

准驾车型	代号	准驾的车辆	准予驾驶的其他准驾车型
小型自动挡汽车	C2	小型、微型自动挡载客汽车以及轻型、微型自动挡载货汽车	
低速载货汽车	C3	低速载货汽车(原四轮农用运输车)	C4
三轮汽车	C4	三轮汽车(原三轮农用运输车)	
无轨电车	N	无轨电车	

驾驶员考试及发证由公安交警部门负责，考试共分三部分，即科目一(交通法规及机械常识理论考核)、科目二(俗称桩考)、科目三(道路驾驶考试)，驾驶员考试时是按科目顺序依次过关。

7.2.2 汽车驾驶员桩考

1. 汽车桩考图

汽车桩考图如图 7-12 所示。

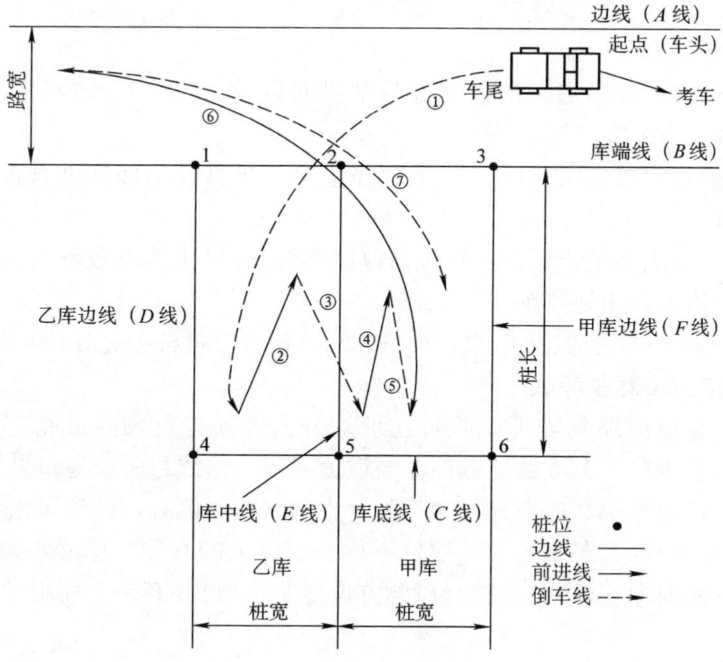

图 7-12 汽车桩考图

2. 汽车桩考说明

(1) 桩考场地尺寸说明

1) 桩长。为2倍车长，若是前轮驱动汽车，加50 cm。

2) 桩宽。大型车为车宽加70 cm，小型车为车宽加60 cm。

3) 路宽。为车长的1.5倍。

(2) 操作要求 从起点倒入乙库停止，再二进二退移位到甲库停正，前进穿过乙库至路上，倒车通过甲库出库。考车的行驶轨迹必须按①→②→③→④→⑤→⑥→⑦这7个轨迹顺序行驶，其中每个轨迹都是单向倒车或前进。

(3) 考试合格标准 未出现下列情况之一：

1) 不按规定路线、顺序行驶。

2) 碰擦桩杆。

3) 车身出线。

4) 移库不入。

5) 中途停车两次。

6) 中途熄火。

7) 停车后使车轮转动(原地打转向盘)。

8) 头、手伸出车身外或打开车门探视。

(4) 有关说明

1) 在考试过程中考车的任何部分都不能越过A线、C线、D线、E线、F线，即不可车身出线。

2) 车辆在完成1)、5)、7) 步骤停止时，车身任何部位垂直投影不得压、超库位线B、C、D、E、F。

3) 考试期间除按规定线路行驶需改变车行方向(由倒车改前行或反之)而停车外，其余停车为违规停车。

4) 桩杆垂直立于桩位1、2、3、4、5、6，所有桩杆等高且比车身高50 cm。

7.2.3 汽车道路驾驶考试

汽车驾驶员道路驾驶考试除长途训练外，还须进行场内道路“9选6”考核，即百米加减挡、上坡路定点停车与坡道起步、曲线行驶、通过连续障碍、过单边桥、限速通过限宽门、起伏路驾驶、直角拐弯、侧方位停车等内容。小型汽车、小型自动挡准驾车型的考试项目不得少于以上的6项。除必考侧方位停车、上坡起步等两项内容外(自动挡必考侧方位停车一项)，其余4项由学员从剩下7项中选择。

1. 百米加减挡

百米加减挡的目的是考核驾驶人对车辆挡位的熟练掌握能力。

(1) 道路设计(见图7-13)

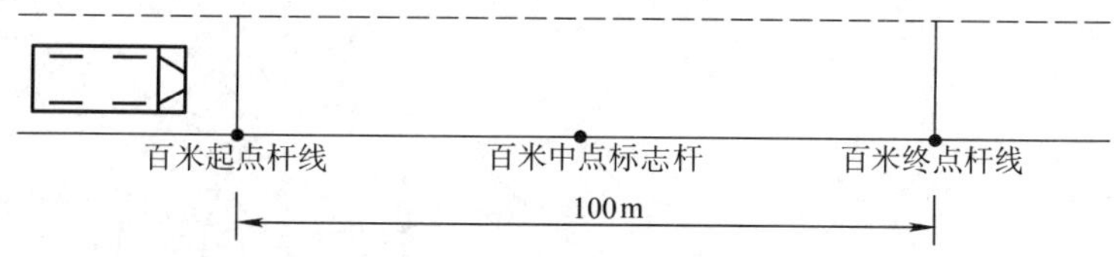

图 7-13　汽车百米加减挡考核图形设计

（2）通过要求

车辆由百米起点线处起步，在百米内完成从最低挡逐级到最高挡的加速，以及再从最高挡逐级到二挡的减速过程。

2. 上坡路定点停车与坡道起步

上坡路定点停车与坡道起步的目的是考核驾驶人上坡路段驾驭车辆的能力，正确地在固定地点靠边停稳车辆，以准确使用挡位和离合器的能力，以适应在上坡路段等候放行时的操作需要。

（1）道路设计(见图 7-14)

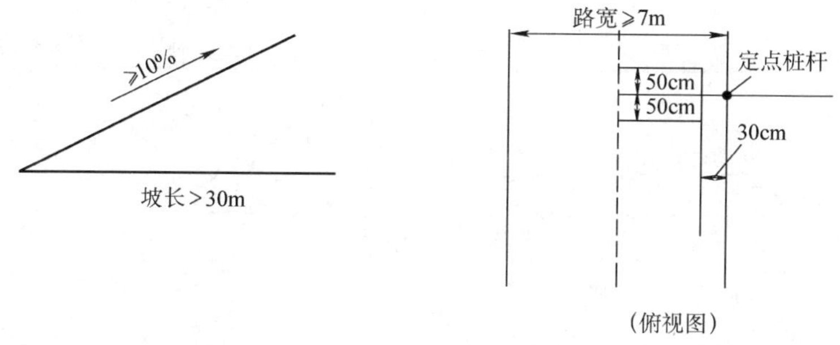

图 7-14　汽车上坡路定点停车与坡道起步

定点停车桩杆距坡底 >1. 5 倍车长，全坡长 >30m。

（2）通过要求

驾驶人员通过视觉和感觉及时判断坡道陡度、长短及路宽等道路情况，采取恰当的操作方法，控制车辆平稳停车和起步。做到转向正确，换挡迅速，转向、制动、离合器三者配合准确协调。

3. 曲线行驶

曲线行驶的目的是考核驾驶人方向的运用与对车轮轨迹运行的能力。

（1）道路设计(见图 7-15)

路宽：大型车辆为 4m，小型车辆为 3. 5m；半径：大型车辆为 10m，小型车辆为 7. 5m；弧长：3/8 个圆周。

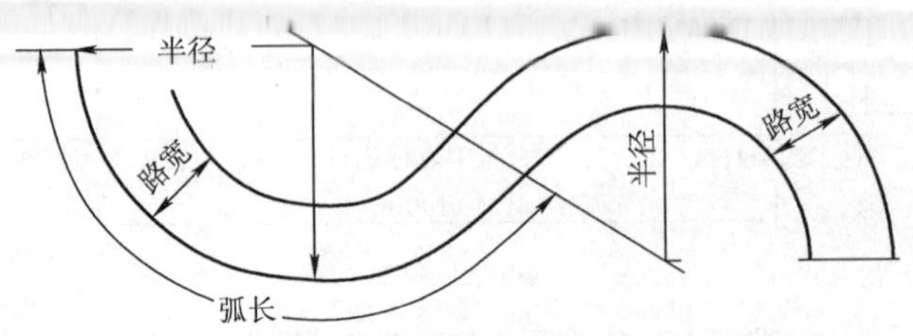

图7-15 汽车曲线行驶

（2）通过要求

车辆从弯道的一端前进驶入，减速换挡，以低挡低速从另一端驶出。行驶中不得挤压路边缘线，方向运用自如。

4. 通过连续障碍

通过连续障碍的目的是考核驾驶人驾车通过连续障碍时，对各车轮行驶轨迹和内轮差位置的判断能力。

（1）道路设计(见图7-16)

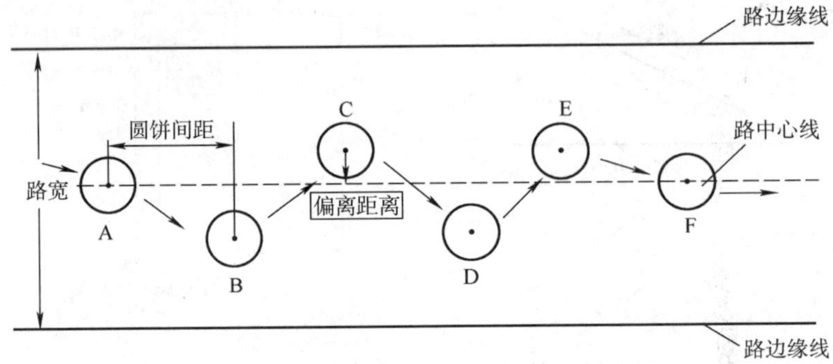

图7-16 汽车通过连续障碍

路宽7m，圆饼直径0.7m，B、C、D、E圆饼中点偏离路中心线1m；饼高小于车辆最小离地间隙，通常小型车辆6cm、其他车辆10cm。

圆饼间距为相邻两块圆饼中心点投影在路中心线上之间的距离；大型客车、大型货车所考核的圆饼间距为2倍车辆最前轮轴至最后轮轴距，小型汽车为2.5倍的车辆轴距。(牵引车考试只设A、B、C三饼,圆饼间距为1.5倍轴距,轴距是牵引车前轴至挂车最后轴的轴距。)

（2）通过要求

该路段共设置6块圆饼，要求除小型车用1挡外，其他车型驾驶用2挡(含)以上挡位车速，将车骑于圆饼之上通过，车轮轨迹不得碰、擦、压圆饼，并且不得超、压两侧路边缘线。

5. 过单边桥

过单边桥的目的是考核驾驶人对所驾驶的车辆，能准确运用方向，并对所有车轮位置的直线行驶轨迹的正确判断和掌握车辆不平行运行技术。

（1）道路设计(见图 7-17)

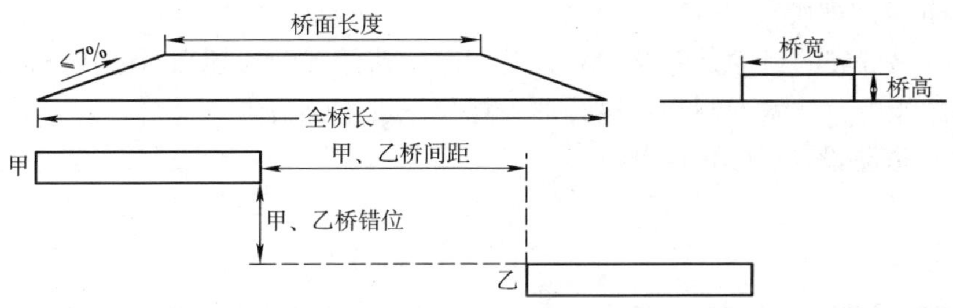

图 7-17　汽车过单边桥

桥宽 0.2m(体现抓大放小的原则)；桥高≤车辆最小离地间隙，通常小型车辆桥高 0.08m，其他车辆桥高 0.12m；

甲乙桥错位 = 车辆轮距 + 1m；

甲乙全桥间距：牵引车挂车为 2 倍轴距，小型车辆 3 倍轴距，其他车辆 2.5 倍轴距；

桥面长度为 1.5 倍车辆轴距；坡道≤7%。

（2）通过要求

驾驶人要正确掌握方向，将甲、乙两桥分别用左、右边轮压于轮下，平稳、顺畅通过。小型车辆使用 1 挡(含)以上挡位，其他车用 2 挡(含)以上挡位。

6. 限速通过限宽门

限速通过限宽门的目的是考核驾驶人在一定车速下对车身位置的正确判断能力。

（1）道路设计(见图 7-18)

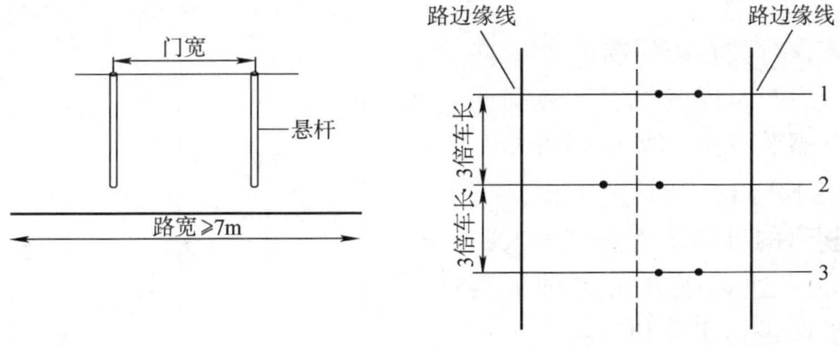

图 7-18　汽车限速通过限宽门

路宽≥7m，门宽为车宽+60cm，共设置连续3个限宽门，3个门之间各相距3倍车长，1、3两门设置于同一水平位置，2门与1、3门交错1个车宽位置。

(2) 通过要求

驾驶人应驾驶车辆将车速控制在不低于20km/h，将车辆从3个门之间穿越，不得碰擦门悬杆。

7. 起伏路驾驶

起伏路驾驶的目的是考核驾驶人掌握起伏路的驾驶要领和对起伏路面进行正确判断的能力，并做到制动、离合器、挡位三者配合适当。

(1) 道路设计(见图7-19)

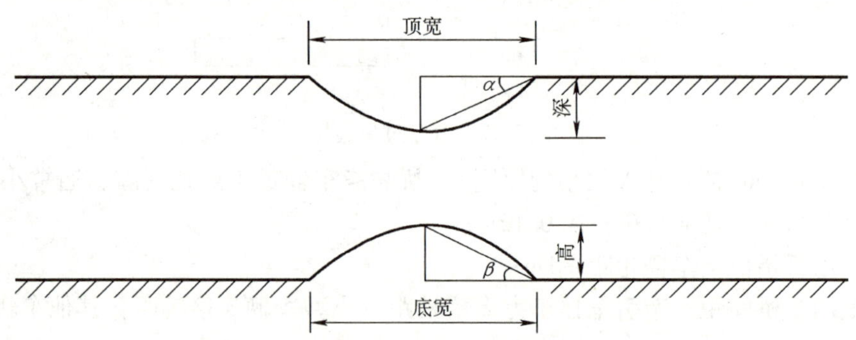

图7-19 汽车起伏路驾驶

通常情况下，顶宽、底宽为车轮直径加60cm。

深高度：大型客车、小型车辆为6cm，其他车辆为12cm。

设置时，应根据所通过车辆的离去角和接近角，在设置障碍时，要保证 α 角小于离去角，β 角小于接近角。同时，设置障碍的深度和高度要小于车辆的最小离地间隙。

(2) 通过要求

车辆正常行驶在障碍物前20m内制动减速，用低速挡或使用半连动通过，保证车辆平稳安全地通过障碍。

8. 直角拐弯

直角拐弯的目的是考核驾驶人在急弯路段能迅速运用方向并对车辆内、外轮差距进行正确判断。

(1) 道路设计(见图7-20)

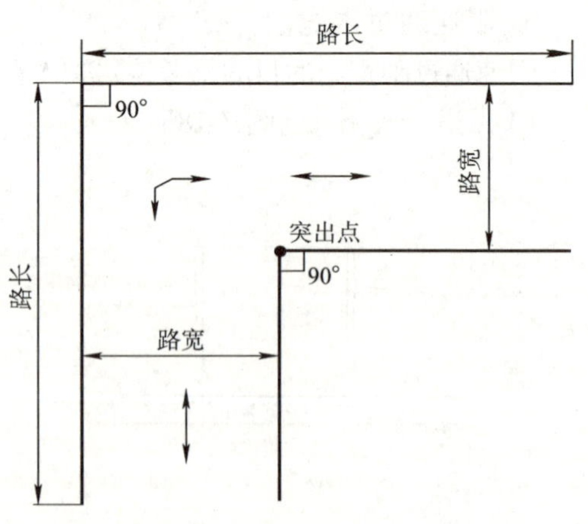

图7-20 汽车直角拐弯

路长≥1.5 倍车长；

路宽：小型车辆为 1 个轴距 + 100cm，半挂牵引车路宽为牵引车轴距 +3m，其他车辆为 1 轴距 +50cm。

（2）通过要求

用低速按规定的线路行驶，一次不停车完成，车辆可以由左向右或由右向左直角转弯通过。

9. 侧方位停车

侧方位停车的目的是考核驾驶人掌握将整车正确停于路右车位(库)中的技能，以适应日常驾驶生活中临时停车的需要。

（1）道路设计(见图 7-21)

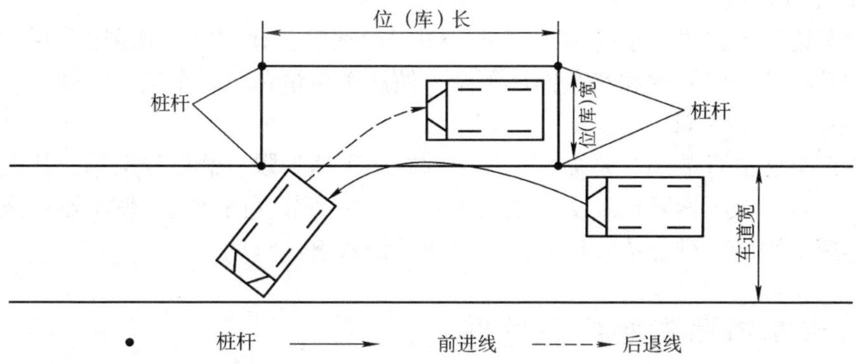

图 7-21　汽车侧方位停车

车位(库)长：大型客车为 1.5 倍车长减 1m，小型车辆为 1.5 倍车长加 1m，其他车辆为 1.5 倍车长。

车位(库)宽为车宽 +80cm；车道宽为 1.5 倍车宽 +80cm。

（2）通过要求

驾驶人员驾驶车辆在不碰、擦库位桩杆，车轮不压碰车道边线、库位边线的情况下，通过一进一退的方式将整车移入右侧库位中。

7.3　汽车驾驶节油技术

汽车油耗的高低很大程度上与驾驶者的驾驶技术有关。同一辆车由不同驾驶员驾驶，耗油量的差别可达 8% ~15%。驾驶应注意的主要问题有以下几个方面。

1. 适宜的发动机冷却液温度

在汽车行驶过程中，要注意看温度表，发动机正常的冷却液温度应保持在

80～90℃之间，过高或过低都会使油耗增加。特别要注意的是，如果散热器水量不足时，很容易导致冷却液温度快速攀升，油耗增加，并且会很容易导致机件磨损和损坏。

2. 合适的轮胎气压

时常检查保持轮胎气压在最佳状态，气压不足会增加耗油量，还会增加轮胎磨损。

3. 暖车起步

汽车冷起动时，应使发动机原地中小节气门开度时运行一段时间，俗称暖车，再使汽车起步，由低挡到高挡，逐渐转入正常工作状态，可达到有效节油和延长汽车寿命之目的。

4. 经济车速运行

汽车说明书提供了最省油的速度区间，行驶时，在遵守高速限速的前提下，利用发动机节气门开度和汽车挡位配合，使汽车尽量在经济车速下行驶。

5. 空挡滑行节油

所谓空转滑行节油，是提汽车加速到经济车速上限，然后挂空挡，让汽车利用惯性滑行，至车速降至经济车速的下限，再加大节气门开度，使车迅速恢复到经济车速上限的一种方法，可以达到有效节油效果。

7.4 汽车道路驾驶应急处理

汽车驾驶过程中，可能会发生一些意想不到的事件，作为一名驾驶员应掌握先避人后避物的处理原则和一些应急处理措施。

7.4.1 高速爆胎应急处理

1）马上把危险报警闪光灯打开，让后车知道出现紧急情况。

2）不要急踩制动踏板，应采用逐级退挡到3挡，靠发动机怠速把车速拖慢并配合点制动踏板，但一定要轻，车速降到60km/h后，可适当增加制动力度，靠路边停车。

3）在作退挡减速同时，一定要把住转向盘，爆胎后，车会出现方向跑偏、甩尾，这时一定不能猛打方向，因为车速很快时，高速猛打方向会造成失控。

7.4.2 制动失灵应急处理

1）当路况风险较小时，可逐级迅速从高挡换入低挡，用发动机怠速拖慢车速到30km/h以下时采用驻车制动。

2）当下坡而路况不好时，应尽量跳挡换入低挡后配合驻车制动。

3）勿高速时采用驻车制动，尽可能不采用靠蹭路边障碍物的方法使车辆停止，除非不得已。

7.4.3　车辆着火应急措施

1）立即停车，打开危险报警闪光灯。

2）尽快取下车载灭火器灭火，若无灭火器可用湿棉被、衣服、毛巾灭火。

3）若无法灭火立即拨打 119 和 122 报警。

4）树立警告标志，疏散过往车辆和行人避免发生意外爆炸。

7.4.4　交通事故应急处理

1）马上停车保持现场，并打开危险报警闪光灯、树立警告标志。

2）有人受伤较重应立即拨打 120 急救，并尽可能就地施救。

3）拨打 122 电话报警并报保险公司前来处理。

4）疏散过往车辆和行人，避免造成交通堵塞。

7.4.5　转向突然不灵、失控的应急处理

1）装有助力转向装置的车辆出现转向不灵或转向困难时，应尽快减速，选择安全地点停车，查明原因；若出现转向突然不灵，但还可实现转向，应挂低速挡将汽车开到附近修理厂修好再行驶。

2）发现车辆转向失控时，应采取平衡制动方法控制车辆，切不可对转向失控的高速行驶的车辆使用紧急制动，这样很容易造成翻车。

7.4.6　车辆侧滑的应急处理

1）紧急制动导致车辆发生侧滑时，应立即放松制动踏板，同时向侧滑的方向转动转向盘，并及时回转进行调整，修正方向后再继续行驶。

2）车辆在泥泞路上发生侧滑时，应向侧滑的一侧转动转向盘适量修正；紧急制动或猛转方向易导致失控，甚至造成翻车、坠车或碰撞事故。

3）若车辆因转向或擦撞引起侧滑，应先控制车辆前进方向后制动。

7.4.7　发动机突然熄火的应急处理

汽车行驶中发动机突然熄火时，若不能再次起动，应打开右转向灯，将车缓慢滑行到路边停车检查熄火原因。

7.4.8　车辆落水的应急处理

驾驶车辆不慎意外落水，车门受到水的压力难以打开时，应迅速开启车窗（天窗）或用粗重的物体敲碎车窗玻璃（必要时可用脚踹），快速逃生。不要采用关闭车窗阻挡车内进水或打急救电话告知救援人员等错误方法，不要过于惊惶，意外落水通常会有 3 ~ 5min 的时间逃生。

7.4.9　高速公路应急处理

1）车辆在高速公路行驶时，除遇异常情况外不准停车，上、下人员或者装卸货物应选择在服务区停车。当汽车发生故障必须停车检查时，应逐渐向右变更车道，在紧急停车带停车，并打开危险报警闪光灯、树立警告标志。

2）车辆在高速公路上行驶，发现突然有人或动物横穿时，应果断采取损失小的避让措施。紧急避险措施不应超过必要的限度，因避险不当造成损害时，紧急避险人要承担民事责任。

3）车辆在高速公路上急转向，极易造成侧滑碰撞或在离心力作用下翻倾的事故，因此，在高速公路上发生紧急情况时应首先采取制动减速。车辆在高速公路意外撞击护栏时，应稳住方向，适当修正，切忌猛转转向盘。

4）雨天在高速公路上行车时，为避免发生“水滑”现象而造成方向失控，应保持较低的车速。发生“水滑”现象时，应握稳转向盘，逐渐降低车速。不得迅速转向或急踩制动踏板减速。

5）雾天行车应打开防雾灯和车尾雾天信号灯。大雾天在高速公路遇事故不能继续行驶时，须打开危险报警闪光灯和尾灯，按规定设置警告标志，驾乘人员尽快从右侧离开车辆并尽量站到防护栏以外，不得在高速公路上行走。

6）车辆在高速公路上行至隧道出口或凿开的山谷出口处时，可能遇到横风。当驾驶员感到车辆行驶方向模糊时，应双手稳握转向盘，进行微量修正，适当减速。

本章小结

1）驾驶汽车必须熟练掌握各种操纵机构的使用。

2）驾驶汽车应当按公安部门的规定，符合驾驶员条件，并经培训、考试合格后，依法取得驾驶证。

3）驾驶员考试共分三部分，依次经过交通法规及机械常识理论考核、桩考和道路驾驶考试。

4）汽车驾驶节油技术应注意轮胎气压、暖车起步、适宜的发动机冷却液温度、经济车速运行和空挡滑行节油等事项。

5）驾驶汽车应能应急处理各种问题。

【习题与思考题】

1. 在汽车上练习各种操纵机构的使用。
2. 我国对考取驾驶证有哪些规定和要求？
3. 调研一下当地交通常见信号和标志有哪些，各是什么意思？
4. 看一看别人汽车考桩，了解一下他们有什么技巧？
5. 看一看别人汽车路考，了解一下他们有什么技巧？
6. 调研一下熟悉的驾驶员，汽车驾驶节油技术除本书提出的外，还有哪些？
7. 调研一下熟悉的驾驶员，在特殊环境下如何注意行车安全？
8. 调研一下熟悉的驾驶员，在行车中曾经遇到什么紧急情况，如何处理？

补充阅读材料 4

道路交通标志示例

警告标志

十字交叉

T 形交叉

环形交叉

向左急弯路

反向弯路

连续弯路

注意落石

注意横风

注意儿童

注意牲畜

双向交通

注意行人

上陡坡

两侧变窄

易滑

傍山险路

驼峰桥

堤坝路

路面不平

过水路面

无人看守铁路道口

村庄

隧道

渡口

慢行

左右绕行

注意非机动车

事故易发路段　注意危险

施工

警令标志

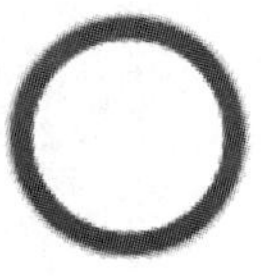
禁止通行

禁止驶入

禁止机动车通行

禁止载货汽车通行

禁止三轮机动车通行

禁止汽车拖、挂车通行

禁止某两种车通行

禁止二轮摩托车通行

禁止非机动车通行

禁止骑自行车下坡

禁止行人通行

禁止向左转弯

禁止直行

禁止直行和向左转弯

禁止掉头

禁止超车

解除禁止超车

禁止鸣喇叭

禁止车辆临时或长时停放

禁止车辆长时停放

限制宽度

限制高度

限制质量

限制轴重

限制速度

解除限制速度

停车检查

停车让行

减速让行

会车让行

指示标志

直行

向左转弯

向左和向右转弯

直行和向左转弯

靠右侧道路行驶

环岛行驶

立交直行和左转弯行驶

立交直行和右转弯行驶

步行

鸣喇叭

最低限速

单行路 直行

干路先行

会车先行

人行横道

直行车道

直行和有转合用车道

分向行驶车道

公交线路专用车道

机动车行驶

机动车车道

非机动车行驶

非机动车车道

允许掉头

指路标志

地名

著名地点

行政区划分界

道路管理分界

国道编号

S203

省道编号

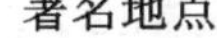

X08

县道编号

行驶方向

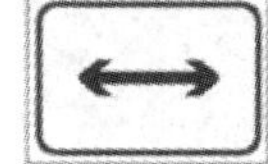
行驶方向

行驶方向

互通式立交

交叉路口预告

十字交叉路口

十字交叉路口

环形交叉路口

交叉路口预告

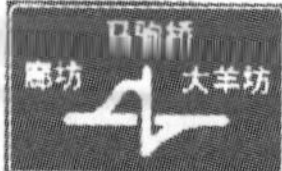

互通式立交

地点识别标志

地点识别标志

地点识别标志

地点识别标志

地点识别标志

告示牌

告示牌

告示牌

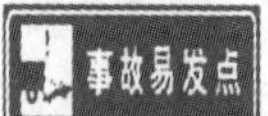

告示牌

告示牌

停车场

停车场

避车道

人行天桥 人行地下通道

绕行标志

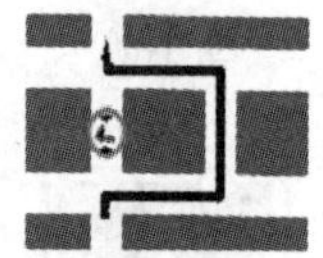
绕行标志

此路不通

残疾人专用设施

紧急电话

(1)入口预告

(2)入口预告

(3)入口预告

(4) 入口预告

起点

终点

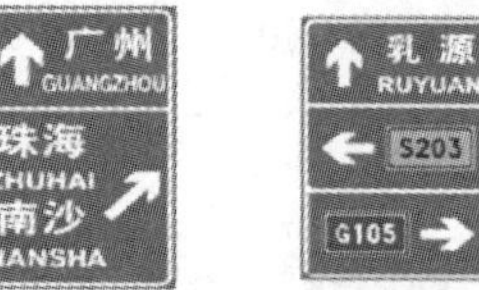

地点方向

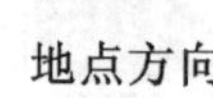

地点方向

出口预告

出口编号预告

出口

地点距离

收费站预告

电话立置指示

加油站

服务区预告

停车区预告

紧急停车带

停车场

爬坡车道

车距确认

道路交通信息

里程牌

合流

线形诱导标

靠左行驶

靠两边行驶

右侧通行

两侧通行

旅游区标志

旅游区方向

旅游区距离

问询处

徒步

索道

野营地

营火

游戏场

骑马

钓鱼

高尔夫球

潜水

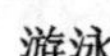
游泳

划船

冬季浏览区

滑雪

滑冰

道路施工安全标志

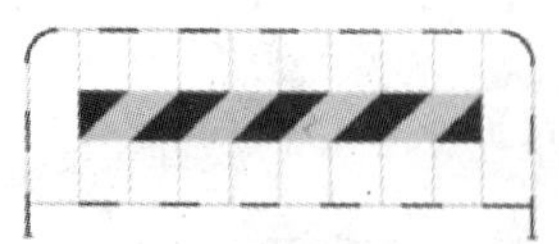

施工路栏

施工路栏

向右行驶

锥形交通标

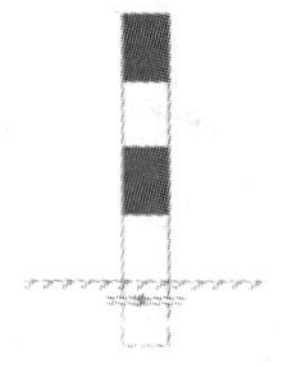

道口标柱

道路施工

右道封闭

中间封闭

道路封闭

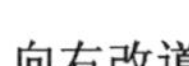

向右改道

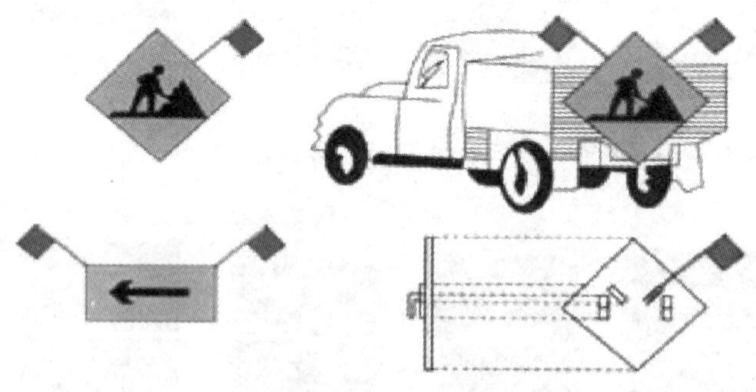

移动性施工标志

辅助标志

7:30 - 10:00

时间范围

除公共汽车外

除公共汽车外

二环路区域内

某区域内

100m

向左 100m

小型汽车

货车

坍 方

坍方

学 校

学校

事 故

事故

100m
7:30 - 18:30

组合

禁止标线

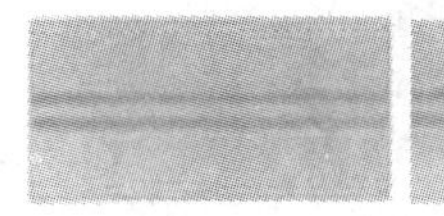

中心黄色双实线

中心黄色虚实线

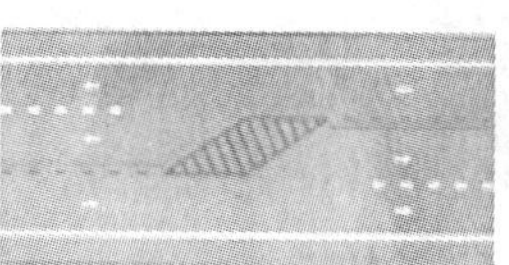

三车道标线

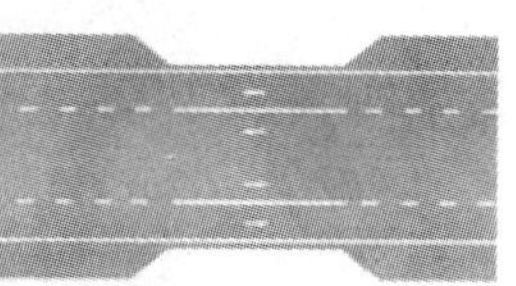

禁止变换车道线

禁止路边临时或长时停放车辆线

禁止路边长时停放车辆线

禁止掉头

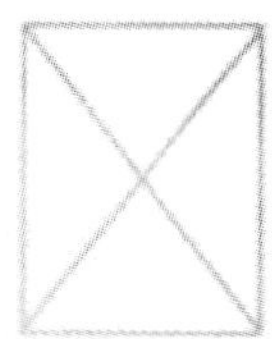

简化网状线

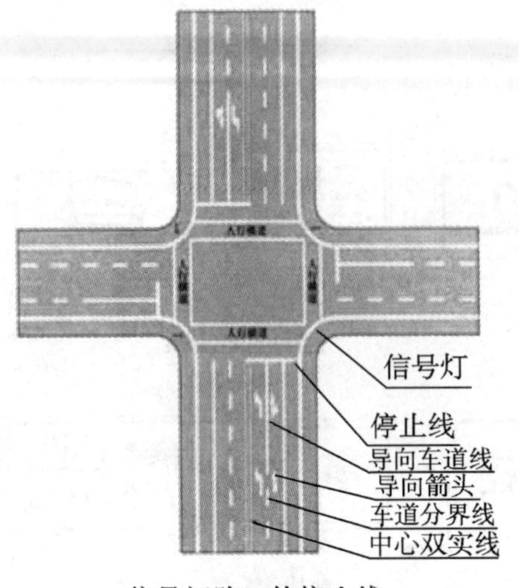

信号灯路口的停止线

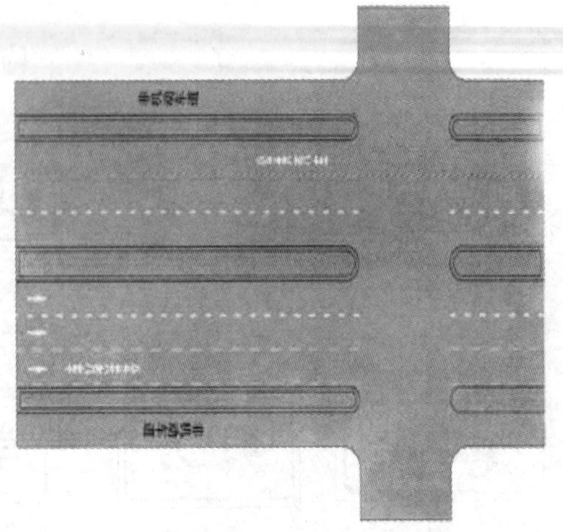

专用车道线

停车让行线

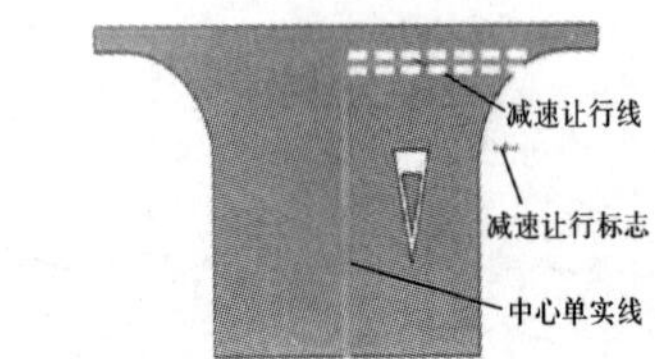

减速让行线

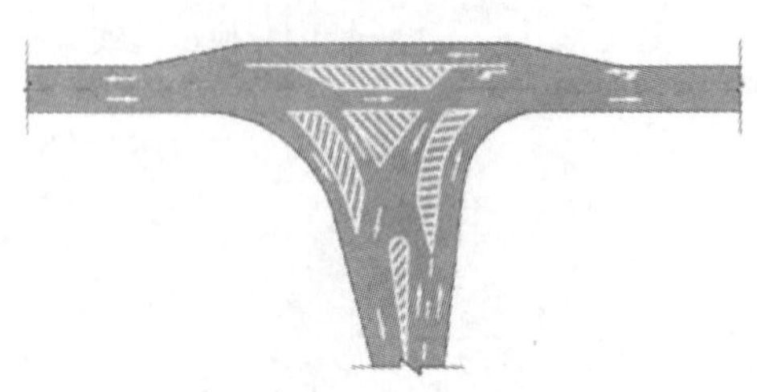

复杂行驶条件丁字路口导流线

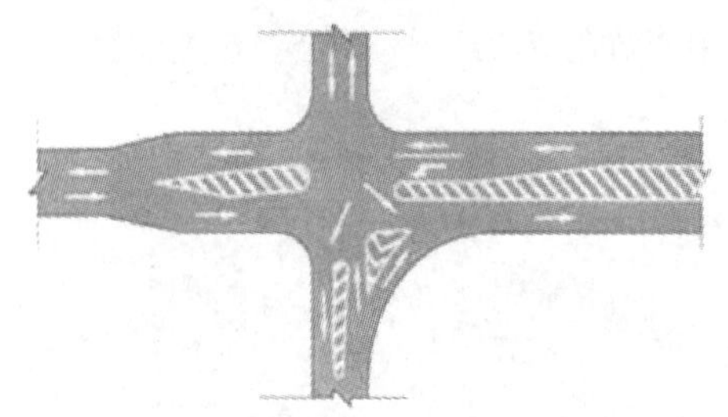

复杂行驶条件十字路口导流线

警告标线

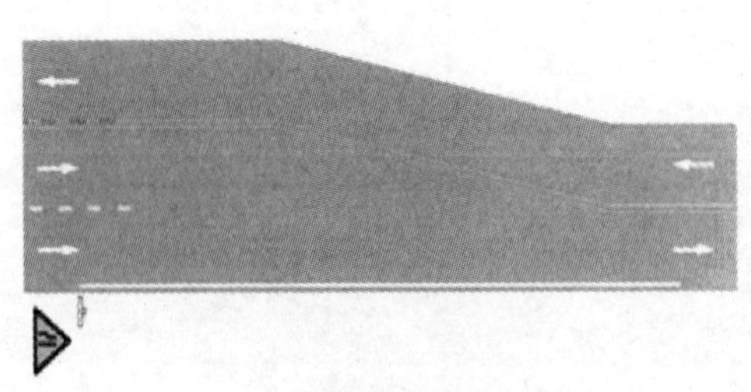

三车道缩减为双车道

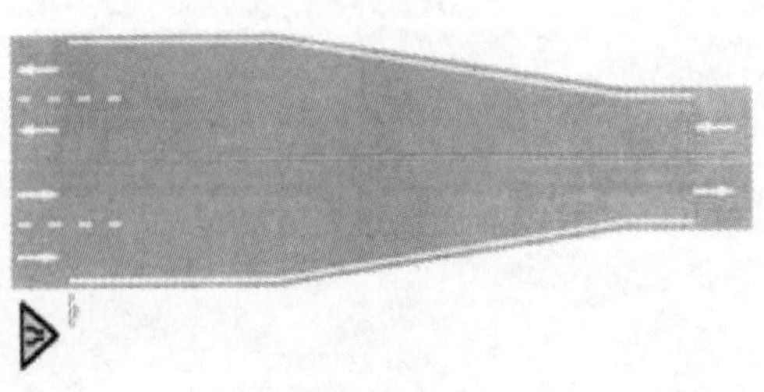

四车道缩减为两车道

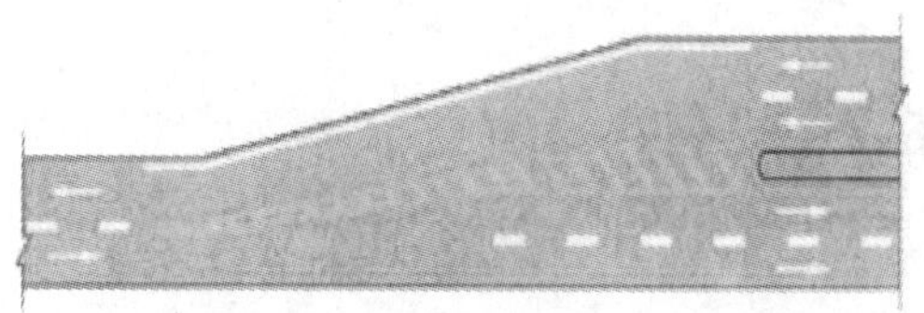

双向两车道改变为双向四车道

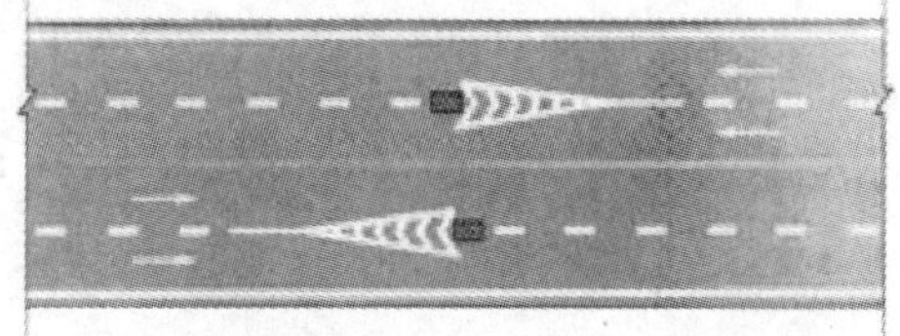

双向两车道改变为双向四车道

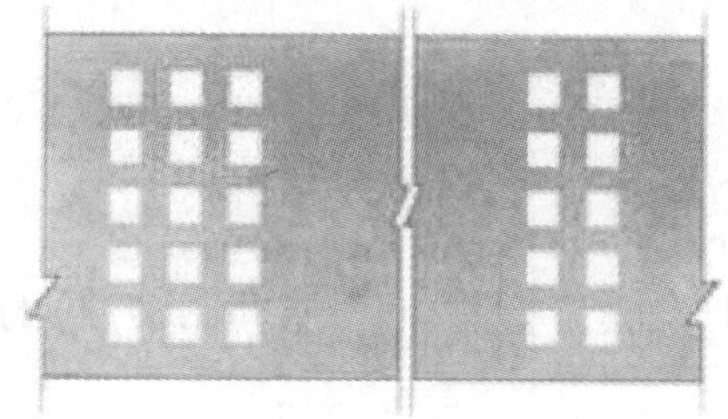

减速标线

道路施工安全设施设置示例

视需要设置旗手

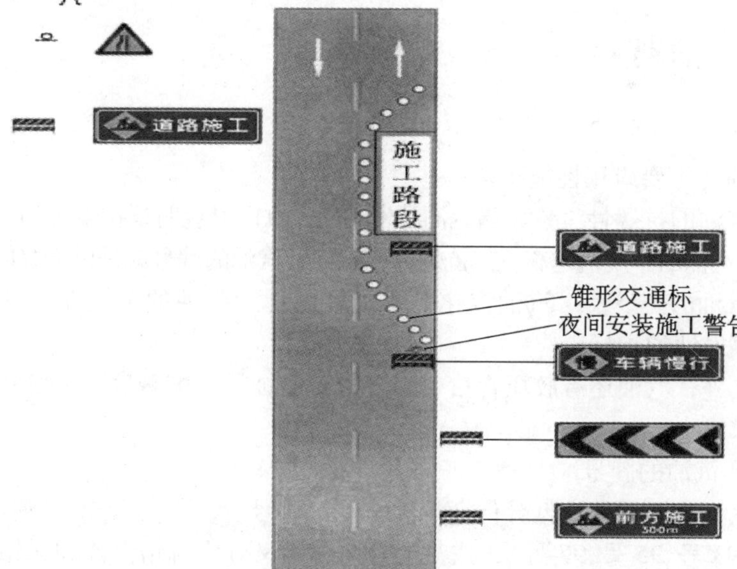

第8章 汽 车 维 护

教学目标与要求

1）掌握汽车油料（汽油、柴油、发动机润滑油、齿轮油、润滑脂和制动油）的牌号与选用。

2）理解汽车磨合的意义、原则与方法。

3）学会汽车的日常维护。

4）了解汽车的一级维护和二级维护基本内容。

汽车维护对保证汽车性能的充分发挥、减少故障、延长使用寿命都具有及其重要的意义，它主要包括正确选用汽车油料、新车磨合、日常保养和定期维护等内容。

8.1 汽车油料

8.1.1 汽油

1. 汽油的主要应用性能指标

（1）汽油的抗爆性 它是指汽油在发动机气缸内燃烧时抵抗爆燃的能力，用辛烷值评定。汽油的辛烷值越高，其抗爆性就越好，汽油的牌号就是以辛烷值划分的。

（2）汽油的蒸发性 汽油汽化的难易程度称为汽油的蒸发性，以馏程作为评价汽油蒸发性的指标。

除此之外，汽油还有胶质含量、硫含量、腐蚀性、酸碱度、水份和机械杂质等指标要求。

2. 国产汽油的牌号

我国汽油按辛烷值高低分低辛烷值汽油（60 号、70 号）、普通汽油（90 号）和优质汽油（93 号、95 号、97 号）；按汽油有无含铅又分为含铅汽油和无铅汽油。国产汽油牌号共分 6 种牌号、8 种类型（表 8-1）。

3. 国产汽油的选用

选择汽油牌号主要依据发动机的压缩比（表 8-1）。因为压缩比越大，汽油在发动机气缸内燃烧产生爆燃的可能性越大，所以压缩比高的汽油机应采用辛烷值高的汽油。高档汽车发动机压缩比较高，应按使用说明书要求选用较高牌号的汽油，否则容易产生爆燃而无法正常工作。

表8-1 我国汽油分类

类别		牌号	适用
含铅汽油	低辛烷值汽油	66	$\varepsilon<7.0$
	低辛烷值汽油	70	$\varepsilon<7.0$
	普通专用汽油	90	ε: 7.0~8.0
	优质专用汽油	93	ε: 7.0~8.0
	优质专用汽油	97	$\varepsilon>8.0$
无铅汽油	普通专用汽油	90	$\varepsilon>8.0$
	优质专用汽油	93	$\varepsilon>8.0$
	优质专用汽油	95	$\varepsilon>8.0$

有三元催化转化器的汽车不能用含铅汽油，否则会产生催化器内的重金属（铂、钯、铑等）铅中毒而失效。

由于汽油容易挥发，遇到明火极易燃烧，使用时应特别注意防火。严禁在加油站等汽油集聚的场所抽烟、点火。

8.1.2 柴油

1. 柴油的主要应用性能指标

（1）十六烷值（$C_{16}H_{34}$） 它是评价柴油着火难易的一个重要指标。十六烷值小，着火变难，着火延迟期变长，柴油机工作粗暴。汽车柴油机要求十六烷值不小于45。

（2）凝点 是指柴油失去流动性开始凝固时的温度。汽车轻柴油的牌号就是按凝点分为各种牌号。

（3）馏程 表征柴油蒸发性能的一个指标。以某一馏出容积百分数下的温度表示。50%馏程表征了柴油的平均蒸发性能，该温度越低，说明柴油蒸发性越好。

（4）粘度 表征柴油稀稠的一项指标。粘度过大，柴油喷雾困难，雾化质量变差，影响燃烧过程；而粘度过小，喷油泵及喷油器中的精密偶件润滑不良，容易磨损。

（5）机械杂质和水分 机械杂质会引起喷油嘴的喷孔堵塞，加剧喷油泵、喷油嘴精密偶件磨损；而水分会使燃烧恶化，都应严格控制。尤其是柴油的输运和添加等环节，注意防止外界灰尘、杂质及水分混入，应进行沉淀和严格过滤。

除此之外，对柴油的化学安定性、防腐性等也都有要求。

2. 国产柴油的牌号与选用

柴油汽车使用的柴油为轻柴油，我国按其质量分为优等品、一等品和合格品3个等级，每个等级又按柴油的凝点分为10、5、0、-10、-20、-35和-50共7个牌号。

选用柴油时，应该根据当时当地的气温确定，要求柴油的凝点应该低于气温5℃以上。如气温5℃，应该选用0号柴油。

8.1.3 发动机润滑油

发动机润滑油(机油)是发动机的“血液”，在发动机各摩擦表面中担负着润滑、清洁、冷却、防锈等重要作用。正确选用内燃机机油能保证汽车正常可靠行驶，减少零件磨损、节省燃油消耗、延长发动机使用寿命。

1. 润滑油的主要应用性能指标

（1）粘度　是指润滑油受外力作用移动时，分子间产生的内摩擦力大小。它是润滑油分级和选用的主要依据。粘度过小，在高温、高压下容易从摩擦表面流失，不能形成足够厚度的油膜；粘度过大，冷起动阻力增加，起动困难，润滑油不能及时被泵送到摩擦表面，导致起动磨损严重。

（2）粘温性　是指润滑油粘度随温度而变化的特性。发动机从起动到满负荷工作的温度变化范围大，若润滑油的粘度随温度变化太大，就会使高温时粘度太低，而低温时粘度太高，影响正常润滑。

（3）氧化安定性　是指润滑油抵抗氧化作用不使其性质发生永久变化的能力。润滑油工作温度高达95℃，产生氧化后，颜色变暗，粘度增加，酸性增大，并产生胶状沉积物。氧化变质的润滑油将腐蚀发动机零件，甚至破坏发动机的正常工作。

（4）其他性能　如极压性、防腐性、起泡性、清净分散性等，它们对发动机的润滑都产生一定的影响，需要加入各种添加剂，保证润滑油的性能。

2. 润滑油的分类

我国润滑油分以下三类(GB/T 7631.17—2003)

（1）汽油机润滑油　有SC、SD、SE、SF、SG、SH 6个级别。

（2）柴油机润滑油　有CC、CD、CD-Ⅱ、CE、CF-4共5个级别。

（3）二冲程汽油机润滑油　有ERA、ERB、ERC、ERD 4个级别。

级号越后，使用性能越好，适用于新机型或强化程度高的发动机。

每一种级别又有若干种单一粘度等级和多粘度等级的润滑油牌号。例如，CC级润滑油有3个单一粘度等级(30、40和50号)和6个多粘度等级(5W/30、5W/40、10W/30、10W/40、15W/40和20W/40)的润滑油牌号。

单一粘度等级的润滑油粘温性较差，只适应某一温度范围使用。多粘度等级的润滑油粘温性好，适应温度范围宽。

3. 润滑油的选用

发动机润滑油的选用应根据厂家说明书所规定的要求进行选择和换油。如无说明书，可参照如下原则选用。

1）根据发动机类型选用不同类型的润滑油。汽油机选择汽油机润滑油，柴油机选择柴油机润滑油，二冲程汽油机选择相应润滑油。这是因为不同发动机工作原理、工作条件不同所致。

2）汽油机根据车型、工况的苛刻程度和进排气系统中的附加装置等选择不同等级润滑油(表 8-2)。

表 8-2 汽油机润滑油等级选择参考

机 油 等 级	性能	应 用 车 型
SC	低 ↓	国产货车、客车，如以 492Qc 为动力的各类汽车
SD		货车、客车和某些轿车，如解放 CA1091、东风 EQ1091 等车型
SE		轿车和某些货车，如天津夏利、大发、昌河、拉达等车型
SF		轿车和某些货车，如一汽奥迪、捷达、红旗、CA6440 轻客、桑塔纳、切诺基、标致、富康等车型
SG、SH	高	用于高档轿车、新型电喷车，例如红旗 CA7220AE 等车型

带有废气再循环或排气催化转化器的汽油机应选 SE 级汽油，有 PCV(曲轴强制通风装置)的汽油机应选用 SD 级汽油。

3）柴油机根据其强化程度选用不同的润滑油等级。强化系数表示发动机的机械负荷和热负荷的总和。不同强化系数柴油机的润滑油等级选择见表 8-3。

表 8-3 柴油机润滑油等级选择参考

机油等级	发动机的强化系数	应 用 机 型
CC	35 ~ 50	玉柴、扬柴、朝柴、锡柴、大柴 6110，日野 ZM400、五十铃等
CD	50 ~ 80	康明斯、斯太尔、依维柯等增压柴油机
CE	≥80	用于在低速高负荷和高速高负荷条件下运行的增压柴油机
CG-4		用于高速柴油机，特别适用于高速公路行驶的重负荷卡车

4）根据气温选用适当粘度等级的润滑油，可参见图 8-1 选择。

5）其他注意事项：

① 每天出车前应检查润滑油油面高度，不可过高或过低。

② 注意检查润滑油颜色、气味、粘度的变化，如已变质，应及时更换。

③ 换油时应采用热机放油方法，即先运行车辆，然后趁热放出润滑油，以

便使发动机内的油泥、污物等尽可能地随机油一起排出。

④ 定期检查清洗机油滤清器，清理油底壳中的杂物。

⑤ 避免不同牌号的发动机润滑油混用，以免相互起化学反应。

⑥ 选购时，应尽可能地购买有影响、有知名度的正规厂家的发动机润滑油，要特别注意辨别真假，确保发动机润滑油的质量。图8-2、图8-3所示为使用不良润滑油导致的严重后果。

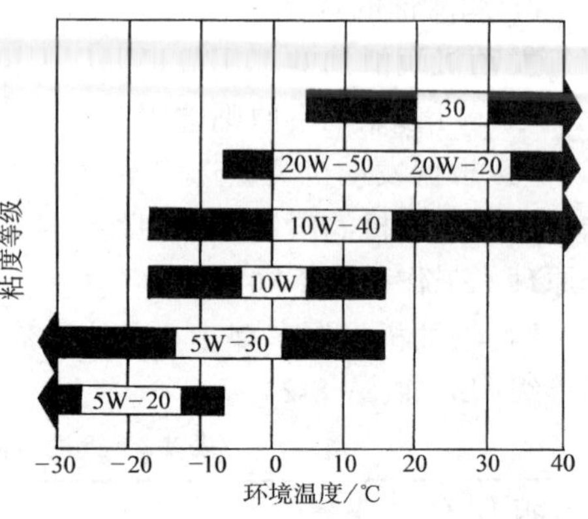

图8-1 发动机润滑油选用

8.1.4 汽车齿轮油

汽车齿轮油用于汽车转向器、变速器、驱动桥等齿轮传动机构中。

图8-2 火花塞结胶积炭

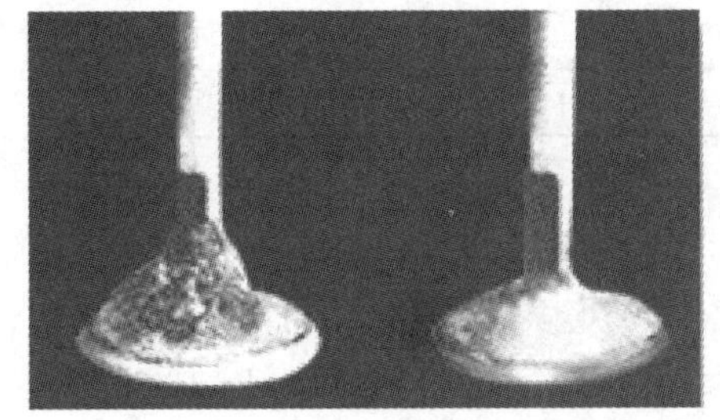

图8-3 气门积炭严重

1. 齿轮油的主要应用性能指标

（1）抗磨性(也称油性) 是指齿轮油在运动件间抵抗摩擦保持油膜的能力。

（2）极压性 指齿轮油抗摩擦、磨损、烧结和耐冲击负荷的性能。

（3）热氧化安定性 齿轮油抵抗热和氧化作用的能力。

（4）抗泡性 指迅速消除齿轮油泡沫的能力，因为齿轮转动时会产生泡沫，影响油膜生成，加速齿轮磨损，必须迅速予以消除。

2. 齿轮油分类及选用

我国齿轮油分普通车用齿轮油、中负荷车用齿轮油和重负荷车用齿轮油三类，每类又有若干牌号(表8-4)，其选用按各种汽车使用说明书要求进行。如无使用说明书，也可以参照表8-4选用。

8.1.5 汽车润滑脂

汽车润滑脂(俗称黄油)是介于液体与固体之间的半流动的塑性物质，它是在润滑油中加入稠化剂制成的，主要应用于水泵轴承、发电机轴承、轮毂轴承、

表 8-4　齿轮油分类、牌号及选用

<table>
<tr><th>牌　号</th><th>分　类</th><th>适用范围</th><th>备　注</th></tr>
<tr><td>80w/90
85w/90
90</td><td>普通车用齿轮油
(L-CLC)</td><td>适用于中等速度和负荷比较苛刻的齿轮的变速器和螺旋锥齿轮驱动桥</td><td rowspan="3">80w/90 等齿轮油为多粘度等级齿轮油，带“w”为冬季低温用油，无“w”为夏季用油
冬季气温不低于 -10℃地区，可全年选用 90 号齿轮油；气温不低于 -12℃地区还可全年使用 85w/90 号齿轮油；气温不低于 -26℃地区可全年选用 80w/90 油；冬季气温低于 -26℃以下的严寒地区冬季应选用 75w 齿轮油</td></tr>
<tr><td>75w
80w/90
85w/90
90
85w/140</td><td>中负荷车用齿轮油
(L-CLD)</td><td>适用于低速高转矩和高速低转矩的各种齿轮变速器、螺旋锥齿轮，使用条件不太苛刻的双曲线齿轮驱动桥</td></tr>
<tr><td>75w
80w/90
85w/90
90
85w/140</td><td>重负荷车用齿轮油
(L-CLE)</td><td>适用高速冲击载荷、高速低转矩和低速高转矩的各种齿轮，工作条件苛刻的双曲线齿轮传动</td></tr>
</table>

万向节轴承、主销轴瓦等敞开或密封不良及受压较大的摩擦部位，具有润滑、保护、密封等作用。

1. 润滑脂的主要性能指标

(1) 稠度　是指润滑脂在受力作用时抵抗变形的程度，一般用锥入度指标衡量，锥入度越小，润滑脂越硬，越不易进入和充满摩擦面，同时润滑脂的内摩擦阻力大，因而不能适用于高速运转部件的润滑要求。但为了保证有足够的粘附能力，对高速运转的部件也不宜用太软的润滑脂，稠度应适中。冬季应选用锥入度大一些的润滑脂，而夏季可选锥入度小一些的润滑脂。

(2) 低温性能　是指润滑脂在低温条件下仍能保持良好润滑的性能，它取决于润滑脂低温条件下的相似粘度和低温转矩。

(3) 高温性能　是指润滑脂在高温条件下仍能保持良好润滑的性能。温度对于润滑脂的流动性具有很大影响，温度升高，润滑脂变软易于流失。而且在较高温度下，润滑脂蒸发损失增大，氧化变质与凝缩分油现象严重，引起润滑脂失效。润滑脂的高温性能可用滴点、蒸发量和轴承漏失量等指标进行评定。

除此之外，润滑脂还有抗水性、防腐性、极压与抗磨性、机械安定性、胶体安定性、氧化安定性、外观质量等性能指标。

2. 润滑脂的分类代号

润滑脂是按应用时的操作条件(温度、水污染和负荷等)进行分类的。每一种润滑脂用一组(5 个)大写英文字母组成的代号来表示。

例如，L-XBEGB-00表示极压型润滑脂，稠度等级为锥入度400～430。其使用条件为：最低操作温度-20℃，最高操作温度160℃，可以经受水洗，不要求防锈。

3. 润滑脂的选用

其选用按各种汽车使用说明书要求进行。目前普遍推荐使用的是通用锂基润滑脂，它具有良好的高低温适应性，可在-30～120℃的温度范围内使用，具有良好的抗水性、防锈性、安定性和润滑性，在高速运转的水泵及发电机轴承使用，不变质，不流失，保证润滑。

8.1.6　汽车自动变速器油(ATF)

1. 自动变速器油作用

自动变速器油被用于液力耦合器、液力变矩器或行星齿轮变速器，作为液力传动介质以传递能量和转矩，并进行润滑和散热，它直接影响到液力传动系统的功率和效率。

2. 自动变速器油主要性能指标

自动变速器油主要性能指标有粘温性、消泡性、抗氧化安全性、抗磨性等，其含义与其他润滑剂相似，不再赘述。

3. 自动变速器油牌号及选用

我国自动变速器油按100℃时运动粘度分为6号、8号两个牌号，6号油主要用于内燃机车、载重汽车及工程机械，8号油主要用于轿车。进口轿车最好采用其要求的牌号，如果无进口油，也可用8号油替代。不同国家的变速器油不可混用。

4. 使用注意事项

应注意避免自动变速器长时间重载低速行驶，以免油温上升，加速油的氧化变质，形成沉积物和积炭，阻塞细小的通孔和油液循环管路，导致自动变速器过热损坏。

应注意经常检查油位，方法是使车辆停放在本平地面上，发动机怠速运转，油温在正常范围内(80～85℃)，此时油位应在自动变速器油标尺上的热态油位。油位过高或过低，都将使自动变速器出故障。

注意按照车辆使用说明书的规定更换液力传动油和过滤器(或清洗滤网)，同时拆洗自动变速器油底壳。换油时应将油底壳和油路(特别是变矩器)清洗干净，按需要量加入新油。

不同牌号、不同品种的液力传动油不能混用，同牌号不同厂家生产的也不宜混用。

8.1.7　汽车制动液

1. 制动液的作用及性能

制动液用于液压式制动系统中传递制动压力。

制动液应具备高沸点、低蒸发性，以防产生气阻影响制动；优良的低温流动性，以利于正常使用；良好的金属适应性和橡胶配伍性，以使制动管路中的金属、橡胶密封圈不易被腐蚀、老化；还要有良好的润滑性，适宜的粘度和稳定性等。

2. 制动液分类与选用

根据 GB 12981—2003 的规定，我国制动液分 HZY3、HZY4、HZY5 三个质量等级，序号越大，平衡回流沸点越高，高温抗气阻性能越好，行车制动安全性越好。

制动液选用应按车辆使用说明书的要求进行。一般车速高或负荷大、经常跑山区的汽车应选用高质量等级的制动液。

3. 制动液使用注意事项

1）定期更换制动液。由于制动液使用一定时间后会因吸湿、化学变化等原因使性能指标下降，从而影响制动的灵敏性，因此使用中的制动液应定期更换。汽车制动液的更换以汽车行驶里程或使用时间确定。如捷达轿车换油周期为 24 个月或行驶 3 万千米。

2）不同规格的制动液不能混用。

3）防止水分或矿物油混入。

4）制动缸皮碗不可敞开放置。

5）汽车制动液多以有机溶剂制成，易挥发、易燃。因此，管理和使用中要注意防火。

8.2 汽车磨合

8.2.1 汽车磨合及意义

汽车磨合是指新购的汽车或大修后的汽车在投入满负荷工作前，按一定的规程所进行的适应性运转。

汽车磨合对减轻汽车磨损、延长汽车寿命，提高汽车功率、降低汽车油耗、减少汽车排污以及保证行车安全意义极大。因为新出厂或大修的汽车，虽然主要配合件都是新的，运动件表面也很光滑(如缸套与活塞、曲轴与轴瓦)，但从显微镜上看，却是凸凹不平的，研究发现，它们摩擦接触面积总和仅为全部面积的 0.1%~1%，如果汽车一开始就大负荷工作或高速行车，势必使这些接触面承受压力过大，造成拉伤甚至熔化，出现拉缸、抱轴等严重事故，汽车寿命几倍甚至几十倍地缩短。

鉴于上述原因，新车一定要经过磨合，使各摩擦表面全面接触。实际在汽车出厂前，发动机和底盘传动系统等都经过一定时间的磨合，限于时间和条件，工厂不便进行长时间的使用磨合，用户购车后必须进行使用磨合。

8.2.2 汽车磨合的方法

总的磨合原则是发动机转速及车速由低到高，负荷由小到大，变速器各挡位应进行适当时间磨合，及时更换润滑油，注意发现和排除异常现象。磨合期时间随车型有所不同，按使用说明书要求进行，如，轿车一般在1000～1500km。汽车磨合期使用应该注意以下问题。

1. 正确驾驶操作

发动机在起动后，应利用低速在原地升温，待冷却液温度达到起步要求后再行起步。起步时要慢松离合器，做到平稳、无冲动。加速时，要缓踩节气门，不可急加速。不可越级减挡，以减少对传动装置的冲击。在行驶中尽量避免紧急制动，如，上海通用别克汽车规定，在第一个350km内，不要紧急制动。新车不宜用来做“教练车”。

2. 减轻负荷

新车应适当地减轻负荷，使汽车在磨合期内的磨损减少，摩擦表面光滑平整，延长汽车使用寿命。在新车开始使用的1000km内，不能超过汽车额定载重量的80%。当行驶阻力增大时，应及时换入低速挡，不能勉强用高速挡行驶，以免发动机负荷过大。

3. 限制车速

车辆行驶速度增高时，行驶阻力增大，机件运转速度加快，温度升高，润滑油膜被破坏，致使机件磨损增加。因此，在车辆磨合期间，应严格控制车速，防止发动机转速过高。一般车辆各挡行驶速度不得超过发动机最高转速的80%。如，上海通用别克汽车在新车开始使用的1000km内，车速不得超过120km/h，不允许把加速踏板踩到底，不要使发动机转速急剧增加。新车不能用来跑长途。

4. 选择道路

车辆在磨合期间，应尽量选择平坦良好的道路行驶，避免在崎岖、陡坡和泥泞等不良的道路上行驶，以减少行驶阻力，从而减轻发动机的负荷。

5. 注意及时发现和排除故障

行驶中应注意聆听发动机的声音，观察各仪表的工作状态，如有异常，应停车检查。注意紧固松动的螺钉，及时排除故障。

6. 更换润滑油

新车在磨合期内，各摩擦副之间配合粗糙，磨损较大，润滑油中金属屑粒较多，因此在新车磨合期内(1000km左右)，应及时更换发动机润滑油和变速器齿轮油，更换滤清器。

8.3 汽车维护

汽车在使用中，必然造成零件磨损、调整参数变化或螺钉松动等问题，如果不及时维护，可能造成不应有的经济损失和安全事故，定期维护，可以使汽车的维修费用降到最低，“三分修、七分养”，说明了汽车平时维护的重要性。

汽车维护的时间与内容，随不同车型而不同，应按照使用说明书进行定期维护。依据国家标准，我国汽车维护分日常维护、一级维护、二级维护三个等级。

8.3.1 汽车日常维护

1. 日常维护时间

汽车日常维护在每天出车前、行车中和收车后进行。

2. 日常维护内容

日常维护以清洁、补给和安全检视为作业中心内容，由驾驶员负责执行。

日常维护的具体内容有：

1）对汽车外观、发动机外表进行清洁，保持车容整洁。

2）对汽车润滑油(见图8-4)、汽车各部润滑油(脂)、燃油、冷却液(见图8-5)、制动液(见图8-6)、各种工作介质、进行检查补给。

3）清除轮胎外表杂物(见图8-7)，检查轮胎气压(见图8-8)。

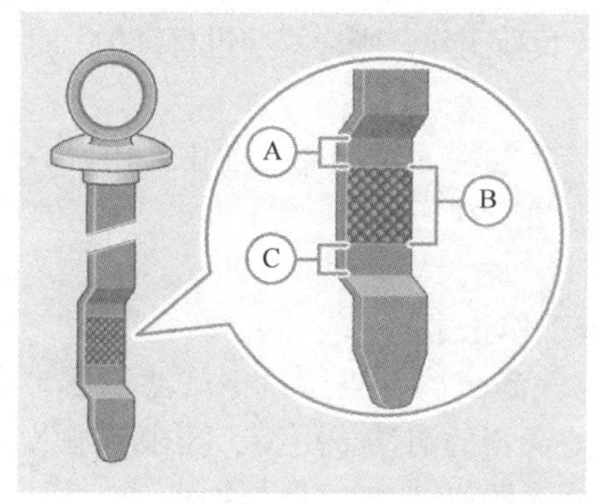

图8-4 润滑油检查

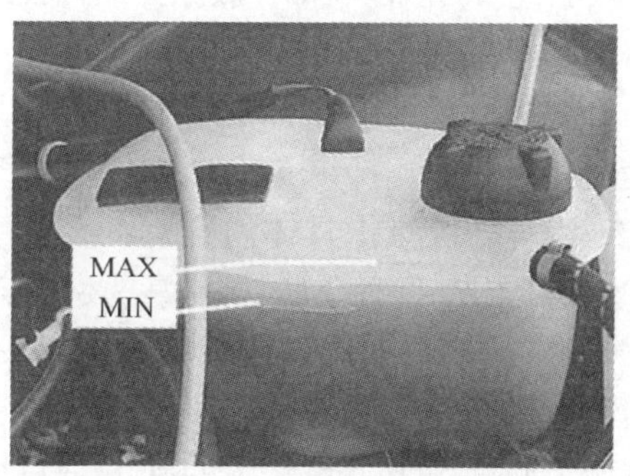

图8-5 冷却液检查

图8-6 制动液检查

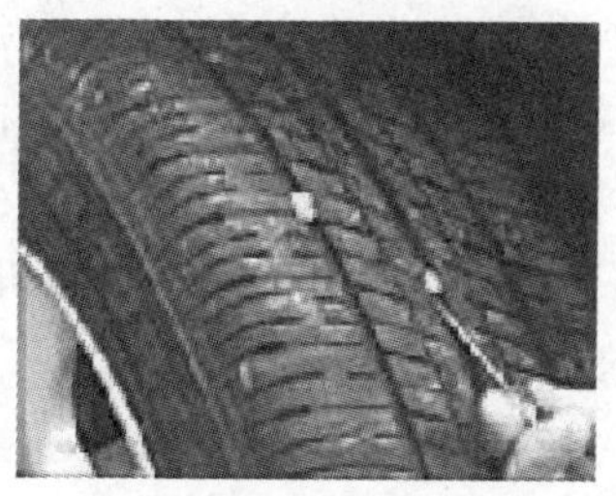

图8-7 清除轮胎外表杂物

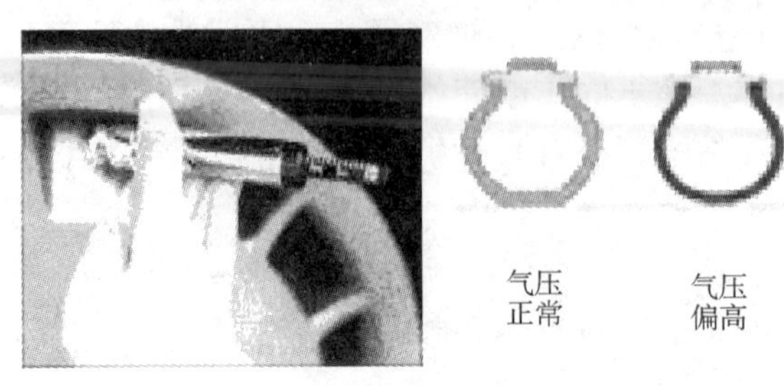

图8-8 轮胎气压检查

4）对汽车制动、转向、传动、悬架、灯光、信号等安全部位和位置以及发动机运转状态进行检视、校紧，确保行车安全。

8.3.2 汽车一级维护

1. 一级维护的时间

汽车一级维护时间应以汽车行驶里程为基本依据，可按使用说明书要求进行，如轿车一般在行驶5000~7500km后进行。同时，还应该根据汽车使用条件的不同有所区别，如，汽车经常在较差路面行驶或经常大负荷工作，则应提前进行维护。

2. 一级维护的内容

汽车一级维护除日常维护作业外，以清洁、润滑、紧固为作业中心内容，并检查有关制动、操纵等安全部件，由维修企业负责执行。

汽车一级维护具体内容有：

1）点火系统检查、调整：要求点火系统工作正常。

2）滤清器的清洁或更换：包括发动机空气滤清器、空压机空气滤清器、曲轴箱通风系空气滤清器、机油滤清器和燃油滤清器的清洁或更换，要求各滤芯应清洁无破损，上下衬垫无残缺，密封良好；滤清器应清洁，安装牢固。

3）油面、液面检查：包括曲轴箱油面、化油器油面、冷却液液面、制度液液面高度检查，应符合规定要求。

4）曲轴箱通风装置、三元催化转化装置外观检查：要求各装置齐全、无损坏。

5）散热器、油底壳、发动机前后支垫、水泵、空气压缩机、进排气支管、燃油喷射系统各部件联接螺栓的检查校紧：要求各连接部位螺栓、螺母应紧固，锁销、垫圈及胶垫应完好有效。

6）空压机、发电机、空调机传动带检查：检查传动带磨损、老化程度，调整传动带松紧度至符合规定要求。

7）转向器检查：检查转向器液面及密封状况，润滑万向节十字轴、横直拉杆、球头销、转向节等部位。

8）离合器检查调整：离合器操纵机构应灵敏可靠；踏板自由行程应符合规定要求。

9）变速器、差速器检查：变速器、差速器液面及密封状况正常，润滑传动轴万向节十字轴、中间轴承，校紧各部联接螺栓，清洁各通气塞。

10）制动系检查：检查紧固各制动管路、检查调整制动踏板自由行程，要求制动管路接头应不漏气，支架螺栓紧固可靠。制动联动机构应灵敏可靠，储气筒无积水、制动踏板自由行程符合规定。

11）车架、车身及各附件检查紧固：各部螺栓及拖钩、挂钩应紧固可靠，无裂损，无窜动，齐全有效。

12）轮胎检查：检查轮辋及压条挡圈应无裂损、变形；检查轮胎气压(包括备胎)应符合规定，气门嘴帽齐全；检查轮毂轴承间隙无明显松旷。

13）悬架机构检查：要求无损坏、连接可靠。

14）蓄电池检查：电解液液面高度应符合规定，通气孔畅通，电桩夹头清洁、牢固。

15）灯光、仪表、信号装置检查：要求齐全有效，安装牢固。

16）全车润滑点：要求润滑各润滑点，检查润滑嘴应安装正确，齐全有效。

17）全车检查：全车不漏油、不漏水、不漏气、不漏电、不漏尘，各种防尘罩齐全有效。

8.3.3　汽车二级维护

1. 二级维护的时间

汽车二级维护时间也是以汽车行驶里程为基本依据，可按使用说明书要求进行，如轿车一般在行驶10000～15000km后进行。同时还应该根据汽车使用条件的不同有所区别，如，汽车经常在较差路面行驶或经常大负荷工作，则应提前进行维护。

2. 二级维护的内容

二级维护是除一级维护作业外，以检查、调整转向节、转向摇臂、制动蹄片、悬架等安全部件为主，并拆检轮胎，进行轮胎换位，检查调整发动机工作状况和排气污染控制装置等，由维修企业负责执行。

汽车二级维护具体内容较多，应采用专用检测仪器进行检查，主要维护检测项目见表8-5。根据检测结果及车辆实际技术状况进行故障诊断，确定附加作业内容。

表8-5　汽车二级维护检测项目

序号	检测项目	序号	检测项目
1	发动机功率，气缸压力	5	制动性能，检查制动力
2	汽车排气污染物，三元催化转化装置的作用	6	转向轮定位，主要检查前轮定位角和转向盘自由转动量
3	电控燃油喷射系统	7	车轮动平衡
4	柴油车检查供油提前角、供油间隔角和喷油泵供油压力	8	前照灯
		9	操纵稳定性，有无跑偏、发抖、摆头

(续)

序号	检测项目	序号	检测项目
10	变速器，有无泄漏、异响、松脱、裂纹等现象，换挡是否轻便灵活	12	传动轴，有无泄漏、异响、松脱、裂纹等现象
11	离合器，有无打滑、发抖现象，分离是否彻底，接合是否平稳	13	后桥，主减速器有无泄漏、异响、松动、过热等现象

8.3.4 汽车换季维护

有的汽车还要求进行换季维护，一般是在入冬和入夏前气温变化较大时进行。换季维护以更换燃油、润滑油、防冻液为主要内容。

本章小结

1）我国优质汽油分93号、95号、97号，汽油的选用主要依据发动机的压缩比进行。

2）我国柴油汽车使用的柴油为轻柴油，按其质量分为优等品、一等品和合格品三个等级，每个等级又按柴油的凝点分为10、5、0、－10、－20、－35和－50七个牌号。选用时，应该根据当时、当地的气温确定，要求柴油的凝点应该低于气温5℃以上。

3）汽车润滑油分汽油机润滑油(有SC、SD、SE、SF、SG、SH六个级别)和柴油机润滑油(有CC、CD、CD-Ⅱ、CE、CF-4五个级别)。选用时，应根据发动机类型、车型、工况、气温等情况进行。

4）汽车齿轮油、润滑脂、自动变速器油、制动液等都应该根据不同的汽车要求，按照使用说明书进行选用。

5）汽车磨合对减轻汽车磨损、延长汽车寿命、提高汽车功率、降低汽车油耗、减少汽车排污关系极大，应该按照使用说明书的要求进行磨合。

6）汽车维护对保持汽车动力性能、经济性能和安全性能意义重大，应按使用说明书的要求严格进行。我国汽车维护分为日常维护、一级维护、二级维护三个等级。

【习题与思考题】

1. 调研一辆汽车，看看它使用的燃料、润滑油、齿轮油、润滑脂、变速器油、制动液各是什么牌号，是否符合要求。

2. 调研一辆汽车，了解车主刚买车时是否进行过磨合，是如何磨合的。

3. 协助驾驶员进行汽车的日常保养。

4. 调研一个汽车维修厂，了解他们如何进行汽车的一级维护和二级维护。

第9章　汽 车 文 化

教学目标与要求

1）理解世界著名汽车竞赛分类及基本内容。
2）知道世界著名的五大汽车展。
3）理解汽车俱乐部的作用与工作内容。
4）学会汽车资料和新闻的检索。

人类在发明汽车的同时，也创造了辉煌的汽车文化，如汽车商标（见第2章、第3章）、汽车展览、汽车竞赛等，无一不蕴含着丰富的文化内涵。

9.1　汽车竞赛

9.1.1　汽车竞赛与分类

1. 汽车竞赛

汽车竞赛又叫赛车运动，是指利用汽车在各种道路上进行汽车性能（速度、耐力、油耗等）和驾驶技术等比赛的一种活动，是一项风行世界的体育运动项目。

1887年，举办了世界上第一次汽车比赛，结果只有一辆蒸汽车参加。1895年，进行了第一次有汽油汽车参加的比赛，汽油汽车战胜了蒸汽汽车，从而为汽车的发展开辟了道路。

1904年，由法国等欧洲国家发起，成立了国际汽车联合会（FIA）组织（标志见图9-1）。从此，世界赛车运动就蓬勃地开展起来。中国汽车联合会于1975年成立，1983年加入国际汽车联合会。

图9-1　国际汽车联合会标志

由于要求赛车有强大的功率、最小的空气阻力及最轻的质量，促使汽车厂家为此作出最大的努力，直接推动了汽车工业的发展。如涡轮增压发动机、自动电子变速装置、扰流板及尾翼、纤维增强复合材料车身及不少最新的技术，都是在赛车上首先采用的。一些汽车品牌也是在汽车竞赛中出现的，如意大利的法拉利轿车、日本的本田轿车和三菱汽车等。

2. 汽车竞赛分类

赛车竞赛的种类很多，比较著名、影响较大的项目大致可分为以下几类：

(1) 汽车道路比赛　用成批生产的汽车在现有道路上进行的比赛，如拉力赛、越野赛，其车速较低，但赛程较长，比赛很艰苦。

(2) 汽车耐久赛　用成批生产的汽车或特制的运动原型车，在固定赛场或圈围好的现有道路上进行的长时间连续比赛，如法国勒芒 24h 耐久赛，车速很高，比赛既刺激，又艰苦。

(3) 汽车场地赛　用特制的专用赛车，在固定的赛场中进行的比赛，如方程式车赛、印第车赛。车速很高，赛程只有 2 ~ 3h，比赛激烈。

其他的还有创纪录赛、冲刺赛、技巧赛、节油车赛、卡丁车赛、太阳能车赛、老式汽车赛、大脚车赛、泥潭赛、毁车赛、汽车足球赛、汽车选美赛等。

9.1.2 方程式汽车赛

1. 方程式汽车赛种类

方程式汽车赛，是汽车场地比赛的一种，由于参加这种比赛的赛车必须依照国际汽车联合会制定的车辆技术规定的程式设计和制造，因此叫做方程式赛车。

方程式赛车的级别有很多种，主要有一级方程式(简称 F1)、F3000、三级方程式(简称 F3)、亚洲方程式、无限方程式、福特方程式、雷诺方程式、卡丁车方程式等。其中一级方程式锦标赛是世界上汽车场地竞赛项目中最高级、也是最引人注目的比赛。

2. 一级方程式世界锦标赛

一级方程式世界锦标赛(Formula One World Championship)简称 F1，也叫一级方程式汽车大奖赛，F1 大赛起始于 1950 年，每年在世界各地比赛 16 场，每场比赛取前 6 名，获得总积分最高者即为世界冠军。

F1 赛道为改性沥青，每个赛道的周长不等，最短的是摩洛哥的“蒙特卡罗街区赛道”，单圈长度为 3. 3km，最长的是比利时的“斯帕”赛车场，单圈长度为 6. 9km。匈牙利布达佩斯赛道如图 9-2 所示。

驾驶赛车的赛手为一个人。比赛时 22 辆赛车根据排位比赛的成绩排列起跑顺序。当信号灯变为绿色时，22 辆赛车同时出发，跑完规定圈数(每场为超过 305km 的最小圈数)，时间短者获胜。一场 F1 比赛时间不能超过2h。

F1 使用的赛车(见图 9-3)车身外形、操作系统及发动机都有严格规定，现代 F1 赛车的基本特点是：四轮外露，单座，重心低，轮距大，最低重量 550kg。

发动机：排量 3L，自然吸气式汽油机，气缸数不多于 12 个，输出功率

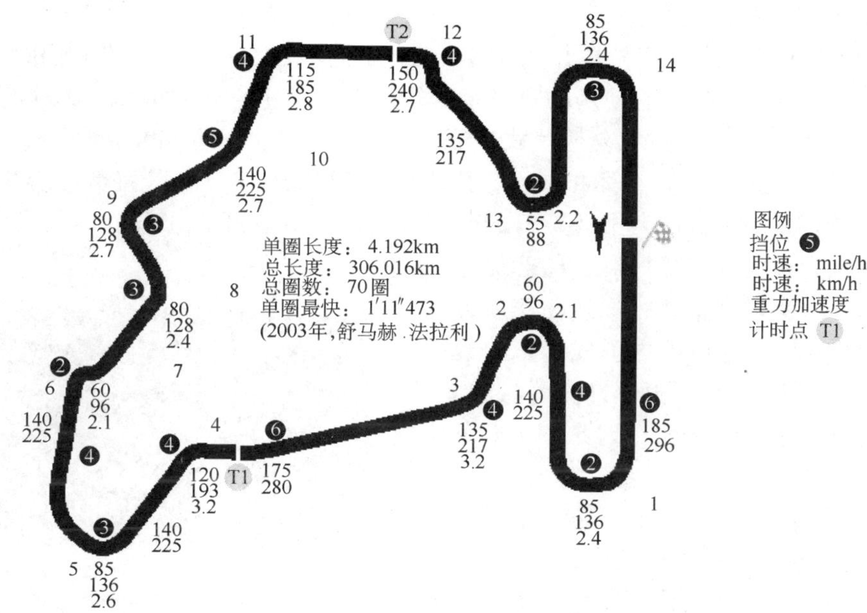

图 9-2　匈牙利布达佩斯赛道

700kW，禁止增压。

变速器：6 ~ 7 挡，自动电子变速系统，变速按钮在转向盘上。

车身：框架式结构，采用碳纤维增强塑料或特种材料制造，流线形车身，前有汽车的尖形鼻锥，后有尾翼，以减少空气阻力和气流造成的升力。油箱用特种橡胶制成。

图 9-3　一级方程式赛车

轮胎：只用一个轮胎螺栓，以方便快速拆换。在干燥路面上使用只有四道花纹的“干地轮胎”，在湿滑路面上使用“湿地轮胎”。前轮胎宽 12in（305mm），后轮胎宽 18in（457mm）。赛前加热，以提高附着力。

F1 车手必须持有 FIA 签发的“超级驾驶证”方能参赛。

一级方程式汽车赛是世界上最昂贵的运动。最便宜的一台发动机，包括零件和维修保养，也要 800 万美元，汽油每年要 30 多万美元，一支车队有两部赛车和一部后备赛车。每一支赛车队有好几十位工作人员，一般强队的主任工程师，年薪大约 100 万美元，赛车手的薪金，最顶尖的几位赛车手，如舒马赫，年薪约 1000 万美元，所以经营一支强队，每年的费用约 5000 万美元甚至更多。现在世界上大约有 20 余支实力雄厚的 F1 车队，大多属英、意、法三国所有。

3. 其他方程式汽车赛

F3000方程式汽车赛，是方程式汽车场地赛的项目之一。它也设有国际大奖赛，但只有4个分站。它使用的赛车是四轮外露、单座、纯跑道用方程式赛车。装备8气缸、排量3L的自然吸气式汽油发动机，输出功率约349kW。

三级方程式(F3)赛车体积较小，最小质量540kg，发动机气缸数最多4个，禁用两冲程发动机，最大排量为2L，禁用增压器，功率约125kW。

亚洲方程式汽车赛只限于在亚洲地区开赛。

卡丁方程式汽车赛是场地比赛项目的一种(见图9-4)，是世界方程式赛车的最初级形式，始于1940年。由于许多著名的F1赛手都是从卡丁车起步的，因此，卡丁车被视为F1的“摇篮”。

图9-4 卡丁方程式汽车赛

卡丁方程式汽车赛分方程式卡丁车、国际A、B、C、E级和普及级6种，共12个级别。使用轻钢管结构，操作简单，无车体外壳，装配100mL、125mL或250mL汽油发动机的4轮单座位微型赛车，重心低，在曲折的环形路线上行驶速度感强。

9.1.3 世界汽车拉力锦标赛

1. 拉力锦标赛

世界拉力锦标赛(World Championship,WRC)又叫集合赛、多日赛，是英语RALLY(集合)的音译。它是汽车道路比赛项目之一。实际上，是一种汽车长途越野赛。

汽车拉力赛主要在有路基的土路、砂砾路上进行，也有部分的柏油路。它可在一个国家内或跨越国境举行。汽车拉力赛既能检验汽车的性能和质量，又能考验驾驶员的技术。

拉力赛使用规定的赛车(见图9-5)、按规定的平均速度，在完全或部分对普通交通开放的道路上进行的一项赛事，每辆赛车组由1名车手及1名领航员组成，比赛成绩以时间最少者为冠军。

国际汽车拉力赛每年设有世界拉力锦标赛(9站)、欧洲拉力锦标赛(11站)、亚洲拉力锦标赛(6站)、非洲拉力锦标赛(5站)中东拉力锦标赛(6站)等众多大型赛事，比赛设车手奖和车队奖。较为著名的汽车拉力赛有蒙特卡罗拉力赛、巴黎-达喀尔拉力赛等。

图9-5 世界拉力锦标赛

2. 蒙特卡罗汽车拉力赛

蒙特卡罗拉力赛(见图9-6)是一种国际性的汽车拉力赛。蒙特卡罗是法国和意大利之间的一个欧洲小国摩纳哥的首府，也是一个著名赌城。

1911年，欧洲十国进行了以各自首都为起点，到摩纳哥的蒙特卡罗集合的汽车长途越野赛。全程限7天完成，以各自行驶的平均速度作为胜负的标准。这次比赛，以RALLY命名，成为了世界上第一次正式的汽车拉力赛。

以后比赛每年1月份举行，路线在摩纳哥附近的山区，由于冬季冰雪，行驶条件十分恶劣，全程约5000km，赛程4~5天。

3. 巴黎-达喀尔汽车拉力赛

巴黎-达喀尔拉力赛是世界上最长最艰苦的汽车拉力赛之一。这一拉力赛，自1979年开始，每年1月份举行。从法国巴黎出发，乘船渡过地中海，在非洲北部上岸。然后，穿越非洲的撒哈拉大沙漠、潮湿的热带雨林及各种崎岖的路段，途经多个国家，最后到达塞内加尔的首都达喀尔，总行程约13000km，历时约20天。图9-7是2005年的巴黎-达喀尔汽车拉力赛路线图。

图9-6 蒙特卡罗拉力赛

图9-7 巴黎-达喀尔汽车拉力赛路线图

4. 555香港-北京汽车拉力赛

在我国也举办了555香港-北京国际拉力赛，由于这一赛事由生产“555”牌香烟的英美烟草公司赞助，所以前面冠以“555”。该赛事从1985年开始举办，1988年中断，1993年恢复，1996年的赛事为最后一届。

这一比赛从香港出发，途经广东省韶关市的世界地质公园丹霞，再经长沙、武汉、郑州、石家庄，终点为北京天安门广场，总行程约3900km，历时约7天。参加这一赛事的国家还有日本、美国、菲律宾、澳大利亚、德国、奥地利、瑞典、英国、意大利、肯尼亚。中国车手卢宁军(见图9-8)在1986年勇夺冠军，这是中国车手首次参加国际汽车拉力赛取得优良成绩。

1999年开始，我国北京市怀柔区成为世界拉力锦标赛的分站之一，因此不再举办555香港-北京拉力赛。

5. 其他汽车拉力赛

东非沙法里拉力赛，从1953年起每年举行一次，比赛途径肯尼亚、乌干达等国家，路面条件十分恶劣，路线长达6000km，赛程4~5天。

还有1971年英国伦敦到澳大利亚悉尼的拉力赛、还有摩洛哥、奥地利阿尔卑斯、法国阿尔卑斯、希腊的阿克罗波拉斯、美国的奥林巴斯、芬兰的千湖等拉力赛。

图9-8 中国车手卢宁军

9.1.4 汽车越野赛

越野赛(见图9-9)是汽车道路比赛项目之一，是在一个国家或几个国家的公路和自然道路上进行的汽车比赛。经过几个国家的领土、总行程超过10 000 km或跨洲进行的汽车比赛，称为马拉松越野赛。

越野赛不同于拉力赛，比赛必须在白天进行。除国际汽联特别批准外，赛程不得超过15天，每经过10个阶段后，至少休息18h。参赛车辆必须是全轮驱动汽车。

巴黎-北京马拉松越野赛是世界上最早的汽车越野赛，在1907年举行。汽车从北京开到巴黎，有5辆汽车参加，3辆汽车历经2个月才到达巴黎。图9-10是赛车经过我国八达岭的画面。

图9-9 汽车越野赛

图9-10 赛车经过我国八达岭

1992年9月，举行了一次巴黎-北京马拉松越野赛。比赛从巴黎出发，经莫斯科，进入我国新疆，最后到达北京。全程16135km，途经11个国家，历时27天。有50辆赛车在规定时间内跑完全程。

9.1.5 汽车耐力赛

汽车耐久赛是一种在规定赛道上进行长时间连续行驶的耐久性比赛，它可以考验汽车的动力性能、可靠性和驾驶员的耐力。最著名的汽车耐久赛是勒芒24h汽车耐久赛。

勒芒24h耐久赛在法国勒芒(Lemans)举行。从1923年开始，每年6月份

(1936年、1940年、1948年除外)都要举行汽车连续行驶24 h的比赛，它与F1及世界拉力锦标赛并列世界汽车三大赛事。

勒芒赛道(见图9-11)是环行跑道，长13.5km，其中大部分是封闭式的高速公路。比赛时每辆车配备3个驾驶员，轮流驾驶与休息。实行昼夜“三班”制。在24h的赛程中，由于夜间气温较低，轮胎抓地性最好，机件运行也进入良好状态，所以赛手都趁“夜深人静”之际拼命奔跑，此时竞争最为激烈。汽车每隔50min就要加油检修，昼夜汽车行驶约5000km，平均时速超过200km，在直线路段行驶最高时速超过400km。在24h内行驶距离最长者获胜。

图9-11　勒芒赛道

9.1.6　汽车冲刺赛

冲刺赛(Drag Race)是一种由静止加速起跑的竞赛，由两辆车在规定距离上比试速度，规定的距离一般为402.336m(1/4mile)或201.168m(1/8mile)，胜者进入下一轮竞赛，负者被淘汰。然后两个胜者再一对一地比赛，直到最后一位胜者便是冠军。

9.1.7　著名车队与车手

1. 著名车队

(1) 法拉利车队(见图9-12)　1950年首次参赛，至2004年共夺得14次世界车队冠军，13人次世界车手冠军，分站冠军182次。

图9-12　法拉利车队

(2) 麦克拉伦车队(见图9-13)　麦克拉伦车队(Melaren)由布鲁斯·麦克拉伦于1966年创建。至2009年共夺得8次世界车队冠军，11人次世界车手冠军。

(3) 威廉姆斯车队(见图9-14)　1973年建立，至2009年共获得过8次世界车队冠军和7人次的世界车手冠军。

(4) 莲花车队　英国莲花车队成立于1958年，共夺得7次世界冠军。1994年，车队出售给David Hunt。2010年，马来西亚接管的莲花车队又重新回到赛场参加F1比赛。

图9-13　麦克拉伦车队

图 9-14 威廉姆斯车队

其他著名的职业拉力车队还有：丰田车队、福特车队、555 富士车队、三菱车队、兰西亚车队、日产车队等。

2. 著名车手

（1）胡安·曼努尔·凡乔(见图 9-15) 1911 年出生在阿根廷一个工厂主家庭，1934 年进入赛车界，1951 年、1954～1957 年 5 届 F1 年度总冠军。他是赛车史上一位传奇人物，一代元老，一个神话。

（2）尼克·劳达(见图 9-16) 1949 年出生在奥地利，1971 年开始参加 F1 大赛，3 次获得世界冠军。

（3）阿兰·普罗斯特(见图 9-17) 1955 年生于法国，1980 年加盟麦克拉伦车队，开始了其 13 年的 F1 大赛历程，共夺得 4 次 F1 年度总冠军。

图 9-15 胡安·曼努尔·凡乔

图 9-16 尼克·劳达

图 9-17 阿兰·普罗斯特

（4）艾尔顿·塞纳(见图 9-18) 1960 年出生在巴西圣保罗市一个家财百万的汽车工厂主家庭，13 岁时就参加卡丁车比赛，17 岁时夺得南美冠军。1984 年进入 F1 车队，1988、1990、1991 年夺得 F1 年度总冠军。

（5）米切尔·舒马赫(见图 9-19) 德国车手，7 次夺得世界年度车手总冠军，

图9-18 艾尔顿·塞纳

图9-19 米切尔·舒马赫

91次夺得世界分站赛冠军。

汽车拉力赛的著名车手还有：肯库宁(芬兰)、马基宁(芬兰)、麦克雷(英国)、塞恩斯(西班牙)、伯恩斯(英国)等。

9.2 汽车展览

9.2.1 汽车展览

汽车展览是专门为汽车举办的展览，是汽车制造商们展示新产品、树立企业形象、展示公司实力、争夺汽车市场的舞台，可以让人们感受到世界汽车工业跳动的脉搏；也是进行汽车技术交流、发展经贸合作的良好机会；同时，带来汽车展风格和文化氛围，促进汽车文化的交流与发展。

9.2.2 世界著名汽车展览

世界著名的车展主要有法兰克福车展、巴黎车展、日内瓦车展、北美车展和东京车展五大汽车展。我国的北京车展也已跻身世界著名汽车展前十位。

1. 法兰克福车展

法兰克福车展在德国法兰克福(见图9-20)举行，创办于1897年，是世界上最早、最大的汽车展之一(一些世界级汽车公司“梅塞德斯-奔驰”、“宝马”、“奥迪”、“欧宝”以及“保时捷”都有自己专门的展厅)，有世界汽车工业“奥运会”之称。

图9-20 法兰克福会展中心

法兰克福车展在1951年以前在德国柏林举行，1951年移到法兰克福市，每2年举办一次，展览时间一般在9月中旬，持续时间2周左右。

2009年法兰克福车展有30个国家、62个汽车制造商，82 辆全球首发新车、753 个参展商参加。

2. 巴黎车展

巴黎车展(见图 9-21)在法国巴黎进行。该展起源于 1898 年的国际汽车沙龙会，直至1976 年每年一届，此后每两年一届，在9 月底至10 月初举行。2010 年的巴黎车展于9 月30 日开幕。

巴黎车展的特点如同时装展，各种汽车新颖独特，新奇古怪的概念车云集，给人以争奇斗艳的感觉。

3. 日内瓦车展(见图 9-22)

图 9-21 巴黎车展

图 9-22 日内瓦车展

日内瓦国际汽车展创办于 1924 年，每年 3 月份在瑞士日内瓦举行。2010 年3 月的车展是第 80 届。

日内瓦车展档次高、水准高，是各大汽车商首次推出新产品的最主要的展出平台，素有“国际汽车潮流风向标”之称。

4. 北美车展

北美车展始于 1907 年，每年 1 月在美国底特律举行，叫“底特律车展”，1989 年更名为“北美国际汽车展”。

从 1965 年开始，北美国际汽车展迁移到现在的 COBO 展览中心(见图9-23)，那里是世界上最大的平面室内展览会场之一，展览面积约 8 万平方米左右，会议室、会谈室近百个，可同时容纳上万名参观者。

图 9-23 COBO 展览中心

5. 东京车展

东京车展(见图 9-24)始于 1954 年，一般每年 10 月在日本东京举行，自 2007 年的第 40 届车展起，改为两年一届。

东京车展历来以规模大、注重新产

品、新技术的推出、展出产品实用性强而闻名于世界。1999 年，东京车展参观者达 140 万人，创下当时世界纪录。

6. 其他国际车展

除上述车展外，还有些规模较小的国际车展，如伦敦汽车展、纽约汽车展、芝加哥汽车展。我国的北京、上海、广州(见图 9-25)也相继举办了国际汽车展览会。

图 9-24　东京车展

图 9-25　广州展览中心

9.2.3　概念车

1. 概念车及分类

概念车由英文 Conception Car 意译而来，它不是即将投产的车型，只是向人们展示设计人员新颖、独特、超前的构思而已。世界各大汽车公司都不惜巨资研制概念车，借以向公众显示本公司的先进技术，提高自身形象。

通常概念车分为两种，一种是能跑的真正汽车，另一种是设计概念模型。前者比较适合于批量生产，一般在 5 年左右可成为公司投产的新产品；后者汽车虽是更为超前的设计，但因环境、科研水平、成本等原因，只是未来发展的研究设想。

2. 概念车展示

历届车展上概念车繁多，列举部分如图 9-26 ~ 图 9-29 所示。

图 9-26　丰田 Fine-T 燃料电池概念车

图 9-27　凯迪拉克 2009 年钍燃料 Thorium Fuel Concept 概念车

图 9-28 宝马概念车

图 9-29 标致概念车

9.2.4 汽车模特

随着汽车展览的兴起，汽车模特应运而生，格外引人注目，增加了汽车展览的文化艺术品味。

首届汽车模特大赛于 2004 年在广州天河体育中心举行，广东的朱云珊（见图 9-30 中）夺得冠军。之后在海南、上海等地都开展了汽车模特大赛。

图 9-30 广州国际车模大赛

9.2.5 艺术汽车

1. 艺术汽车

艺术汽车是指以汽车为题材传达主体特定的思想、观念、心理与情感活动的一种艺术形态。

美国休斯敦每年举办一届艺术汽车展。2005 年 5 月 14 日的艺术汽车展有 280 多辆汽车参加展出（见图 9-31）。

2. 艺术汽车展示

部分艺术汽车如图 9-32 ~ 图 9-35 所示。

9.3 汽车俱乐部

9.3.1 汽车俱乐部

汽车俱乐部是将汽车车主组织起来的一种联谊组织。全世界目前已有 100 多个全国性汽车俱乐部和附属机构，还有一些各国汽车俱乐部的联合组织，如，国际汽车俱乐部协会（IACF）及世界汽车旅游组织（OTA）。

图 9-31 美国休斯敦艺术汽车展

汽车俱乐部的主要作用有：

图9-32 艺术汽车1

图9-33 艺术汽车2

图9-34 艺术汽车3

图9-35 艺术汽车4

1）举办各种活动(发行刊物、举办展览、车赛等)，宣传汽车的优点，促进汽车的普及和使用。

2）呼吁政府大力建设公路，放宽对汽车使用的限制，制定有利于汽车发展的政策和法规。

3）为会员提供各种服务；如汽车驾驶培训、汽车救援、组织驾车旅游、代办汽车保险、维修、加油、停车等服务。

9.3.2 世界主要国家汽车俱乐部

1. 美国

美国汽车协会(AAA)在20世纪初建立，是世界上最大的汽车俱乐部，它是仅次于罗马天主教会的世界第二大会员组织，现有3400万会员，驾驶着在美国道路上行驶的所有轿车的20%。

美国汽车协会在呼吁建立美国的国家公路系统及维护汽车用户利益方面起了重要作用，在汽车的普及和汽车服务上也作了大量工作。同时AAA也是世界上最大的“美国快速旅行支票”的销售者，向会员们卖出了数以千万美元的信用卡、旅行支票、保险单、行李票。

2. 德国

德国汽车俱乐部(ADAC)会员的汽车在德国任何地方，甚至在欧共体其他国家，只要打一个电话，ADAC很快即派人来排除故障，修理时更换部件的费用由会员自付，而修理工时费不会超过200马克，如果已无法就地修复，ADAC可帮车主把车拖回家，而车主支付的托运费最高不超过300马克。所有会员每月可得到一期ADAC办的杂志，杂志中大部分内容是介绍如何保养修理汽车的经验。其发行量达1300万份，是德国发行量最大的刊物。

3. 澳大利亚

澳大利亚汽车俱乐部创建于1905年，目前已发展会员近600万。从1991年起，全国统一启用提供道路服务的单一号码系统，这个号码为“131111”。依靠这一电话号码系统，可以随时沟通待援者与救援中心的联系，平均每个会员每年有一次要求提供救援服务。由于澳大利亚汽车俱乐部具有良好的财政基础，给会员提供了出色的服务，取得了成功的经验。

4. 中国

中国汽车俱乐部的出现始于1995年建立的北京大陆汽车援救中心，即现在的北京恩保大陆汽车俱乐部(CAA)。目前，汽车俱乐部主要在北京、上海和广州等一些大城市展开，如北京“北京恩保大陆汽车俱乐部”、“爱车俱乐部”、“北方之友汽车俱乐部”、“东方天威汽车维修工程师俱乐部”等，总体实力一般还比较弱，尚未建立全国性的组织。汽车俱乐部主要进行汽车救援、售后服务、技术维修、旅游、越野、赛车、摄影等工作。随着中国加入世界贸易组织，国内汽车销售量大幅度增长，对汽车的技术、文化及相关服务的要求日益迫切，汽车俱乐部业将是一种蕴藏无限商机的新兴产业。

9.4 汽车模型

汽车模型(见图9-36)是将真实汽车按一定的比例缩小，以供观赏或竞赛。它主要有高仿真汽车模型、竞赛用汽车模型和玩具汽车模型三大类。

图9-36 汽车模型

9.4.1 高仿真汽车模型

高仿真汽车模型主要用于观赏和收藏，是一种汽车娱乐休闲活动。世界各国都有专门制造和销售高仿真汽车模型的厂家和商店，为收藏者提供方便。

高仿真汽车模型分为金属汽车模型和塑料汽车模型两类。要求比例准确，形象逼真，一般不装动力，不能行驶。常用的缩小比例有：1/8、1/16、1/18、1/24、1/34、1/43、1/64、1/87等。

9.4.2 竞赛用汽车模型

竞赛用汽车模型主要用于参加汽车模型比赛，装有动力及制动装置，可以行驶。由于它具有较强的趣味性和对抗性，因此得到不少青少年的喜爱，正在作为一种体育运动项目在世界上兴起，我国港台地区近年举办过多次亚太地区汽车模型比赛，国内也多次举办全国性比赛。

汽车模型比赛分为竞速模型比赛和特种模型比赛两种。

竞速模型比赛主要分为内燃机模型赛和电动模型赛两种。其他尚有橡筋动力、太阳能动力、空气桨动力及自制模型等比赛项目。

内燃机模型赛是以微型汽油机为动力，其外形模仿大型赛车，尺寸比例为1/8。发动机排量不得超过3.5 mL，油箱容积不得超过125mL。

电动模型赛是以电池和微型电动机为动力的汽车模型。其外形模仿大型赛车或自行设计。电动汽车模型由无线电遥控，并装有可靠的制动机构。

按行驶路面不同，可分为公路赛和越野赛两种。公路赛的场地设有沥青跑道，跑道宽4m，全长约200 m，设各种弯道和护板。越野赛的场地设有土质跑道，有各种弯道、草地、水洼、沙地、坡道等障碍，跑道宽4 m，全长约200 m。

按比赛方法，又分为计时赛和耐久赛两种。计时赛按完成规定圈数的时间计算名次，耐久赛按在规定的时间内行驶的圈数计算名次。一般多采用耐久赛，每场比赛8min。

9.4.3 玩具汽车模型

玩具汽车，是根据汽车的基本构造和外观造型，按一定比例制作供儿童游戏的玩具，具有很好的开发智力的作用，几乎所有的人都玩过玩具汽车。玩具汽车在玩具产业中占有相当的份额，全世界玩具汽车的产量每年约几千万辆。

一种大型的玩具汽车可供人们乘坐、驾驶和游乐，也称游乐车，一般见于公园等游乐场所，孩子们称之为“碰碰车”。它一般采用铅酸蓄电池作为动力，室内游乐车采用有线电缆，具备转向机构，由于车速很低，没有制动系统。为安全起见，车的周围装有较厚的橡胶缓冲保护层，以减轻发生碰撞时的冲击。

9.5 汽车媒体

汽车媒体包括汽车报刊杂志、书籍、宣传、广告、汽车网站等，目的是传播汽车信息、汽车技术和汽车文化，各种汽车媒体是广大汽车工作者、汽车驾驶员、汽车修理技术人员提高自己的重要工具之一。

9.5.1 汽车报刊杂志

国外著名汽车期刊杂志主要有《汽车工业》(英国)、《汽车工程》(美国)、《汽车与驾驶员》(美国)、《汽车技术杂志》(德国)、《BOSCH 汽车工程手册》(德国）、《自动车技术》（日本）、《汽车工程师》（法国）、《汽车工程师》（英国）、《汽车工程》（意大利）、《汽车工业》（俄罗斯）等。

国内主要汽车报刊杂志有《汽车工程》、《汽车技术》、《世界汽车》、《中国汽车报》、《汽车之友》、《汽车与配件》、《汽车维修与保养》等。

9.5.2 汽车网站

汽车网站能及时反应出汽车的新信息，每天都有大量的国内外汽车发展新动态、新技术以及广大网民的意见和评论，是快速获取汽车信息的一种方法。

国内主要专业汽车网站见表9-1。

表9-1 国内主要专业汽车网站

序号	网站名称	网站地址	序号	网站名称	网站地址
1	中国汽车网	www.chinacars.com	5	汽车维护与修理	www.autorepair.com.cn
2	中国汽车新网	www.qiche.com.cn	6	中国汽车用品网	www.car2100.com
3	太平洋汽车网	www.pcauto.com.cn	7	汽车世界	www.autoworld.com.cn
4	中国汽车交易网	www.auto18.com	8	中国电动汽车	www.chinaev.org

除汽车专业网站外，还有大量的通用网站开辟有汽车频道或汽车搜索，比较著名的网站见表9-2。

表9-2 国内著名网站的汽车栏目与搜索

序号	网站名称	网站地址	序号	网站名称	网站地址
1	百度汽车搜索	http://www.baidu.com	5	新浪汽车	http://auto.sina.com.cn/
2	搜狐汽车频道	http://auto.sohu.com/	6	CCTV汽车频道	http://autocctv.com
3	腾讯汽车	http://auto.qq.com/	7	21CN汽车频道	http://et.21cn.com/auto
4	雅虎汽车	http://autos.cn.yahoo.com/	8	网易汽车	http://auto.163.com/

除此之外，还有各汽车集团、公司、销售网络，以及学校、个人办的大量网站，只要键入相应的搜索后，均可检索到。

本章小结

1）著名汽车竞赛主要有汽车道路比赛（如拉力赛、越野赛）、汽车耐久赛（如法国勒芒24h耐久赛）、汽车场地赛（如方程式车赛）。

2）方程式汽车赛是依照国际规定进行汽车的制造与比赛的场地比赛，其级别主要有一级方程式（简称F1）、F3000、三级方程式（简称F3）等。

3）世界著名的车展有法兰克福车展、巴黎车展、日内瓦车展、北美车展和东京车展五大汽车展。